中国商业会计学会
China Commercial Accounting Institute

薪税师
技能实操与实务

全国薪税师考试专家委员会 ◎ 组织编写

人民出版社

责任编辑：龚 勋

封面设计：汪 莹

图书在版编目(CIP)数据

薪税师技能实操与实务/全国薪税师考试专家委员会 组织编写. —北京：人民出版社，
　2021.1

ISBN 978－7－01－023053－5

Ⅰ.①薪… Ⅱ.①全… Ⅲ.①工资管理-税收管理 Ⅳ.①F810.423

中国版本图书馆 CIP 数据核字(2021)第 012186 号

薪税师技能实操与实务

XINSHUISHI JINENG SHICAO YU SHIWU

全国薪税师考试专家委员会 组织编写

人民出版社 出版发行

(100706 北京市东城区隆福寺街 99 号)

北京盛通印刷股份有限公司印刷 新华书店经销

2021 年 1 月第 1 版 2021 年 1 月北京第 1 次印刷

开本：787 毫米×1092 毫米 1/16 印张：20.5

字数：382 千字

ISBN 978－7－01－023053－5 定价：40.00 元

邮购地址 100706 北京市东城区隆福寺街 99 号

人民东方图书销售中心 电话 (010)65250042 65289539

前　　言

在现代企业管理体系下,薪酬管理工作是人力资源部门的核心业务,而税务管理工作则是财务部门的核心工作。随着新个人所得税法以及社保入税的颁布与实施,企业面临着诸多如专项扣除等实务操作性问题,而企业薪酬管理体系的设计与实施,也需要融入税务管理、财务管理、社会保险和法律法规等相关知识,这些都对企业人力资源管理和财务管理工作提出了更高的要求。

在此背景下,本书试图在人力资源、税务管理、财务管理和法律法规等交叉领域中开展一次引领性的探索,把人力资源的薪酬福利管理与税务管理、财务管理进行无缝对接,帮助广大实务工作人员全面系统地掌握和熟练运用薪酬管理的科学方法,融会贯通税务管理、财务管理、管理学以及经济法等领域的相关专业知识与工具方法。

本书适用于从事薪税管理的一线人员,适用于有志于向初级、中级薪税师方向发展的人员。

由于本书涉及面广、内容层次多,错漏之处在所难免,恳请读者和专家批评指正,以便进一步修正和完善。

本书编写组

2020 年 12 月 31 日

目　　录

第一章 企业用工模式及薪酬模式

【本章学习目标】

通过本章的系统学习,读者可以了解企业用工模式及薪酬模式的基本概念,以及管理过程的重点和难点。同时,通过案例分析,读者可以了解企业不同用工模式及薪酬模式实施过程中的主要关注点和关键考虑因素。

由于现阶段企业用工模式呈多样化发展,不同薪酬模式对于企业的运营与发展所带来的影响也各不相同,读者需要结合实际情况予以运用。

第一节 相关基本概念

一、企业用工模式

用人单位解决各种人力需求的方式方法,称之为用工模式。当前形势下,经济发展速度放缓和经济结构调整深入推进,对人力资源市场产生挤压效应,传统用工模式逐渐难以解决企业控制人力成本平衡及招用人才的需求,在这种情况下,更为灵活的用工模式产生并广泛运用,我们作为人力资源管理人员,需要了解现阶段的多元化用工模式及其主要特点。

(一)劳动关系

劳动关系是指劳动者与用人单位依法签订劳动合同而在劳动者与用人单位之间产生的法律关系。劳动者接受用人单位的管理,从事用人单位安排的工作,成为用人单位的成员,从用人单位领取劳动报酬并受劳动保护。

1. 劳动关系主体

用人单位,是指中华人民共和国境内的企业、个体经济组织、民办非企业单位等组织。同时,也包括国家机关、事业单位、社会团体等与劳动者建立劳动关系的事业单位和非营利组织。

劳动者,是指达到法定年龄,具有劳动能力,以从事某种社会劳动获得收入为主要生活来源,依据法律或合同的规定,在用人单位的管理下从事劳动并获取劳动报酬的自然人(包含中外自然人)。

2. 劳动关系的确立

劳动关系自用工之日起建立。《中华人民共和国劳动合同法》(下文简称《劳动合同法》)规定,建立劳动关系,应当订立书面劳动合同。

(二)劳动合同

1. 劳动合同①的概念

劳动合同,是指劳动者与用人单位之间确立劳动关系,明确双方权利和义务的协议。根据协议,劳动者加入企业、个体经济组织、事业组织、国家机关、社会团体等用人单位,成为该单位的一员,承担一定的工种、岗位或职务工作,并遵守所在单位的内部劳动规则和其他规章制度;用人单位应及时安排被录用的劳动者工作,按照劳动者提供劳动的数量和质量支付劳动报酬,并且根据劳动法律、法规规定和劳动合同的约定提供必要的劳动条件,保证劳动者享有劳动保护及社会保险、福利等权利和待遇。

订立和变更劳动合同,应当遵循平等自愿、协商一致的原则,不得违反法律、行政法规的规定。劳动合同依法订立即具有法律约束力,当事人必须履行劳动合同规定的义务。

2. 劳动合同的分类

按照劳动合同期限的长短,劳动合同分为三种:固定期限劳动合同、无固定期限劳动合同和以完成一定工作任务为期限的劳动合同。

(1)固定期限劳动合同。

是指用人单位与劳动者约定合同终止时间的劳动合同。合同期满,双方当事人的劳动法律关系即终止。如果双方同意,可以续签合同,延长劳动合同期限。

(2)无固定期限劳动合同。

是指用人单位与劳动者约定无确定终止时间的劳动合同。用人单位与劳动者协商一致,可以订立无固定期限劳动合同。有下列情形之一,除劳动者提出订立固定期限劳动合同外,应当续订、订立无固定期限劳动合同:

①劳动者在同一用人单位连续工作满十年的;

②用人单位初次实行劳动合同制度或者国有企业改制重新订立劳动合同时,劳动

---

① 《中华人民共和国劳动法》(下文简称《劳动法》)第十六条。

者在该用人单位连续工作满十年且距法定退休年龄不足十年的;

③连续订立二次固定期限劳动合同,且劳动者没有达到《劳动合同法》规定的可以解除劳动合同的情形,续订劳动合同的。

另外,《劳动合同法》明确规定,用人单位自用工之日起满一年不与劳动者订立书面劳动合同的,视为用人单位与劳动者已订立无固定期限劳动合同。

(3)以完成一定工作任务为期限的劳动合同。

是指用人单位与劳动者约定以某项工作的完成为合同期限的劳动合同。合同双方当事人在合同存续期间建立的是劳动法律关系,劳动者要加入用人单位集体,遵守用人单位内部的各项规章制度。

3. 试用期

试用期是指包括在劳动合同期限内,用人单位对劳动者是否合格进行考核,劳动者对用人单位是否符合自己要求也进行考核的期限。

《劳动合同法》规定,劳动合同期限在三个月以上的,可以约定试用期。三个月以上不满一年的,试用期不得超过一个月;劳动合同期限一年以上不满三年的,试用期不得超过两个月;三年以上固定期限和无固定期限的劳动合同,试用期不得超过六个月。同一用人单位与同一劳动者只能约定一次试用期。以完成一定工作任务为期限的劳动合同或者劳动合同期限不满三个月的,不得约定试用期。

需要注意的是,约定试用期时,劳动合同双方当事人尤其是劳动者一方,应充分考虑该岗位的技术含量因素;对用人单位来说,则需承担在合理合法时间内依然不能判断劳动者是否能胜任所带来的风险。

对于试用期工资,《劳动合同法》明确规定,劳动者在试用期期间的工资不得低于本单位相同岗位最低档工资,或者劳动合同约定工资的80%,并且不得低于用人单位所在地的最低工资标准。

4. 劳动合同的终止与解除

劳动合同的终止,是指劳动合同关系自然失效,双方不再履行。《劳动法》规定,劳动合同期满或者当事人约定的劳动合同终止条件出现,劳动合同即行终止。劳动合同期满,合同即告终止,这种情况主要是针对有固定期限的劳动合同和以完成一定工作为期限的劳动合同;当事人约定的合同终止条件出现,劳动合同即告终止,这种情况既适用于有固定期限和以完成一定工作为期限的劳动合同,也同时适用于无固定期限的劳动合同,属于约定终止。

劳动合同的解除,是指当事人双方提前终止劳动合同的法律效力,解除双方的权利义务关系。一般有以下三种情况:

（1）双方协商解除劳动合同。

只要用人单位与劳动者协商一致，内容、形式、程序不违反法律禁止性、强制性规定，双方即可解除劳动合同。需要注意的是，若是用人单位提出解除劳动合同的，用人单位应向劳动者支付解除劳动合同的经济补偿金。

（2）劳动者单方解除劳动合同。

具备法律规定的条件时，劳动者享有单方解除权，无须双方协商达成一致意见，也无须征得用人单位的同意。具体又可以分为预告解除和即时解除。

①预告解除，即劳动者履行预告程序后单方解除劳动合同，指劳动者提前 30 日以书面形式通知用人单位，或劳动者在试用期内提前 3 日通知用人单位，可以解除劳动合同。

②即时解除，《劳动合同法》规定，如用人单位以暴力、威胁或者非法限制人身自由的手段强迫劳动者劳动的，或者用人单位违章指挥、强令冒险作业甚至危及劳动者人身安全的，劳动者可以立刻解除劳动合同，不需事先告知用人单位，且劳动者无须支付违约金，而用人单位则应当支付经济补偿。

（3）用人单位单方解除劳动合同。

具备法律规定的条件时，用人单位享有单方解除权，无须双方协商达成一致意见。主要包括过错性辞退、非过错性辞退、经济性裁员三种情形。

过错性辞退是指在劳动者有过错性情形时，用人单位有权单方解除劳动合同且无须支付劳动者解除劳动合同的经济补偿金。

非过错性辞退是指劳动者本人无过错，但由于主客观原因致使劳动合同无法履行，用人单位在符合法律规定的情形下，履行法律规定的程序后有权单方解除劳动合同。在这种情况下，用人单位应提前三十日以书面形式通知劳动者本人或者额外支付劳动者一个月工资后，才可以解除劳动合同。此外，用人单位应当支付劳动者经济补偿金。

经济性裁员是指用人单位为降低劳动成本，改善经营管理，因经济或技术等原因一次裁减二十人以上或者不足二十人但占企业职工总数百分之十以上的劳动者。经济性裁员具有严格的条件和程序限制，且应当支付劳动者经济补偿金，用人单位裁员时必须遵守法律法规的相关规定。

（三）用工形式

当前经济形势，劳动关系下的主要用工形式包括劳动用工、劳务用工、外包、人事代理、职业见习、承揽、借调。

1. 劳动用工

劳动用工是指用人单位和劳动者个人签订劳动合同,使劳动者成为用人单位的成员,在用人单位的管理下提供有偿劳动。劳动用工适用《劳动合同法》及其他相关规定、解释。

劳动用工模式主要有标准用工和非标准用工。

(1)标准用工是指签订固定期限劳动合同、无固定期限劳动合同和以完成一定工作任务为期限的劳动合同的用工模式。

(2)非标准用工是相对于传统劳动法所构建的典型劳动关系——标准劳动用工而言的,类似的称谓还有非正规劳动关系、弹性劳动关系或灵活就业中的劳动关系等。其主要用工形式包括特殊用工、派遣用工、非全日制用工。

①特殊用工。特殊用工的形式包括聘用企业停薪留职人员、未达到法定退休年龄的内退人员、下岗待岗人员及企业经营性停产放长假人员,还有退休人员返聘、兼职等。

②派遣用工。在这种用工形式中,派遣单位是用人单位。劳动者与用人单位签订劳动合同,其工资福利和社会保险关系都在用人单位。劳动者被用人单位派遣到用工单位工作,用工单位向用人单位支付劳动者的工资等费用。《劳动合同法》规定,派遣用工只能在临时性、辅助性或者替代性的工作岗位上实施。

③非全日制用工。其又被称为小时工、临时工,是指劳务人员在用人单位从事非全日制工作,即在同一用人单位平均每日工作时间不超过四小时或者累计每周工作时间不超过二十四小时。劳务人员工资按小时计发,用人单位支付工资周期最长不得超过十五日。

2. 劳务用工

劳务用工是用人单位和劳务人员或者劳务输出单位签订以完成特定工作为目的的劳务合同,由劳务人员或者劳务输出单位自行管理,完成合同约定工作,获取劳务报酬。

劳务用工适用《中华人民共和国民法通则》《中华人民共和国合同法》等法律法规,是国家提倡的一种新的用工模式,也是与西方的经济模式相接轨的一种尝试。这种用工模式,不仅可以使用人单位在招聘员工、交纳社会保险和工伤事故、劳动争议处理等方面摆脱繁杂的劳动保障事务负担,还可以规避用人单位在劳动保障管理以及劳动争议等方面的风险和责任。

判断单位用工的法律性质是劳动用工还是劳务用工,标准在于劳动者在事实上是否已成为用人单位的成员,并在其管理下为其提供有偿劳动。此项标准可从以下方面具体理解:

(1)劳动力的支配。

对于劳动用工来说,劳动合同签订后,劳动者即成为用人单位的一员,双方确立管理与被管理的关系,劳动者必须遵守用人单位的各项规章制度,服从用人单位的生产经营管理,其劳动力的支配权由用人单位享有。而对于劳务用工来说,劳务提供方并非用人单位的成员,其根据劳务合同的约定组织和指挥劳动过程,劳动力的支配权由劳务提供方行使,如有违约行为,用人单位只能依据合同追究其违约责任。

(2)经营风险责任的承担。

在劳动用工中,劳动者作为用人单位的成员,其工作行为的后果由用人单位承担,劳动者只需按照劳动合同的约定,用人单位的相关制度、指令等,提供劳动,依法获取报酬。在劳务用工中,劳务提供方按合同约定提供相应的劳动,并承担劳动成果是否实现的经营风险。

(3)合同主体。

在劳动用工中,签订劳动合同的主体是用人单位和劳动者个人。在劳务用工中,签订劳务合同的主体则是用人单位和劳务输出单位,劳动者与劳务输出单位签订劳动合同。

(4)报酬依据。

在劳动用工中,劳动者的劳动报酬,主要依据合同约定及用人单位的经济效益确定。在劳务用工中,劳务报酬的数额主要根据市场劳务价格以及市场劳务供求关系确定。

3. 外包

外包是指企业动态地配置自身和其他企业的功能和服务,通过购买服务的形式,将企业非核心板块的业务下放给专业营运该项运作的外间第三方的用工形式。在越来越讲究专业分工的当下,这种形式能够帮助企业维持组织竞争核心能力,解决企业人力不足的困境,以降低营运成本,集中人力资源,提高顾客满意度。

4. 人事代理

人事代理是一种人力资源外包形式的用工方式,是企业根据需求将一项或多项人力资源管理工作或职能外包出去,由专业的第三方代理。这是一种与社会主义市场经济体制相配套的新型人事管理模式,一般是由政府人事部门所属人才服务机构受单位或个人委托,运用社会化服务方式和现代科技手段,按照一定的法律程序和政策规定,代办有关人事业务。

推行人事代理制度,有利于实现人档分离和人才社会化管理。对用人单位而言,可减轻大量的人事事务性工作,解决在人才引进、毕业生接收、职称评审、人事档案管理等方面遇到的问题;对劳动者而言,这种制度使人才流动变得十分方便,权益得到有力保障。

5. 承揽

承揽是当事人一方为他方完成一定的工作,他方在验收后支付约定报酬的民事法律行为。其中当事人一方为承揽人,他方为定作人。

承揽合同是承揽人按照定作人的要求完成工作,交付工作成果,定作人给付报酬的合同。承揽包括加工、定作、修理、复制、测试、检验等工作。承揽人应当以自己的设备、技术和劳力,完成主要工作,双方当事人另有约定的除外。

6. 职业见习

职业见习是一项包括政府、见习单位、高校、人才中介机构以及毕业生在内共同参与、共同受益的用工形式,是指未就业毕业生可到企业以见习员工的身份参与工作,见习时长一般不超过一年。职业见习岗位是为破解大学生就业难而设立的。

7. 借调

是指用人单位之间因工作需要而采取借调工作人员的用工形式。通常由借调单位和被借调单位之间签订借调合同。一般来说,被借调员工在工资、保险、福利等待遇方面享有与借调单位职工的同等待遇,但劳动合同关系仍属于被借调单位,如遇调资、提职、职称评定应享受被借调单位人员同等待遇。借调合同期满,被借调员工仍回原单位工作。借调期间工龄连续计算。

借调行为通常是短期的、暂时的、不具有经常性的,是人员流动的形式之一,也是员工才能发展计划的一部分,能让员工接触不同单位的工作,增广见闻。同时,借调这种方式也能在一定程度上缓和借调单位的用工矛盾。

(四)当前企业主要用工模式

当前,企业的用工模式可根据不同考虑要素,大致作出如下分类:

以签订劳动合同的期限来划分,有固定期限用工、无固定期限用工和以完成一定工作任务为期限的用工三种用工模式。

以劳动者的身份来划分,有固定用工、临时用工和非全日制用工三种用工模式。

以工作制度来划分,有标准工时工作制用工、不定时工作制用工、综合计算工时工作制用工三种用工模式。

此外,还包括事实劳动关系、劳务派遣和承揽。

1. 以签订劳动合同的期限来划分的三种用工模式

固定期限用工签订的是固定期限劳动合同,无固定期限用工签订的是无固定期限劳动合同,以完成一定工作任务为期限的用工签订的是以完成一定工作任务为期限的劳动合同。

2. 以劳动者的身份来划分的三种用工模式

（1）固定用工。又称长期职工。是指长期固定在一个单位，从事工作或生产劳动的职工，用工手续完备，签订劳动合同，享有全部工资、福利、社会保险等待遇。

我国的固定工制度形成于新中国成立初期，这种用工模式的特点是国家对劳动者的就业实行统分统配，劳动者的工作单位或岗位长期固定不变，用人单位在招工用人方面没有自主权，也不能辞退职工。长期以来实行的固定工制度限制了劳动力的合理流向，劳动者端着铁饭碗没有任何压力，企业也丧失了活力。

党的十一届三中全会以后，国家开始对固定工制度进行了改革，实行了"三结合"的就业方针，推行劳动合同制，从而形成了固定工制度和劳动合同制的"双轨制"。

（2）临时用工。泛指在工作场所里非正式雇用的劳工，通常以日薪工作八小时计酬。

"临时工"曾是我国计划经济体制下，区别于当时的固定用工而言的一种用工模式，一般是指企事业单位临时聘用的短期工人，也包含事业单位、国有企业里的非在编人员。在《劳动合同法》实施后，法律意义上已无临时工、正式工之区分，只有合同期限长短之分，用人单位用工必须与劳动者签订劳动合同，不能以临时岗位为由拒签。如果是在临时岗位用工可以在劳动合同期限上有所区别，比如选择与劳动者签订"以完成一定工作任务为期限的劳动合同或非全日制用工合同"。但在实际生活中仍大量存在临时工，其主体为农民工，主要分布在建筑、餐饮、保洁、护理等低端劳动力市场。

（3）非全日制用工。

非全日制用工的情况下，小时工资标准是用人单位按双方约定的工资标准支付给非全日制劳动者的工资，但不得低于当地政府颁布的小时最低工资标准。

非全日制用工双方当事人可以订立口头协议。从事非全日制用工的劳动者可以与一个或者一个以上用人单位订立劳动合同；但是，后订立的劳动合同不得影响先订立的劳动合同的履行。

非全日制用工双方当事人不得约定试用期，双方当事人任何一方都可以随时通知对方终止用工。终止用工，用人单位不向劳动者支付经济补偿。

从事非全日制工作的劳动者应当参加基本养老保险，原则上参照个体工商户的参保办法执行，也可以以个人身份参加基本医疗保险。用人单位应当按照国家有关规定为建立劳动关系的非全日制劳动者缴纳工伤保险费。从事非全日制工作的劳动者发生工伤，依法享受工伤保险待遇。

非全日制劳动是灵活就业的一种重要形式。近年来，我国非全日制劳动用工形式呈现迅速发展的趋势，特别是在餐饮、超市、社区服务等领域，用人单位使用的非全日制

用工形式越来越多。非全日制劳动对我国发展的重要意义,主要表现在以下几个方面:

首先,它适应企业降低人工成本、推进灵活用工的客观需要。非全日制用工的人工成本明显低于全日制用工,因此,越来越多的企业愿意根据生产经营的需要,采用包括非全日制用工在内的一些灵活用工形式。

其次,促进下岗职工和失业人员再就业。在劳动力市场供求矛盾尖锐、下岗职工和失业人员的就业竞争力较差的情况下,非全日制劳动在促进下岗职工和失业人员再就业方面发挥着越来越重要的作用。

最后,有利于缓解劳动力市场供求失衡的矛盾,减少失业现象。在劳动力大量过剩、劳动力供求关系严重失衡、就业机会短缺的背景下,企业实行非全日制用工制度,可以使企业在对人力资源的客观需求总量不变的条件下,给广大劳动者提供更多的就业机会。

3. 以工作制度来分的三种用工模式

《劳动法》规定的工时制度有三种,即标准工时制、综合工时制和不定时工时制,由此对应形成了三种用工模式。

(1)标准工时工作制用工。

标准工时制,是指由法律规定一昼夜中工作时间长度,一周中工作日天数,并要求各用人单位和一般职工普遍实行的基本工时制度。标准工时制是标准和基础,是其他特殊工时制度的计算依据和参照标准。根据《国务院关于职工工作时间的规定》,我国目前实行的是每日工作 8 小时、每周工作 40 小时的标准工时制。

标准工时工作制用工模式,适用于工作时间固定,即每周工作 5 天,每天工作 8 小时,每周工作不超过 40 小时的人员,例如行政人员。

(2)不定时工作制用工。

不定时工作制,也叫无定时工时制,它没有固定工作时间的限制,是针对因生产特点、工作性质特殊需要或职责范围的关系,需要连续上班或难以按时上下班,无法适用标准工作时间或需要机动作业的职工而采用的一种工作时间制度,是中国现行的基本工作时间制度之一,也是一种直接确定职工劳动量的工作制度。

不定时工作制用工模式,适用于因工作无法按标准工作时间衡量,需要机动作业或工作,执行弹性工作时间的人员,例如企业高级管理人员、外勤人员、推销人员等,以此确保职工的休息休假权利和生产、工作任务的完成。

(3)综合工时工作制用工。

综合工时制是指分别以周、月、季、年等为周期,综合计算工作时间,但其平均工作时间和平均周工作时间应与法定标准工作时间基本相同,是一种直接确定职工劳动量的工作制度。

综合工时工作制用工模式,适于以一定周期综合计算工作时间,需要连续作业或工作的人员。例如铁路、航空、旅游、地质勘探等行业的工作人员。

4. 事实劳动关系

事实劳动关系是指无书面合同或无有效书面合同形成的劳动雇佣关系以及口头协议达成的劳动雇佣关系。事实劳动关系的确认需存在雇佣劳动的事实。

事实劳动关系是劳动争议处理和工伤认定工作中经常被用到的概念。

在《劳动合同法》颁布实施后,无书面合同的事实劳动关系已属严重违法行为,会为企业带来无穷的法律风险。

5. 劳务派遣

(1)劳务派遣的概念。

劳务派遣是指劳务派遣单位与接受单位签订劳务派遣协议,由劳务派遣单位招用雇员并派遣该劳动者到接受单位工作,派遣劳动者受接受单位指挥监督,为接受单位提供劳动;派遣劳动者的接受单位因为劳动力的使用,按照劳务派遣协议向劳务派遣单位支付费用,派遣劳动者获得就业岗位及工资,福利和社会保险待遇,劳务派遣单位从派遣业务中获得收入的经济活动。

(2)劳务派遣的主要特点。

劳务派遣公司与劳动者签订劳动合同,建立双方劳动关系;用人单位与派遣公司签订"劳务合作协议书",与劳动者没有"劳动关系";实现员工的服务单位和管理单位分离,形成"用人不管人、管人不用人"的新型用工机制。

(3)劳务派遣的适用岗位。

《劳动合同法》第六十六条明确规定"劳动合同用工是我国的企业基本用工形式。劳务派遣用工是补充形式,只能在临时性、辅助性或者替代性的工作岗位上实施"。

临时性工作岗位是指存续时间不超过六个月的岗位;辅助性工作岗位是指为主营业务岗位提供服务的非主营业务岗位;替代性工作岗位是指用工单位的劳动者因脱产学习、休假等原因无法工作的一定期间内,可以由其他劳动者替代工作的岗位。

(4)劳务派遣岗位用工数量限制。

用工单位应当严格控制劳务派遣用工数量,不得超过其用工总量的一定比例,具体比例由国务院劳动行政部门规定。

(5)使用劳务派遣用工的好处。

简化管理程序,减少劳动争议,分担风险和责任,降低成本费用,自主灵活用工,规范用工行为。

第一,"不求所有,但求所用"是劳务派遣用工模式的一个显著特征。在目前的市场经济形势下,劳动者流动的数量较过去有了很大的增加,流动速度较过去也更快,"单位人"变"社会人"已经是大势所趋。中国著名劳务学家、中国劳动科学院副院长王通讯教授提出"对工人,不养而用是上上之策"。他说:"如何用工人、现在有三种现象:一是养人用人;二是养人不用人;三是不养人而用人。对用人单位来说'工人不养而用'是上上之策,追求工人'为我所用'要比'为我所有'有利得多。"实行劳务派遣的用工模式,使用人单位在工人使用上"不求所有、但求所用"的用人理念得以实现,这种模式特别适合于那些非公有制企业、国企改制企业和经营发展变化较快、不同发展阶段或不同发展时期对人才需求又不尽相同的单位。

第二,"你用人,我管人"是劳务派遣用工模式的又一个显著特征。人才派遣制的用人模式实际上形成的是三种关系,也就是以人才派遣机构为中间行为主体,形成的派遣机构与被派遣人才之间的隶属关系、派遣机构与用人单位之间的合作关系,以及被派遣人才与用人单位之间的工作关系。在这个前提下,用人单位对人才只管使用和使用中的工作考核,剩下的一切管理工作,包括工资薪酬的发放、合同的签订、续订和解除、日常的人事管理等,全部由人才的派遣机构负责,这种用工模式对用人单位来说,减少了大量因管理工作带来的琐碎基础性事务。

第三,劳务派遣机构"一手托两家",更有利于劳务供需双方的双向选择和有关各方责权利的保障,这是劳务派遣制的一个根本性的优点,也是这种用人模式独特的机制。

需要注意的是,企业人力资源工作者在采用劳务派遣这一用工方式时,所选择进行劳务派遣的合作机构,必须是经政府主管部门审核批准具有法人资质、被特许经营劳务派遣业务的机构。

6. 承揽

见前文讲解。

二、企业薪酬模式

(一)薪酬的定义

薪酬是员工因向其所在用人单位提供劳动或劳务而获得的各种形式的酬劳或答谢。狭义的薪酬指货币和可以转化为货币的报酬。从某种意义上说,薪酬是用人单位对劳动者的贡献包括工作业绩、工作态度、工作行为等所作出的各种回报。

薪酬包括经济性薪酬和非经济性薪酬两大类,其中经济性薪酬又分为直接经济性薪酬和间接经济性薪酬。

1. 经济性薪酬

指实实在在的物质性酬劳,包括全面现金福利和其他福利,具体又可以分为直接经济性薪酬和间接经济性薪酬。

(1)直接经济性薪酬,如工资、奖金、福利、补贴、股权、职务消费等。

(2)间接经济性薪酬,如社会保险、住房公积金、带薪休假、员工培训、员工体检、节假日发放物资、员工生日福利、公共福利设施等。

2. 非经济性薪酬

指看不见、摸不着的心理性酬劳,如工作认可的程度、工作的挑战性、工作的环境和氛围以及发展与晋升机会、能力的提高、职业安全、发展机会等。

(二)薪酬的组成

具体到企业管理中,薪酬多由基础工资、奖金、福利、非经济薪酬所组成。

1. 基础工资

基础工资一般是指岗位工资,是以员工的劳动熟练程度、工作复杂程度、责任大小以及劳动强度为基准,按员工完成定额任务(或法定时间)的实际劳动消耗而计付的薪资。它是员工薪资的主要部分和计算其他报酬如加班费等的基础数据,单位时间内相对比较稳定。

2. 奖金

奖金主要有短期激励和长期激励两种形式。短期激励主要有薪酬奖励、利润分红、津贴等;长期激励比较常见的有股票期权、绩效达成计划、利润分享计划等。

3. 福利

福利是企业通过增加福利设施和举措、建立各种补贴制度等,为员工提供生活方便、丰富员工文化生活等一系列事务的总称。实务中,还包括教育培训、医疗保障、社会保险、离退休保障、带薪休假等。

4. 非经济薪酬

非经济薪酬,主要包括工作的成就感、发展的机会、良好的工作环境、适当的地位、培训的名额、舒适的工作条件以及弹性工作制等。

(三)薪酬的作用

符合用人单位整体战略所作的薪酬设计,可以将用人单位的利益和员工的利益联系起来,进而最大限度地发挥薪酬在稳定核心人才和激励员工绩效表现上的作用。

薪酬的作用主要体现在以下几个方面：

（1）保证用人单位在劳动力市场上具有竞争性，吸引优秀人才。

（2）对员工的贡献给予相应的回报，激励、保留员工，提高员工的工作积极性，提高用人单位的生产效率。

（3）通过薪酬机制，将短、中、长期经济利益结合，促进用人单位与员工结成利益共同体关系。

（4）合理控制用人单位的人工成本，优化人力资源配置，保证产品的竞争力。

（5）维持社会稳定。

（四）薪酬的设计

薪酬设计可以从以下三个方面来考虑：

（1）用人单位处在企业生命周期的哪个阶段。如在初创阶段，外部公平往往比内部公平更重要，薪酬设计应比较灵活，短期激励往往更加重要。在成长阶段、成熟阶段、衰退阶段采取的策略各不相同。

（2）用人单位经营业务根据客户价值可以分为产品导向、运作成本导向、顾客亲密导向三个价值原则，每个价值原则采取的薪酬策略也不相同。

（3）不同企业文化定位所采取的薪酬策略也有所不同。

薪酬设计的原则是：公平性、合法性、竞争性、激励性和经济性。其中，公平性又体现在内部公平和外部公平两个方面。

内部公平是指同一用人单位内，同种职位、同等绩效考核标准的前提下，薪资应大体相同；不同职位、不同绩效考核标准的前提下，薪资差别应合法合理，坚持按劳分配。

外部公平是指用人单位应根据劳动力市场的普遍薪资水平确定本企业的薪资标准。

（五）当下常见的企业薪酬模式

对企业人力资源管理来说，薪酬制度无疑是基础而核心的内容，鉴于薪酬的敏感性和重要性，企业应选择合适的薪酬模式，建立合理的薪酬制度。

薪酬模式则是指薪酬的构成及其组合。概括地讲，薪酬有五种主要依据，相应地形成五种基本薪酬模式：基于岗位的薪酬模式、基于绩效的薪酬模式、基于技能的薪酬模式、基于市场的薪酬模式、基于年功的薪酬模式。

1. 基于岗位的薪酬模式

按岗位付酬主要依据岗位在用人单位内的相对价值为员工付酬。岗位的相对价值高,其工资也高,反之亦然。通俗地讲就是:在什么岗,拿多少钱。在这种薪酬模式下,员工工资的增长主要依靠职位的晋升,其导向的行为是:遵从等级秩序和严格的规章制度,注重人际网络关系的建设,尽可能获得晋升机会。

2. 基于绩效的薪酬模式

按绩效付酬的依据可以是用人单位整体的绩效,部门的整体绩效,也可以是团队或者个人的绩效。具体选择哪个作为绩效付酬的依据,要看岗位的性质。绩效付酬导向的员工行为很直接,员工会围绕着绩效目标开展工作,为实现目标会竭尽全能,力求创新,"有效"是员工行为的准则,而不是岗位付酬制度下的保守和规范。实际上,用人单位利用绩效工资对员工进行调控,以刺激员工的行为,通过对绩优者和绩劣者收入的调节,鼓励员工追求符合用人单位要求的行为,激发每个员工的积极性,降低了管理成本,提高了产出,可努力实现用人单位目标。

3. 基于技能的薪酬模式

技能导向的工资制的依据很明确,就是员工所具备的技能水平。其目的在于促使员工提高做工作的技术和能力水平,技能工资制度下的员工往往会偏向于合作,而不是过度的竞争。

4. 基于市场的薪酬模式

基于市场的薪酬模式是指参照同等岗位的劳动力市场价格来确定薪酬待遇。该模式立足于人才市场的供需平衡原理,具有较强的市场竞争力和外部公平性。可以将用人单位内部同外部劳动力市场进行及时的有机互联,防止因为人才外流而削弱用人单位的竞争力。能够完全进行市场对标的用人单位多发生在充分竞争的用人单位或者行业之中,但这种模式也会加重用人单位自身的支付压力,不利于内部公平。

5. 基于年功的薪酬模式

在基于年功的薪酬模式下,员工的工资和职位主要是随年龄和工龄的增长而提高。我国国有企业过去的工资制度在很大程度上带有年功工资的色彩,虽然强调技能的作用,但在评定技能等级时,更注重论资排辈。其目的在于鼓励员工对用人单位忠诚,强化员工对用人单位的归属感,导向员工终生服务于用人单位。在人才流动低、终身雇佣制环境下,如果员工确实忠诚于用人单位并不断进行创新,用人单位可以实施年功工资制;但如果外部人才竞争环境并不稳定,则很难成功地实施年功工资制。

用人单位在选择薪酬模式时,应充分了解每种模式的特点及行为导向,选择最适合本单位整体发展战略的薪酬模式。缺乏战略指引的薪酬模式就等于没有方向的瞎指挥,对用人单位的发展将起到阻碍作用。

第二节　主要法律法规的相关条款

一、《中华人民共和国劳动法》相关条款

第二条　在中华人民共和国境内的企业、个体经济组织(以下统称用人单位)和与之形成劳动关系的劳动者,适用本法。国家机关、事业组织、社会团体和与之建立劳动合同关系的劳动者,依照本法执行。

第十六条　劳动合同是劳动者与用人单位确立劳动关系、明确双方权利和义务的协议。建立劳动关系应当订立劳动合同。

第二十条　劳动合同的期限分为有固定期限、无固定期限和以完成一定的工作为期限。劳动者在同一用人单位连续工作满十年以上,当事人双方同意续延劳动合同的,如果劳动者提出订立无固定期限的劳动合同,应当订立无固定期限的劳动合同。

第二十一条　劳动合同可以约定试用期。试用期最长不得超过六个月。

第二十三条　劳动合同期满或者当事人约定的劳动合同终止条件出现,劳动合同即行终止。

第二十四条　经劳动合同当事人协商一致,劳动合同可以解除。

第三十一条　劳动者解除劳动合同,应当提前三十日以书面形式通知用人单位。

第三十六条　国家实行劳动者每日工作时间不超过八小时、平均每周工作时间不超过四十四小时的工时制度。

第三十七条　对实行计件工作的劳动者,用人单位应当根据本法第三十六条规定的工时制度合理确定其劳动定额和计件报酬标准。

第三十八条　用人单位应当保证劳动者每周至少休息一日。

第四十六条　工资分配应当遵循按劳分配原则,实行同工同酬。工资水平在经济发展的基础上逐步提高。国家对工资总量实行宏观调控。

第四十七条　用人单位根据本单位的生产经营特点和经济效益,依法自主确定本单位的工资分配方式和工资水平。

第四十八条　国家实行最低工资保障制度。最低工资的具体标准由省、自治区、直辖市人民政府规定,报国务院备案。用人单位支付劳动者的工资不得低于当地最低工资标准。

第五十条　工资应当以货币形式按月支付给劳动者本人。不得克扣或者无故拖欠劳动者的工资。

第九十七条 由于用人单位的原因订立的无效合同,对劳动者造成损害的,应当承担赔偿责任。

二、《中华人民共和国劳动合同法》相关条款

第二条 中华人民共和国境内的企业、个体经济组织、民办非企业单位等组织(以下称用人单位)与劳动者建立劳动关系,订立、履行、变更、解除或者终止劳动合同,适用本法。

国家机关、事业单位、社会团体和与其建立劳动关系的劳动者,订立、履行、变更、解除或者终止劳动合同,依照本法执行。

第七条 用人单位自用工之日起即与劳动者建立劳动关系。用人单位应当建立职工名册备查。

第八条 用人单位招用劳动者时,应当如实告知劳动者工作内容、工作条件、工作地点、职业危害、安全生产状况、劳动报酬,以及劳动者要求了解的其他情况;用人单位有权了解劳动者与劳动合同直接相关的基本情况,劳动者应当如实说明。

第十条 建立劳动关系,应当订立书面劳动合同。

已建立劳动关系,未同时订立书面劳动合同的,应当自用工之日起一个月内订立书面劳动合同。

用人单位与劳动者在用工前订立劳动合同的,劳动关系自用工之日起建立。

第十一条 用人单位未在用工的同时订立书面劳动合同,与劳动者约定的劳动报酬不明确的,新招用的劳动者的劳动报酬按照集体合同规定的标准执行;没有集体合同或者集体合同未规定的,实行同工同酬。

第十三条 固定期限劳动合同,是指用人单位与劳动者约定合同终止时间的劳动合同。

用人单位与劳动者协商一致,可以订立固定期限劳动合同。

第十四条 无固定期限劳动合同,是指用人单位与劳动者约定无确定终止时间的劳动合同。

用人单位与劳动者协商一致,可以订立无固定期限劳动合同。有下列情形之一,劳动者提出或者同意续订、订立劳动合同的,除劳动者提出订立固定期限劳动合同外,应当订立无固定期限劳动合同:

(一)劳动者在该用人单位连续工作满十年的;

(二)用人单位初次实行劳动合同制度或者国有企业改制重新订立劳动合同时,劳动者在该用人单位连续工作满十年且距法定退休年龄不足十年的;

（三）连续订立二次固定期限劳动合同,且劳动者没有本法第三十九条和第四十条第一项、第二项规定的情形,续订劳动合同的。

用人单位自用工之日起满一年不与劳动者订立书面劳动合同的,视为用人单位与劳动者已订立无固定期限劳动合同。

第十五条　以完成一定工作任务为期限的劳动合同,是指用人单位与劳动者约定以某项工作的完成为合同期限的劳动合同。

用人单位与劳动者协商一致,可以订立以完成一定工作任务为期限的劳动合同。

第十八条　劳动合同对劳动报酬和劳动条件等标准约定不明确,引发争议的,用人单位与劳动者可以重新协商;协商不成的,适用集体合同规定;没有集体合同或者集体合同未规定劳动报酬的,实行同工同酬;没有集体合同或者集体合同未规定劳动条件等标准的,适用国家有关规定。

第十九条　劳动合同期限三个月以上不满一年的,试用期不得超过一个月;劳动合同期限一年以上不满三年的,试用期不得超过二个月;三年以上固定期限和无固定期限的劳动合同,试用期不得超过六个月。

同一用人单位与同一劳动者只能约定一次试用期。

以完成一定工作任务为期限的劳动合同或者劳动合同期限不满三个月的,不得约定试用期。

试用期包含在劳动合同期限内。劳动合同仅约定试用期的,试用期不成立,该期限为劳动合同期限。

第二十条　劳动者在试用期的工资不得低于本单位相同岗位最低档工资或者劳动合同约定工资的百分之八十,并不得低于用人单位所在地的最低工资标准。

第二十八条　劳动合同被确认无效,劳动者已付出劳动的,用人单位应当向劳动者支付劳动报酬。劳动报酬的数额,参照本单位相同或者相近岗位劳动者的劳动报酬确定。

第三十条　用人单位应当按照劳动合同约定和国家规定,向劳动者及时足额支付劳动报酬。

用人单位拖欠或者未足额支付劳动报酬的,劳动者可以依法向当地人民法院申请支付令,人民法院应当依法发出支付令。

第三十六条　用人单位与劳动者协商一致,可以解除劳动合同。

第三十七条　劳动者提前三十日以书面形式通知用人单位,可以解除劳动合同。劳动者在试用期内提前三日通知用人单位,可以解除劳动合同。

第四十八条　用人单位违反本法规定解除或者终止劳动合同,劳动者要求继续履行劳动合同的,用人单位应当继续履行;劳动者不要求继续履行劳动合同或者劳动合同已经不能继续履行的,用人单位应当依照本法第八十七条规定支付赔偿金。

第五十八条 劳务派遣单位是本法所称用人单位,应当履行用人单位对劳动者的义务。劳务派遣单位与被派遣劳动者订立的劳动合同,除应当载明本法第十七条规定的事项外,还应当载明被派遣劳动者的用工单位以及派遣期限、工作岗位等情况。

劳务派遣单位应当与被派遣劳动者订立二年以上的固定期限劳动合同,按月支付劳动报酬;被派遣劳动者在无工作期间,劳务派遣单位应当按照所在地人民政府规定的最低工资标准,向其按月支付报酬。

第五十九条 劳务派遣单位派遣劳动者应当与接受以劳务派遣形式用工的单位(以下称用工单位)订立劳务派遣协议。劳务派遣协议应当约定派遣岗位和人员数量、派遣期限、劳动报酬和社会保险费的数额与支付方式以及违反协议的责任。

用工单位应当根据工作岗位的实际需要与劳务派遣单位确定派遣期限,不得将连续用工期限分割订立数个短期劳务派遣协议。

第六十一条 劳务派遣单位跨地区派遣劳动者的,被派遣劳动者享有的劳动报酬和劳动条件,按照用工单位所在地的标准执行。

第六十三条 被派遣劳动者享有与用工单位的劳动者同工同酬的权利。用工单位应当按照同工同酬原则,对被派遣劳动者与本单位同类岗位的劳动者实行相同的劳动报酬分配办法。用工单位无同类岗位劳动者的,参照用工单位所在地相同或者相近岗位劳动者的劳动报酬确定。

第六十六条 劳动合同用工是我国的企业基本用工形式。劳务派遣用工是补充形式,只能在临时性、辅助性或者替代性的工作岗位上实施。

前款规定的临时性工作岗位是指存续时间不超过六个月的岗位;辅助性工作岗位是指为主营业务岗位提供服务的非主营业务岗位;替代性工作岗位是指用工单位的劳动者因脱产学习、休假等原因无法工作的一定期间内,可以由其他劳动者替代工作的岗位。

用工单位应当严格控制劳务派遣用工数量,不得超过其用工总量的一定比例,具体比例由国务院劳动行政部门规定。

第六十八条 非全日制用工,是指以小时计酬为主,劳动者在同一用人单位一般平均每日工作时间不超过四小时,每周工作时间累计不超过二十四小时的用工形式。

第六十九条 非全日制用工双方当事人可以订立口头协议。

从事非全日制用工的劳动者可以与一个或者一个以上用人单位订立劳动合同;但是,后订立的劳动合同不得影响先订立的劳动合同的履行。

第七十条　非全日制用工双方当事人不得约定试用期。

第七十一条　非全日制用工双方当事人任何一方都可以随时通知对方终止用工。终止用工,用人单位不向劳动者支付经济补偿。

第七十二条　非全日制用工小时计酬标准不得低于用人单位所在地人民政府规定的最低小时工资标准。

非全日制用工劳动报酬结算支付周期最长不得超过十五日。

第八十二条　用人单位自用工之日起超过一个月不满一年未与劳动者订立书面劳动合同的,应当向劳动者每月支付二倍的工资。

用人单位违反本法规定不与劳动者订立无固定期限劳动合同的,自应当订立无固定期限劳动合同之日起向劳动者每月支付二倍的工资。

三、《中华人民共和国劳动合同法实施条例》相关条款

第四条　劳动合同法规定的用人单位设立的分支机构,依法取得营业执照或者登记证书的,可以作为用人单位与劳动者订立劳动合同;未依法取得营业执照或者登记证书的,受用人单位委托可以与劳动者订立劳动合同。

第五条　自用工之日起一个月内,经用人单位书面通知后,劳动者不与用人单位订立书面劳动合同的,用人单位应当书面通知劳动者终止劳动关系,无需向劳动者支付经济补偿,但是应当依法向劳动者支付其实际工作时间的劳动报酬。

第九条　劳动合同法第十四条第二款规定的连续工作满 10 年的起始时间,应当自用人单位用工之日起计算,包括劳动合同法施行前的工作年限。

第十条　劳动者非因本人原因从原用人单位被安排到新用人单位工作的,劳动者在原用人单位的工作年限合并计算为新用人单位的工作年限。原用人单位已经向劳动者支付经济补偿的,新用人单位在依法解除、终止劳动合同计算支付经济补偿的工作年限时,不再计算劳动者在原用人单位的工作年限。

第十五条　劳动者在试用期的工资不得低于本单位相同岗位最低档工资的 80%或者不得低于劳动合同约定工资的 80%,并不得低于用人单位所在地的最低工资标准。

第十七条　劳动合同期满,但是用人单位与劳动者依照劳动合同法第二十二条的规定约定的服务期尚未到期的,劳动合同应当续延至服务期满;双方另有约定的,从其约定。

第二十条　用人单位依照劳动合同法第四十条的规定,选择额外支付劳动者一个月工资解除劳动合同的,其额外支付的工资应当按照该劳动者上一个月的工资标准

确定。

第二十二条　以完成一定工作任务为期限的劳动合同因任务完成而终止的,用人单位应当依照劳动合同法第四十七条的规定向劳动者支付经济补偿。

四、《关于贯彻执行〈中华人民共和国劳动法〉若干问题的意见》相关条款

第二条　中国境内的企业、个体经济组织与劳动者之间,只要形成劳动关系,即劳动者事实上已成为企业、个体经济组织的成员,并为其提供有偿劳动,适用劳动法。

第五条　中国境内的企业、个体经济组织在劳动法中被称为用人单位。国家机关、事业组织、社会团体和与之建立劳动合同关系的劳动者依照劳动法执行。根据劳动法的这一规定,国家机关、事业组织、社会团体应当视为用人单位。

第二十二条　劳动法第二十条中的"在同一用人单位连续工作满十年以上"是指劳动者与同一用人单位签订的劳动合同的期限不间断达到十年,劳动合同期满双方同意续订劳动合同时,只要劳动者提出签订无固定期限劳动合同的,用人单位应当与其签订无固定期限的劳动合同。在固定工转制中各地如有特殊规定的,从其规定。

第三节　案例分析

(一)案例一　霍某诉北京×××××××公司劳动争议案

1. 参阅要点

劳动者可以在劳动关系终止之日起一年内主张劳动关系存续期间拖欠的加班费和未休年假工资等劳动报酬。用人单位与劳动者未签订劳动合同应支付的二倍工资中的超出一倍部分属于惩罚性赔偿,不属于劳动报酬,不应适用《中华人民共和国劳动争议调解仲裁法》第二十七条第四款的规定,劳动者应自知道或者应当知道其权利被侵害之日起一年内主张权利。

2. 相关法条

(1)《中华人民共和国劳动争议调解仲裁法》第二十七条。

(2)《中华人民共和国劳动合同法》第八十二条。

3. 案情回顾

霍某于2005年4月入职×××××××公司,入职后双方曾签订过一份劳动合同,合同期限为2009年1月1日至2009年12月31日,该合同期满后,双方未再续签劳动合

同。霍某月基本工资为 1 000 元,每月发放不固定数额的提成,平均月工资为 2 000 元。霍某在××××××××公司最后工作至 2012 年 1 月 15 日。

2012 年 4 月 16 日,霍某申诉至北京市朝阳区劳动争议仲裁委员会,要求××××××××公司支付 2005 年 4 月至 2012 年 1 月期间的延时加班费、休息日加班费和法定节假日加班费总计 124 914 元;2005 年 4 月至 2012 年 1 月期间未休年休假工资 3 360.7 元;2008 年 2 月至 2012 年 1 月期间未签订劳动合同二倍工资差额 94 000 元等。

2012 年 9 月 10 日,北京市朝阳区劳动争议仲裁委员会作出裁决:××××××××公司与霍某补订自 2011 年 1 月 1 日起的书面无固定期限劳动合同;××××××××公司支付霍某 2010 年 4 月 17 日至 2012 年 1 月 31 日期间法定节假日加班工资 2 207 元;××××××××公司支付霍某 2011 年未休年休假工资 920 元;驳回霍某的其他仲裁请求。

霍某不服仲裁裁决,起诉至北京市朝阳区人民法院,××××××××公司未起诉。

庭审中,霍某提交《值班表》证明其每周加班两次、每次三个小时,另提交了《2011 年丰台站轮流休息安排》证明其每周休息一天,两份证据均无××××××××公司的公章及人员签字。××××××××公司提交了 2009 年 1 月至 2012 年 3 月《考勤汇总表》以证明霍某的出勤情况。

4. 审理结果

北京市朝阳区人民法院于 2013 年 5 月 17 日作出(2013)朝民初字第 03340 号民事判决:

(1)被告××××××××公司于本判决生效后七日内支付原告霍某法定节假日加班工资三千一百五十九元。

(2)被告××××××××公司于本判决生效后七日内支付原告霍某未休年休假工资三千三百六十元七角。

(3)驳回原告霍某的其他诉讼请求。

宣判后,××××××××公司向北京市第二中级人民法院提起上诉。北京市第二中级人民法院于 2013 年 9 月 27 日作出(2013)二中民终字第 11392 号民事判决,判决驳回上诉,维持原判。

5. 裁判理由

法院生效裁判认为:劳动争议申请仲裁的时效期间为一年。劳动关系存续期间因拖欠劳动报酬发生争议的,劳动者申请仲裁不受一年仲裁时效期间的限制;但是,劳动关系终止的,应当自劳动关系终止之日起一年内提出。霍某最后工作至 2012 年 1 月 15 日,其于 2012 年 4 月 16 日申请仲裁,其关于加班费、未休年休假工资的请求未超过仲裁时效。霍某主张支付 2010 年之前未签订劳动合同二倍工资差额的请求,超过一年的仲裁时效,本院不予支持。

劳动者主张加班费的,应当就加班事实的存在承担举证责任。霍某提交的证据均不足以证明其存在延时、休息日和法定节假日加班的情况,应当承担举证不能的不利后果。根据×××××××公司提交的《考勤汇总表》显示霍某在 2009 年 1 月至 2012 年 1 月存在 22 天法定节假日加班的情形,而×××××××公司未提交证据证明已经支付了霍某法定节假日加班工资,因此应当支付霍某该 22 天法定节假日加班工资。

《职工带薪年休假条例》自 2008 年 1 月 1 日起施行,霍某自 2008 年 1 月 1 日至 2012 年 1 月 15 日期间应享有的年休假经折算后共计为 20 天。×××××××公司主张霍某已休年休假,但其提交的证据不足以证明其的主张,本院不予采信。霍某主张的数额 3360.7 元不高于法律规定,本院予以支持。

用人单位自用工之日起满一年未与劳动者订立书面劳动合同的,自用工之日起满一个月的次日至满一年的前一日应当依照《中华人民共和国劳动合同法》第 82 条的规定向劳动者每月支付二倍的工资,并视为自用工之日起满一年的当日已经与劳动者订立无固定期限劳动合同。霍某与×××××××公司自 2009 年 1 月 1 日签订的《劳动合同书》于 2009 年 12 月 31 日到期后,双方未续订劳动合同已满一年,视为双方已经订立无固定期限劳动合同,故本院对于霍某主张支付 2010 年 12 月 31 日至 2012 年 1 月期间未签订劳动合同二倍工资差额的请求,也不予支持。

6. 案例解说

《中华人民共和国劳动争议调解仲裁法》(以下简称《劳动争议调解仲裁法》)对劳动争议案件规定了一般时效和特殊时效两种时效,绝大部分劳动争议适用一年的一般时效,即劳动者和用人单位须从知道或应当知道权利受侵害之日起一年内主张权利。因劳动者在经济上、组织上和身份上从属于用人单位,劳动关系存续期间劳动者的一些权利受到的侵害可能是持续性的,还有一些权利受到侵害时劳动者为了维持劳动关系的存续而无法在受侵害之日起一年内主张权利,如果所有的劳动争议均适用一年的时效则不利于保护劳动者的权益,为此,《劳动争议调解仲裁法》第二十七条第四款又规定了特殊时效,特殊时效不受一年时间的限制。

"特殊时效不受一年时间的限制"指的是:首先,劳动者可以在劳动关系存续期间的任何时间点主张相关权利,所主张权利的给付期间可以自入职之日起至主张权利之日止;其次,考虑到劳动者在劳动关系存续期间向用人单位主张权利的现实困难,特殊时效规定劳动者还可以在劳动关系终止之日起一年内主张权利。需要特别说明的是,这里的"劳动关系终止"并非仅指劳动合同终止,它既包括《中华人民共和国劳动合同法》(以下简称《劳动合同法》)第四十四条规定的劳动合同期满、用人单位被依法宣告破产等劳动合同终止导致劳动关系终止的情形,也包括劳动者和用人单位中的一方单方解除或双方协商解除劳动合同导致劳动关系终止的情形。

(二)案例二　确认劳动关系期间不应计算在工伤认定申请时限内

1. 参阅要点

工伤认定的基础是确认劳动关系是否存在,依法定程序处理劳动争议的时间不计算在工伤认定的时限内。

2. 相关法条

《中华人民共和国行政诉讼法》第六十一条第二项;最高人民法院《关于执行〈中华人民共和国行政诉讼法〉若干问题的解释》第七十条。

3. 案情回顾

2008 年 9 月 4 日,赵某某以其于 2007 年 9 月 6 日在某机械配件厂工作中右手中指损伤为由,向某县劳动和社会保障局(以下简称县劳动局)提出工伤认定申请。2008 年 9 月 5 日,县劳动局作出工伤认定申请补正材料通知书,告知赵某某“于 2008 年 10 月 5 日之前补正劳动合同或者其他建立劳动关系的证明。未在规定时间内补正材料的,暂不出具工伤认定结论,自受伤或者诊断为职业病之日起,一年内能够提供补正材料的可以再次提出工伤认定申请”。此后,赵某某未在 2008 年 10 月 5 日之前补正材料。

2008 年 9 月 4 日,赵某某向某县劳动争议仲裁委员会申请仲裁,要求确认其与某机械配件厂之间存在劳动关系。2008 年 11 月 13 日,某县劳动争议仲裁委员会裁决,驳回了赵某某的仲裁请求。赵某某不服,向一审法院提起民事诉讼。2009 年 4 月 24 日,一审法院作出民事判决,确认赵某某与某机械配件厂自 2003 年 9 月至 2008 年 4 月间存在劳动关系。某机械配件厂不服,向二审法院提起上诉。2009 年 12 月 16 日,二审法院作出终审民事判决,维持了原判。2009 年 12 月 23 日,赵某某收到上述二审判决书。

2010 年 1 月 12 日,赵某某再次向县劳动局提出工伤认定申请。县劳动局经调查取证后,于 2010 年 1 月 20 日作出工伤认定申请不予受理通知。该通知认定:赵某某发生事故日期为 2007 年 9 月 6 日,初次工伤认定申请日期为 2008 年 9 月 4 日,因缺少劳动关系证明,被告知补正。2009 年 12 月 23 日赵某某收到法院确认劳动关系判决后,于 2010 年 1 月 12 日再次提出工伤认定申请。据此,根据《北京市实施〈工伤保险条例〉办法》第二十一条第一项之规定,决定不予受理。现县劳动局更名为某县人力资源和社会保障局。

赵某某不服不予受理通知,向原审法院起诉,称其于 2009 年 12 月 23 日收到二审民事判决,因此工伤认定申请时效应从 2009 年 12 月 24 日算起向后延长一年,不能从 2008 年 9 月 4 日算起仅延长两天。被告的算法没有法律依据。因此,请求撤销不予受理通知,责令被告(某县人力资源和社会保障局)作出工伤认定结论通知书。

4. 审理结果

(1)撤销一审行政判决。

(2)撤销原某县劳动和社会保障局于 2010 年 1 月 20 日作出的工伤认定申请不予受理通知。

(3)某县人力资源和社会保障局对赵某某是否构成工伤重新作出认定。

5. 裁判理由

一审经审理认为,赵某某向某县劳动争议仲裁委员会申请仲裁,至其收到二审判决书之期间属于依法定程序处理劳动争议的时间,不计算在工伤认定的时限内。扣除赵某某依法定程序处理劳动争议的时间,其于 2010 年 1 月 12 日再次提出工伤认定申请超过了自 2007 年 9 月 6 日起一年内提出的期限。县劳动局收到赵某某再次提出工伤认定的申请后,经调查取证,依据《北京市实施〈工伤保险条例〉办法》第二十一条第一项之规定,作出《不予受理通知》并无不当,故判决驳回原告赵某某的诉讼请求。

赵某某不服一审判决提起上诉,二审法院经审理认为本案审查的焦点问题即县劳动局所作《不予受理通知》是否合法。根据《中华人民共和国劳动法》和《工伤保险条例》的相关规定,县劳动局在工伤认定程序中,应当具有认定受到伤害的职工与企业之间是否存在劳动关系的职权。赵某某应县劳动局的要求搜索其与用人单位之间存在劳动关系证明的时间并非其主观意志能够确定的,县劳动局答辩所称赵某某收到判决书后,"理应及时向答辩人再次提出工伤认定申请,而被答辩人代理人收到判决后并未及时在规定时间内提出申请,也未提出任何理由,于 2010 年 1 月 12 日向答辩人提出工伤认定申请,明显超过工伤认定申请时限"的认定没有明确法理依据和事实依据。县劳动局以"事故发生之日或者被诊断、鉴定为职业病之日起超过一年提出申请的"之规定,决定不予受理的处理没有法律依据。

6. 案例解说

《工伤保险条例》的立法原则和初衷是最大限度地保护劳动者的权益,因此用人单位应当承担的是无过错责任。只要劳动者能够提供证据证实其在法定期限内并未怠于行使自己的权利,在一般情况下,均不应从程序上制约劳动者提出工伤认定的申请。

具体到本案的情况,赵某某自 2007 年 9 月 6 日受伤后,2008 年 9 月 4 日向县劳动局提出工伤认定申请是符合相关的法律规定。县劳动局接到赵某某在法律规定的期限内提出的工伤认定申请后的次日,即书面告知其需要补正"劳动关系或者其他建立劳动关系的证明"。之后,赵某某通过仲裁、诉讼程序保护自己的权利,并最终通过判决确认其与某机械厂之间存在劳动关系。其于 2009 年 12 月 23 日收到终审判决,于 2010 年 1 月 12 日即再次向原某县劳动和社会保障局提出工伤认定申请,应认定其已经积极、稳妥、恰当地行使了自己的权利。

劳动保障部门本身即具有对赵某某与用人单位之间是否存在劳动关系认定的职权。本案中,被告让赵某某补正的即为劳动关系证明,被告能够充分认识到赵某某可能在规定时间内提供不出上述证据材料,其随后以"自受伤或者诊断为职业病之日起,一年内能够提供补正材料的可以再次提出工伤认定申请"作为限定赵某某提供劳动关系证明时间的理由,本身并不妥当。如果以上述时间推算,类比"被诊断、鉴定为职业病之日起超过一年提出申请的"规定,劳动关系的确认之日才应该是申请的起算期限,赵某某在领取终审判决一年之内提出申请,劳动保障部门均应予以受理。

被告在收到原告赵某某申请后,并未就争议事项进行任何走访、调查,即于次日告知原告补正材料。在原告赵某某历经一年多的时间取得劳动关系证明后,又以原告未在取得判决书两日之内提出申请,超过期限为由作出了不予受理的结论。照此类推,如果赵某某在 2008 年 9 月 6 日,即受伤之日起一年的最后一天,其即便取得了终审判决,也因超过期限工伤认定申请不被受理,这是与《工伤保险条例》最大限度保护劳动者权益原则是明显相悖的。《工伤保险条例》制定的基本宗旨意在保障因工作遭受事故伤害或者职业病的职工获得医疗救助和经济补偿,促进工伤预防和职业康复,分散用人单位的工伤风险。该劳动保障部门的处理明显使劳动者一方处于司法保护的不利地位,加大了其义务承担,为其权利的取得设置重重障碍,为劳动争议涉诉信访案件的发生埋下隐患。

第二章 薪酬核算的依据

【本章学习目标】

通过本章的系统学习,读者可以了解薪酬核算涉及的主要法律法规及相关概念、掌握薪酬核算依据及实务操作重点、薪酬核算的信息流整体架构和流程。同时,通过薪酬核算案例分析,正确把握薪酬核算实务操作过程中的要点和难点。

第一节 薪酬核算概述

薪酬核算是企业的关键性日常核算事务。依据新会计准则的有关标准,企业若要精确核算各项薪酬,则有必要选择与之相适应的薪酬核算实务操作流程以及薪酬调整方法。在此前提下,企业应当对全面核算职工薪酬予以更多关注,确保依照现有的法律法规、公司管理制度及当前的有关会计准则来选择精确的薪酬核算依据[①]。

一、薪酬核算的概念

薪酬核算是指企业根据国家法律法规和本企业的有关规定,对职工薪酬的会计核算。完善的薪酬核算工作,不仅有利于保障企业职工的合法权利,更有助于发挥企业职工的生产积极性,而且能够在一定程度上降低企业的人工成本,增强企业的竞争力,最终有利于企业的良性发展[②]。薪酬核算即企业依据现有的相关法律法规、有关规定及公司的薪酬管理制度,通过薪酬核算的基本流程对其应支付给员工的劳动报酬总额进行核算,在此基础上决定是否进行整体或个人的薪酬调整,并完成后续的薪酬发放工作。

二、薪酬核算的内容

薪酬是职工获取劳动报酬的主要途径,对于职工的薪酬核算关系到职工的切身利

---

① 陈毅玲:《新会计准则职工薪酬核算的思考》,《纳税》2019 年第 3 期。
② 迟红梅:《新会计准则下职工薪酬核算注意事项探究》,《中国总会计师》2019 年第 3 期。

益,因此做好职工的薪酬核算是极有必要的。企业应当充分考虑自身的实际情况,制定适合本企业或者本行业的职工薪酬核算管理制度,用制度去管理职工薪酬的核算①。薪酬核算的内容包括:依据法律法规、劳动合同、公司制度及劳动者实际工作时间或工作成果,来计算每位劳动者劳动所得组成的应发工资、"五险一金"、个人应承担的扣款(外部或内部各项扣款),计算得出应税工资,然后扣除应交个人所得税得出实际应发工资。

这个过程包括考勤记录、计件工资的产量、加班费的计算、业绩考核单据、综合考评业绩、单项奖、年终奖、员工异动的工资调整单、个人需要承担的"三险一金"、个人所得税,确保该类计算依据的充分性、合法性,审批手续的完备性、计算数据的准确性、信息流程的存档。最后,移交财务会计核算。

三、薪酬核算的相关依据

在薪酬核算过程中,需着重注意三方面的内容:一是遵守国家薪酬核算相关的法律法规及规定,如《中华人民共和国劳动法》(以下简称《劳动法》)、《中华人民共和国劳动合同法》(以下简称《劳动合同法》)、《劳动合同法实施条例》《工资支付暂行规定》《中华人民共和国社会保险法》(以下简称《社会保险法》)、《中华人民共和国个人所得税法》(以下简称《个人所得税法》)等。二是遵守公司内部的薪酬管理制度、绩效考核制度、考勤制度、加班制度等。以上均属于企业与员工签订劳动合同、确定工资基数与工资结构的依据。三是内部各项考核的记录,一般通过考勤管理获得考勤数据记录,用以核算计时工资;通过对产量或销量的记录得知考核的业务量,用以核算计件工资或提成工资;通过员工异动的调整审批单来调整人员的工资;通过研发项目立项及研发活动的成果获取对研发人员实施奖惩的依据;通过各项的绩效考核审批发放绩效工资。

(一)主要法律法规依据

1. 依据《劳动合同法》第八十二条规定,用人单位自用工之日起超过一个月不满一年未与劳动者订立书面劳动合同的,应当向劳动者每月支付二倍的工资。用人单位违反本法规定不与劳动者订立无固定期限劳动合同的,自应当订立无固定期限劳动合同之日起向劳动者每月支付 2 倍的工资。

2. 依据《劳动法》第四十四条规定:

(1)用人单位安排劳动者延长工作时间的,支付不低于工资的 150% 的工资报酬。

---

① 迟红梅:《新会计准则下职工薪酬核算注意事项探究》,《中国总会计师》2019 年 3 期。

（2）用人单位在休息日安排劳动者工作又不能安排补休的,支付不低于工资的200%的工资报酬。

（3）用人单位在法定休假日安排劳动者工作的,支付不低于工资的300%的工资报酬。

3. 依据《劳动合同法》第二十条规定,试用期工资不得低于本单位相同岗位最低档工资或者劳动合同约定工资的80%,并不得低于用人单位所在地的最低工资标准。

4. 依据《个人所得税法》第六条规定,起征点确定为每月5 000元。居民个人的综合所得,以每一纳税年度的收入额减除费用60 000元以及专项扣除、专项附加扣除和依法确定的其他扣除后的余额,为应纳税所得额。

5. 依据《社会保险法》第十条、第十二条规定,职工应当参加基本养老保险,由用人单位和职工共同缴纳基本养老保险费。用人单位应当按照国家规定的本单位职工工资总额的比例缴纳基本养老保险费,记入基本养老保险统筹基金。

6. 依据《社会保险法》相关规定,其主要规范法律适用主体、缴费主体及缴纳基本养老保险、医疗保险、失业保险、工伤保险、生育保险（以下简称"五险"）的责任、义务,违法追究责任。

"五险一金"指的是五种社会保险和公积金。"五险"由养老保险、医疗保险、失业保险、工伤保险和生育保险构成。"一金"仅指住房公积金。其中养老保险、医疗保险和失业保险这三种险是由企业和个人共同缴纳,工伤保险和生育保险完全由企业承担（有的省份已将生育保险合并到医疗保险的单位缴纳部分）,个人不需要缴纳。需要注意的是"五险"是法定的,而"一金"不是法定的[①]。详细的政策解读请见本书第四章和第五章。

7. 依据《劳动法》第七十条规定,国家发展社会保险事业,建立社会保险基金,使劳动者在年老、患病、工伤、失业、生育等情况下获得帮助和补偿。

第七十五条规定,国家鼓励用人单位根据本单位实际情况为劳动者建立补充保险。国家提倡劳动者个人进行储蓄性保险。

第一百条规定,用人单位无故不缴纳社会保险费的,由劳动行政部门责令限期缴纳,逾期不缴的,可以加收滞纳金。

（二）薪酬管理制度依据

完善的薪酬管理制度对于企业的薪酬核算来说至关重要。因不同企业其用工模式

---

① 左旭辉:《社会保险概要》,《办公室业务》2019年第10期。

也不尽相同,且现有的法律规定侧重于保护员工的权益,企业稍有不慎便可能触犯相关法律并需要向员工支付经济补偿、赔偿等,因此,对于企业而言,法律赋予了其自行制定规章制度作为薪酬核算的制度依据[①]。

1. 工作时间

企业的薪酬管理制度必须符合党和国家的政策与法律,如国家对工作时间、最低工资标准、加班工资等相关规定。企业要加强考勤管理和薪酬体系的设计,强化一些制度和概念的约定,明确计算方法及考核方法,以便员工遵守与满足工资核算与编制。

核算工资必须要明确计算员工工资项目时是以哪个时间为准。一般有当月的实际工作日以及劳保部门规定的月工作日、计算小时工资和日工资的月计薪天数。

(1)当月实际工作日。

某一个月份除周六日以外的天数,包含法定节假日天数。即员工某月应出勤的天数。例如,2019 年 12 月自然天数为 31 天,工作日天数为 22 天,则当月员工应出勤的时数为 22 天。

员工正常出勤的工资应该按照实际出勤天数与应出勤天数进行折算。

(2)月工作日。

劳保部门规定的制度月工作时间,每月固定为 20.83 天。

月工作日 = [365 天 - 104 天(每年周末休息日) - 11 天(法定节假日)] / 12 月 = 20.83 天。需要明确的是,20.83 天和工资计算没有直接关系,只是月出勤天数的基准而已。

(3)月计薪天数。

劳保部门规定的计算日工资、小时工资时的天数为 21.75 天,与制度月工作日的区别为该天数包含每年 11 天的法定节假日天数。

月计薪天数 = (365 天 - 104 天) / 12 月 = 21.75 天

法定节假日现在为带薪假日,平时加班、休息日加班、法定假日加班都是按照 21.75 天计薪日得出的"日工资"来计算加班工资。病假、事假、旷工的扣除与加班的计算,均应是一致的计算口径。

2. 岗位分类

员工考核为确定合理的薪酬提供科学依据,一般的岗位分类及其所属的主要工资制度与构成如表 2-1 所示:

---

① 牛晓峰:《巧设企业薪酬管理制度》,《人力资源》2019 年第 2 期。

表 2-1　　　　　　　　　　　　　　不同岗位的薪酬构成

岗位类别	定义	典型职位	主要工资制度	主要工资构成
高级管理人员	指承担经营管理指标的企业管理人员	总裁、副总裁、总经理、副总经理、部门经理等	年薪制	基本年薪+效益年薪
销售人员	指承担企业产品销售工作的人员	客户销售、产品销售、渠道销售、区域销售	提成制	底薪+提成
技术人员	指承担企业技术研发、技术实施的人员	研发、开发、工程、实施、售后	项目制	基本工资+项目奖金
一般职能人员	指承担企业内务管理的人员	HR、行政、财务、商务、市场、法务等	岗位制	基本工资+年度奖金

参考资料:闫轶卿:《薪酬管理从入门到精通》,清华大学出版社 2015 年版。

3. 基本工资制度

在企业的薪酬管理实践中,根据薪酬支付依据的不同,有岗位工资、职务工资、技能工资、绩效工资、工龄工资以及薪级工资等薪酬构成元素。通常情况下,企业会选择其中的一个或两个作为主要形式,其他为辅助形式。以下是几种主要的工资制度形式①:

依据岗位或职务进行支付的工资体系,称为岗位工资制或职务工资制。

依据技能或能力进行支付的工资体系,称为技能工资制或能力工资制。

依据绩效进行支付的工资体系,如绩效工资制、计件工资制、提成工资制、承包制。

依据市场进行支付的工资体系,参照同等岗位的劳动力市场价格来确定薪酬待遇。

依据年功进行支付的工资体系,员工工资和职位主要是随年龄和工龄的增长而提高。

将上述几种工资制进行组合,又可以分为以下两种组合工资制:

依据岗位(职务)和技能工资进行支付的工资体系,称为岗位技能工资制或职务技能工资制。

依据岗位(职务)和绩效工资进行支付的工资体系,称为岗位绩效工资制或职务绩效工资制。

选择并确定工资制度形式是非常关键的一步,因为这关乎科学、合理的薪酬核算依据。

(1)年薪制②。

年薪制是一种国际上较为通用的支付企业经营者薪金的方式,它是以年度为考核

---

① 赵国军:《薪酬设计与绩效考核全案》(第 2 版),化学工业出版社 2016 年版。

② 资料来源:MBA 智库 https://wiki.mbalib.com/wiki/%E5%B9%B4%E8%96%AA%E5%88%B6,在线检索日期 2020 年 2 月 1 日。

周期,把经营者的工资收入与企业经营业绩挂钩的一种工资分配方式,通常包括基本收入(基薪)和效益收入(风险收入)两部分。

(2)月薪制。

月薪制是目前普遍执行的工资制度。按职工固定的月标准工资扣除缺勤工资计算其工资的一种方法。

采用月薪制时,只要职工出满勤,不论该月份是多少天,都可以得到固定的月标准工资。如果员工出现缺勤的情况,则应从月标准工资中将缺勤工资予以扣除。

(3)提成制[①]。

提成工资制即将企业盈利按照一定的比例在企业和员工之间分成,这种方式具有一定的激励性。实行提成制首先要确定合适的提成指标,一般是按照业务量或销售额提成,即多卖多得。

(4)项目制[②]。

项目工薪制是以单位工程项目为计薪对象,以全面履行建设单位和承包施工单位法人之间签订施工承包合同所约定的内容为目标,以加强项目全面管理为手段,以提高经济效益为核心,依据承包工程的最终管理成果确定工薪的一种分配制度。简要地说,项目工薪制是把工程项目中部分或全部管理人员的个人收入与项目管理全过程活动(最终经济效益)挂钩的办法。

项目工薪包括月度基本工薪和效益工薪两部分:

①基本工薪:能保证职工正常生活的一定标准的基本生活费。

项目经理部月度基本工薪总额=基本生活费标准×定编人数

②效益工薪:项目管理终结考核、一次性奖励额。

(5)岗位制[③]。

岗位工资制是依据任职者在组织中的岗位确定工资等级和工资标准的一种工资制度。

岗位工资制基于这样一个假设:岗位任职资格要求刚好与任职者能力素质相匹配,如果员工能力超过岗位要求,意味着人才的浪费,如果员工能力不能完全满足岗位要求,则意味着任职者不能胜任岗位工作,无法及时、保质保量地完成岗位工作。

---

① 资料来源:百度 https://baike.baidu.com/item/%E6%8F%90%E6%88%90/2168496? fr = aladdin,在线检索日期:2020 年 2 月 1 日。

② 资料来源:MBA 智库 https://wiki.mbalib.com/wiki/%E9%A1%B9%E7%9B%AE%E5%B5%E8%96%AA%E5%88%B6,在线检索日期:2020 年 2 月 1 日。

③ 赵国军:《薪酬设计与绩效考核全案》(第 2 版),化学工业出版社 2016 年版。

（6）职务工资制[①]。

职务工资制是简化了的岗位工资制。

职务和岗位的区别在于：岗位不仅表达出层级还表达出工作性质，比如人力资源主管、财务部部长等就是岗位；而职务仅仅表达出层级，比如主管、经理以及科长、处长等。职务工资制在国有企业、事业单位及政府机构得到了广泛应用。

事实上，职务工资制只区分等级，和岗位工资制具有本质的不同。

岗位工资体现不同岗位的差别，岗位价值综合反映了岗位层级、岗位工作性质等多方面因素，是市场导向的工资制度；而职务工资仅仅体现层级，是典型的等级制工资制度。

4. 内部考勤制度

通过考勤制度，明确定义迟到、早退、旷工、出勤的含义，对于特殊岗位和一般岗位打卡方式、工时记录做些规定，对于违反制度出现迟到、早退、旷工的处理，给工资核算人员提供工资计算的标准。

5. 加班制度

用人单位安排员工加班需要支付正常工资标准的150%—300%，因此，员工是否需要加班直接关系到公司的人工成本控制。而加班的审批是控制人工成本的关键环节，加班的调休制度也是调节工作任务与工作时间矛盾的方法之一，故加班制度是以工资表来核算员工加班工资的重要制度。

6. 绩效考核制度

绩效工资是大部分用人单位会用到的制度，如何激发员工的积极性，充分发挥员工的潜力，制度所发挥的作用也是很重要的。

（三）内部绩效考核依据

1. 考勤记录

考勤记录的依据是考勤表、业务量考核指标完成情况、考核方案等内部计算依据。

2. 工时或产量统计

工时或产量统计依据是工时或计件产量统计表。

3. 绩效考核

绩效考核是绩效管理过程中的一种手段。绩效考核是指企业在既定的战略目标下，运用特定的标准和指标，对员工的工作行为及取得的工作业绩进行评估，并运用评

---

① 赵国军：《薪酬设计与绩效考核全案》（第2版），化学工业出版社2016年版。

估的结果对员工将来的工作行为和工作业绩产生正面引导的过程和方法①。

（1）日常考评，是指对被考评人员的出勤情况、产量和质量实绩、平时的工作行为所作的经常性考评。

（2）定期考评，是指按照一定的固定周期对员工所进行的考评，如年度考评、季度考评等。

4. 项目考核

项目制是指把工程项目中部分或全部管理人员的个人收入与项目管理全过程活动（最终经济效益）挂钩的办法。通过对研发项目立项、获取研发活动成果，作为对研发人员实施奖惩的依据。

5. 岗位评级

岗位评级的关键是划分岗位等级，其目标是按照内部一致性的原则，建立合理的工资等级结构，实现组织内部的分配公平。岗位评级是评定工作的相对价值，确定岗位等级，以确定工资收入等级的依据。

第二节　薪酬核算实务操作要点

一、薪酬核算的基本流程

单位员工的薪酬是根据其不同的用工模式和薪酬模式来进行核算的。一般情况下，企业采用计时工资、计件工资、提成工资、绩效考核工资、年终奖等各项奖金及补贴形式来计算个人所得。薪酬核算的基本流程如图 2-1 所示。

第一步，计算依据准备。包括考勤表、计件产量统计、业务量考核指标完成情况、考核方案等内部计算依据、国家法律规定的加班工资及各项补贴政策等规定。

第二步，初步计算各单项工资或扣款。例如，计算加班工资、节假日工资、各项补贴收入，计算个人应缴纳的"五险一金"、个人所得税、其他公司内部扣款或外部代扣款项等。

第三步，编制工资表，合理对成本费用进行分类统计与核算，一般会按企业业务流程、产品结构、考核机制等因素，对人员进行分类统计归集费用。如：研发的按项目分类；生产的按流水线、订单批号、产品系列或批次进行分类；管理职能部门按职能分类；销售人员可按地区分类。合理编制工作表，分类汇总有利于企业对预算控制、对投入产

---

① 任康磊：《人力资源管理实操：从入门到精通》，人民邮电出版社 2018 年版。

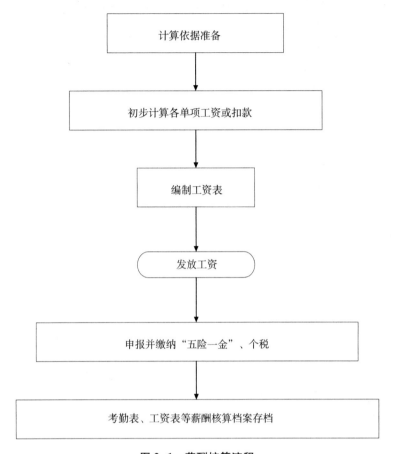

图 2-1　薪酬核算流程

出的分析、对影响产品定价和决策的成本确定。

第四步,配合财务发放工资,保证工资安全到达个人账户,并通知员工个人收入变动情况。

第五步,向政府各部门申报并缴纳"五险一金"及个人所得税。

第六步,将考勤表、业务量完成情况记录、绩效考核计算依据、工资表、付款凭证、"五险一金"缴纳凭证、个人代扣代缴税票等薪酬核算档案存档。

二、考勤管理①

考勤是对员工工作时间的记录,是计算工资的主要依据形式。通过考勤记录,用人单位可以随时了解员工的上下班、加班、请假等出勤情况,便于进行后续的薪酬核算工作。

---

① 任康磊:《薪酬管理实操:从入门到精通》,人民邮电出版社 2018 年版。

考勤形式经历了点名、签到和电子记录三个发展阶段。点名是对人员到岗情况的直接核对,在约定的时间将员工集中起来,通过核对姓名和人数,确认员工的出勤情况。签到则是设置专门负责管理签到表的岗位,员工每天上下班都需要亲自签到签退,以此作为员工的考勤记录。电子记录是灵活、高效的考勤方式,这种方式也经过了几种形式的过渡,分别为直接刷卡、指纹考勤、拍照考勤、人脸识别。

(一)主要流程及权责划分

在考勤管理全过程中,职责分工及输出内容具体如下:

1. 总经理/分管副总的职责

(1)审核审批考勤管理制度。

(2)审批对人力资源部核查考勤异常情况相关的奖惩意见。

2. 人力资源部的职责

(1)制定考勤管理制度,报总经理/分管副总审批。

(2)汇总各部门上报的考勤记录。

(3)不定期抽查各部门的考勤记录情况及考勤相关问题。

(4)针对考勤核查中发现的违规情况查明原因、形成奖惩意见报总经理/分管副总审批,追究相关责任。

(5)根据考勤运行情况和检查情况修改考勤管理制度,报总经理/分管副总审批。

3. 各部门的职责

(1)记录日常考勤。

(2)上报考勤记录。

(3)上报病假、事假、旷工等资料至人力资源部。

实行智能化打卡、电子记录考勤形式的企业,则无需各部门上报考勤记录。一般由人力资源部的相关工作人员直接从智能化考勤系统导出相关数据。

考勤管理的通用流程①如图 2-2 所示。

(二)相关规定

考勤管理规定中最关键的内容包括对满勤天数的规定、对工作时间的规定、对加班操作方式的规定、对各类休假时间和操作方式的规定、对迟到/早退/旷工等异常考勤的相关规定和处理方法,以及对员工外出和出差的相关规定。

---

① 任康磊:《薪酬管理实操:从入门到精通》,人民邮电出版社 2018 年版。

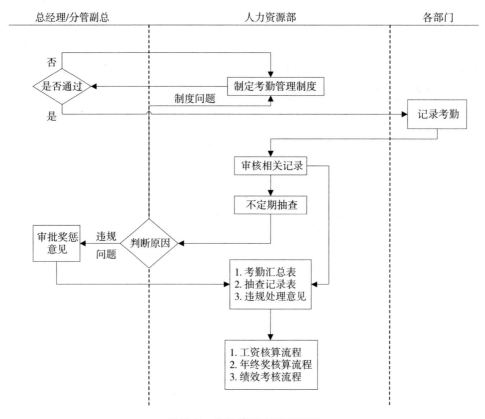

图 2-2 考勤管理的通用流程

1. 满勤天数相关规定

月度满勤天数用于计算每月的工资。采取标准工时制的用人单位,月度满勤天数的计算公式如下:

每月满勤天数=本月总天数-周六周日休假天数-法定休假日休假天数

例如,某自然月为 31 天,周六周日共 8 天,法定休假日为 3 天。本月满勤天数 = 31-8-3 = 20(天)。

全年满勤天数通常用于计算年终奖、绩效考核分数,采取标准工时制的用人单位,全年满勤天数的计算公式如下:

全年满勤天数=∑(每月满勤天数)

例如,某公司某年度全年的满勤天数如表 2-2 所示。

表 2-2　　　　　　　　　**某公司某年度全年的满勤天数表**　　　　　　　　　单位:天

	1 月	2 月	3 月	4 月	5 月	6 月	7 月	8 月	9 月	10 月	11 月	12 月
满勤天数	19	19	22	19	20	22	21	23	22	17	22	21

该公司该年度全年的满勤天数是 247 天,计算过程如下:该公司该年度满勤天数 = 19+19+22+19+20+22+21+23+22+17+22+21 = 247(天)。用人单位考虑到员工生活和工作的平衡,为了给员工一定的出勤弹性,允许员工一年内由于个人原因导致的请假达到一定天数。比如,上例中正常的满勤天数为 247,该公司实际规定满勤天数为 230 天。

采取综合工时制或不定时工时制的用人单位,其满勤时间在一定周期范围内可以根据标准工时制推算得来。

2. 考勤打卡相关规定

对于实施人工手写考勤的公司,考勤的原始记录采用考勤表的形式,必须使用碳素笔记录,如出现笔误,不允许涂改,只允许画改,并在画改处由记录人员签字。下级的考勤表,必须由直接上级或直接上级指派的专人进行记录。

对于安装考勤机、实行打卡考勤制的公司,公司所有人员的上下班应全部打卡。除公休日和法定休假日外,未按时打卡且无有效未打卡事项说明者,可视为缺勤。未打卡事项说明的格式模板如表 2-3 所示。

表 2-3 未打卡事项说明模板

姓名		工号	
未打卡时间	年 月 日		
未打卡原因			
审批意见	直属领导	部门负责人	人力资源部

确实存在各类的原因不能按时完成打卡的,必须填写未打卡事项说明,并详细注明未打卡原因及未打卡时间,由相关领导逐级签批,所有的未打卡事项说明与考勤表于每月固定时间前一并汇总至考勤管理员处。

凡无确凿证据证明是工作原因导致未打卡或未打卡事项说明描述原因不符合工作原因的要求或含糊不清的,一律视为缺勤,此时的未打卡事项说明即使有领导签批也应视为无效。同时,对签批此类未打卡事项说明的领导也应给予批评。

如果考勤机损坏造成无法打卡,应当在第一时间通知考勤机的管理人员。考勤机维修期间,所有考勤采用人工手写考勤的形式。

3. 加班补休相关规定

员工加班前,必须提前填写加班申请单,注明加班的原因、内容、工作量、加班时长等,由本部门负责人次日审核工作完成情况、工作量和加班时间是否相符,是否属实。加班申请单汇总至考勤统计人员处,按月报送至人力资源部。加班申请单是人力资源部门承认的唯一加班凭证,各部门/岗位如需安排加班,一般应提前进行加班申请,并按规定流程完成签字审批后,方可实施加班。法定休假日加班的,或因特殊情况加班过程出现人员变动,后补的申请必须在法定休假日结束后的几个工作日内交人力资源部,逾期则申请无效。

加班可采用补休的方式补偿员工。员工补休前应提前填写补休申请单,并经直属上级批准签字后,由各部门负责人根据部门实际情况安排补休。

补休后,可由考勤汇总人员在加班申请单上标明"已补休"。

4. 员工请假相关规定

公司的休假类型分为公休假、法定假日休假、年休假、探亲假、婚假、丧假、事假、病假、产假、流产假、工伤假等。除公休假、法定假日休假外,其余时间休假必须填写请假单。

请假单原则上须在休假前填写,如遇特殊情况,必须在上班前以电话或短信的形式通知部门负责人,部门负责人明确表示同意后,由部门负责人指派人员代办请假手续。无请假单又无出勤的,视为旷工。

年休假、探亲假、病假、婚假、产假、丧假等按照国家相关的法律法规执行。在国家相关法律法规规定范围内的病假、婚假、产假、丧假等休假天数视同出勤。正常的婚假、病假、产假等假满结束后需要继续休假的,视为事假管理。

员工履行病假、婚假等请假手续前,必须及时提交相关的请假证明。比如:在请婚假前,必须向人力资源部提供结婚证;员工请病假,必须提供正规医院开具的病历和诊断证明。无相关证据者,按事假处理。

对事假天数的审批应遵循公司的权限指引。

例如,某公司规定,主管级有权审批 7 天以内的假期,经理级有权审批 14 天以内的假期。需要注意的是,对于为避免审批权限的限制连续多次走请假单程序的事件应严肃处理。或者在制定考勤管理制度时直接规定当出现一段时期内的连续请假时,必须根据公司的权限指引履行请假手续。

5. 迟到早退相关规定

迟到和早退是违反公司劳动纪律的较轻行为,属于员工不履行劳动义务和基本职责的行为,应给予员工适当的负激励,在其员工不正常履行职责或义务的时候给予相应的惩罚。

对待迟到早退,有以下几种对策可以参考:

（1）公司内部通报批评并公示。

（2）扣减绩效考核分或者日常行为分。

（3）和年终奖金直接挂钩。

（4）和优秀员工评选直接挂钩。

（5）和员工的福利待遇挂钩。

（6）和员工的晋升或降职挂钩。

（三）工作程序①

1. 考勤管理前的准备工作

（1）根据企业自身情况，制定适合企业的考勤管理制度。

（2）根据考勤管理制度的规定，设计企业员工相关的打卡考勤方法，并购买打卡机等设备。

（3）调试和设置打卡机设备，在正式使用前要先试运行一段时间。

（4）在考勤设备中录入员工的相关信息，核对检查录入考勤系统的人数。

（5）根据工种和上班制度不同，设置考勤机的上下班打卡时间。

（6）如果有入职或离职的情况，调整考勤设备中的信息。

（7）对全体员工进行培训，传达考勤管理制度的流程和内容。

（8）在每个部门设置考勤管理人员、选拔考勤管理人员，包括人力资源部。

（9）对部门和人力资源部的考勤管理人员实施培训。

2. 考勤记录与汇总方法

对于没有条件实施打卡考勤的单位，需要有专人对员工上下班的时间进行真实的记录。同时，要保留原始记录的凭证。

对于实施打卡考勤的单位，应保证每位员工拥有一个唯一的 ID。在员工打卡考勤的过程中考勤管理人员需要注意以下事项：

（1）是否存在员工迟到后故意不打卡的情况。

（2）考勤机是否出现错误，存在员工实际打卡但不记录数据的情况。

（3）对于采用卡片或芯片打卡的考勤机，是否存在代打卡的现象。

（4）对于实行人脸识别打卡的考勤机，是否存在人脸误判的情况。

（5）是否存在员工本人正常打卡，但打完卡后实际缺岗的情况。

每月月底，考勤管理人员将考勤机中的数据导出，合并、统计、校对核准后打印，找

---

① 任康磊：《薪酬管理实操：从入门到精通》，人民邮电出版社 2018 年版。

员工签字确认。每月经员工核准后的考勤资料等原始记录凭证是计算工资的重要依据之一。

3. 考勤核算与发薪时间

以每月 10 日发放工资为例,考勤核算和发薪时间可以参考表 2-4 的时间安排。

表 2-4 考勤核算和发薪时间参考表

时间段	工作内容
每月底最后一天	各部门开始统计汇总出勤情况,核查考勤问题
次月 3 日前	各部门将经核准后员工签字的考勤原始记录报人力资源部
次月 5 日前	人力资源部实施考勤的核查或抽查工作
次月 8 日前	人力资源部完成薪酬核算并报财务部审查
次月 10 日前	财务部完成薪酬审查工作后发放工资
次月 12 日前	人力资源部将所有的考勤和薪酬文件存档

在不同的考勤和发薪时间节点需要注意如下事项:

(1)考勤表一定要员工本人签字确认,不可以不签字,不可以由他人代签。

(2)各部门统计出勤情况时,应做到真实、全面、完整。

(3)发现考勤的异常问题应立即上报,而不需要等到月底。

(4)考勤管理人员对考勤的核对应放到平时的日常工作中,而在月底做最终的核准。

4. 对考勤管理人员的监督

考勤统计和管理人员对每月考勤的整理汇总要满足及时性和有效性。人力资源部要严格把关,按照考勤管理制度对员工考勤进行复核,严格按照上月考勤情况核算工资,确保薪酬核算的严肃性、真实性、准确性。

考勤管理人员的主要职责包括如下几项:

(1)认真学习、严格遵守并执行公司的考勤管理制度。

(2)考勤管理人员应以身作则,首先自己要遵守规则。

(3)应在上班之前和上班过程中对所负责员工的出勤情况进行检查。

(4)对考勤内容本着实事求是的原则,如实反映员工的考勤状况。

(5)每月、每季度、每年定期汇总部门的出勤情况,报人力资源部存档。

(6)认真做好日常加班、值班情况的统计和上报工作。

(7)有违反规定的情况及时上报,并落实惩罚规则。

考勤管理人员因病或因事休假,除需要岗位直接领导审批外,还需要人力资源部负责人、分管领导审批,且休假前要做好考勤管理的移交工作。

分公司的考勤管理人员由分公司人力资源部经理、分公司负责人以及总部考勤管理人员共同监督。如果发现弄虚作假、谎报瞒报的情况,应立即上报并严肃处理。

有考勤管理人员不遵守考勤管理制度、不客观真实反映考勤情况的,属于违反公司劳动纪律的严重违规行为,公司有权根据《劳动合同法》的相关规定和流程,解除劳动关系。若出现给公司造成经济损失的情况,公司则有保留追究相应法律责任的权利。

三、工资计算

工资作为薪酬的主要形式,是用人单位依据国家法律规定和劳动合同,以货币形式直接支付给员工的劳动报酬。而在企业管理实践中,工资的具体构成和称谓有很多,比如基本工资、岗位工资、绩效工资、技能工资、薪级工资、激励工资、职务工资、工龄工资、加班工资、计件工资以及计时工资等,都是企业经常采用的工资形式。

工资总额是指各单位在一定时期内直接支付给本单位全部职工的劳动报酬总额。而全部职工应包括固定职工、合同制职工、临时职工和计划外用工。依据《国家统计局关于工资总额组成的规定》(1990 年 1 月 1 日国家统计局令第 1 号)可知"工资总额"包括计时工资、计价工资、奖金、津贴和补贴、加班加点工资、特殊情况下支付的工资六个部分。

工资花名册作为薪酬核算后应当发放薪酬的人员名单。一般会划分为当月在职员工花名册、离职人员花名册、转正花名册。其中在职员工花名册加当月离职人员名单构成本月应当核算薪酬的人员。

转正花名册主要是用来做转正人员薪酬调整的。一般情况下,处于试用期的员工依据一个工资标准,转正之后依据另外一个标准。转正人员从转正之日起其工资标准与试用期不一致的,适当调整工资标准并注意工资标准调整的日期。工资标准变动的人员需要重新维护新的工资标准。新入职的人员则需要根据其入职定薪表中的工资标准做好相关维护工作。

依据《劳动合同法》(2012 年 12 月 28 日修正)第二十条规定,劳动者在试用期的工资不得低于本单位相同岗位的最低档工资或者劳动合同约定工资的百分之八十,并不得低于用人单位所在地的最低工资标准。

(一)薪酬编制流程

1. 数据汇总与处理

数据汇总与处理的基本步骤是:汇总数据→审核数据→反馈沟通直至数据符合要

求→录入模板→标准化处理。

2. 工资计算与审批

工资计算与审批的基本步骤是:检查工资表模板的公式是否准确→计算工资→完成工资表→财务总监或经理审核工资表直至与人力资源部沟通后确认签字→副总经理审核工资表直至确认签字→总经理审批签字→财务总监或经理在人事经理之后、人事副总经理之前审核→人力资源部确认和发放工资→人力资源部发放员工工资条→财务部根据工资总额转账→人事部向代发银行提交明细数据实施发放(部分企业由财务部直接完成这一流程)。

3. 员工申诉与处理

员工申诉与处理的基本步骤是:员工书面申诉并提出证据→人力资源部决定受理→人力资源部与相关部门沟通后提出解决方案→由人力资源部、副总经理和总经理共同商讨是否同意→人力资源部按方案执行→员工反馈处理结果→人力资源部善后总结存档。

(二)薪酬制度案例[①]

1. 以某企业的员工薪酬计算制度为例

第四十五条 工资的计算周期为月度,部门员工实行每周 5 个工作日制度,车间工人实行综合工时制。

第四十六条 下列情形的员工薪酬计算方式如下:

(1)事假:事假员工不享受基本工资、绩效工资及激励工资。

(2)病假:病假员工不享受基本工资、绩效工资及激励工资。

(3)旷工:旷工按实际旷工天数 3 倍核减工资。对于计件工资及提成工资制员工,核减基数为基本工资,对于实行岗位绩效工资制员工,核减基数为岗位工资。

(4)组长补贴、特殊工种补贴:以实际出勤天数计算。

(5)驻外补贴:以实际驻外天数计算。

第四十七条 当 60%≤出勤率≤140%,使用扣加法计算岗位绩效工资制员工月度工资,工资 = 基本工资底薪 + 绩效工资底薪×绩效考核系数±(岗位工资/25)×加班/缺勤天数 + 补贴。

基本工资 = 基本工资底薪×实出勤天数/应出勤天数

绩效工资 = 应发工资 - 基本工资 - 补贴 - 加班工资

加班工资 = (实出勤天数 - 应出勤天数)×(岗位工资/25)

---

① 赵国军:《薪酬设计与绩效考核全案》(第 2 版),化学工业出版社 2016 年版。

第四十八条 当出勤率<60%或出勤率>140%,使用出勤比例法计算岗位绩效工资制员工月度工资,工资=(基本工资底薪+绩效工资底薪×绩效考核系数)×(实出勤天数/应出勤天数)+补贴。

基本工资=基本工资底薪×(实出勤天数/应出勤天数)

绩效工资=绩效工资底薪×绩效考核系数×(实出勤天数/应出勤天数)

加班工资=应发工资-基本工资-补贴-绩效工资

第四十九条 计件工资制员工工资=基本工资底薪×(实出勤天数/30)+计件工资+补贴。

2. 以某企业生产班组人员的工资核算①为例

岗位工资=岗位基本工资(70%)+绩效工资(30%)+奖金

(1)岗位基本工资的核定。

岗位基本工资的确定,根据员工所在岗位而定,实行一岗数薪制。表2-5给出了该部门人员的薪酬支付标准。

表2-5　　　　　　　　　　班组人员岗位基本工资标准

职位	基本工资
生产组长	＿＿＿元
	＿＿＿元
＿＿＿岗	＿＿＿元
＿＿＿岗	＿＿＿元
＿＿＿岗	＿＿＿元

(2)绩效工资。

岗位绩效工资=绩效工资总额×品质系数×调整系数。

①品质系数,根据生产人员生产出来的产品经品质部检验的情况进行评定,其范围为0—1.0。

②调整系数,是用于当因非生产人员的过失而造成产品质量的下降时进行工资调节的一种手段,具体标准由生产部经理核定,报总经理审批后执行。

(3)奖金。

奖金分为全勤奖和生产任务超额完成奖两部分。

①全勤奖。员工按照公司的考勤制度按时上下班者,每月可以获得＿＿＿元的全

---

①　陈浩:《绩效考核与薪酬激励精细化设计必备全书》,中国华侨出版社2014年版。

勤奖。

②生产任务超额完成奖。员工每月的完成生产任务超出目标的____%以上者,可获得____元的奖励。

(三)工资表规范格式[1]

工资计算公式如下:

月实发工资=月应税工资-个税

其中:月应税工资=岗位工资+绩效工资+提成工资+全勤奖金+加班工资+夜班补助+岗位津贴+保密津贴+其他工资加项-病/事假及旷工扣除-考勤考核-其他扣减项。

应税工资,是指根据《个人所得税法》规定,职工的劳动报酬在扣除免税项目后应纳税所得额。

1. 应发工资金额

对员工一段时期内应发工资金额的计算如表2-6所示。

表2-6　　　　　　　　　　　员工应发工资统计表

工号	姓名	岗位工资	绩效工资	提成工资	全勤奖金	加班工资	夜班补助	岗位津贴	保密津贴	其他加项

对不同职级、不同岗位有不同的通信、住房、用餐等各类补助标准的单位,为了使计算过程更加清晰明了,可将不同的补助标准分别列出。

2. 应减工资金额

对员工一段时期内应减工资金额的计算如表2-7所示。

表2-7　　　　　　　　　　　员工应减工资统计表

工号	姓名	代缴费用					迟到早退处置	旷工处置	其他减项
		社会保险			住房公积金	个人所得税			
		养老金	医保金	失业金					

---

[1]　任康磊:《薪酬管理实操:从入门到精通》,人民邮电出版社2018年版。

表 2-7 中员工应减工资统计表中的"其他减项"项可以分拆为对各类假期对应工资的处置。

(四)计时与计件工资[①]

1. 计时工资

计时工资指的是组织按照员工技术的熟练程度、劳动的繁重程度和工作时间的长短三个要素支付工资的形式,其数额由员工岗位工资标准和工作时间决定。因为所有的劳动都可以用劳动时间来计量,所以计时工资的适用范围最广泛,任何组织、任何岗位都可以采用。

计时工资制又可以分为月薪制、周薪制、日薪制和小时工资制。

当采用月薪制的计时工资时,其计算公式如下:

(1)应发工资=月标准工资-月标准工资换算的日工资额×缺勤天数+其他工资加项

(2)应发工资=月标准工资换算的日工资额×出勤天数+其他工资加项

采用月薪制计算的举例如下:

某公司对张三采用月薪制发放工资,每月标准工资是 6 300 元,全勤奖为 200 元,用餐、住房等所有岗位津贴为 500 元(月出勤 15 天以上全额发放)。张三某月的应出勤天数为 21 天,实际出勤天数为 18 天,无加班和夜班情况。

(1)张三在该月的应发工资=6 300-(6 300÷21)×(21-18)+500=5 900(元)

(2)张三在该月的应发工资=(6 300÷21)×18+500=5 900(元)

当采用周薪制的计时工资时,其计算公式如下:

(1)应发工资=周标准工资-周标准工资换算的日工资额×缺勤天数+其他工资加项

(2)应发工资=周标准工资换算的日工资额×出勤天数+其他工资加项

采用周薪计算的举例如下:

张三采用周薪制发放工资,每周标准工资是 2 000 元,每周的应出勤天数为 5 天,无其他工资加项。某周,张三的实际出勤天数为 4 天。

(1)张三在该周的应发工资=2 000-(2 000÷5)×(5-4)=1 600(元)

(2)张三在该周的应发工资=(2 000÷5)×4=1 600(元)

当采用日薪制的计时工资时,其计算公式如下:

---

① 　任康磊:《薪酬管理实操:从入门到精通》,人民邮电出版社 2018 年版。

应发工资＝日标准工资×出勤天数

当采用小时制的计时工资时，其计算公式如下：

应发工资＝每小时标准工资×出勤小时数

采用计时工资的优点有以下三个方面：

（1）工资形式较为简单，易于计算和管理。

（2）员工的工资水平相对较为稳定，收入有一定的保障性。

（3）强调员工本人技能水平的高低，有助于员工不断学习、不断提升自己的业务能力。

采用计时工资的缺点是：这种方式并不能全面反映同岗位、同等级、同类型的员工在同一工作时间内劳动成果的差异，容易造成"平均主义"，可能会在一定程度上影响高绩效员工的积极性。

2. 计件工资

计件工资指的是组织根据预先规定出的每件单价和职工生产的合格品件数来确定支付工资的形式。

计件工资制通常适用于产品的数量和质量与职工的主观努力直接相关并能够量化出职工的劳动成果对应具体价值数字的岗位。

依据《北京市工资支付规定》第十五条，实行计件工资制的，劳动者在完成计件定额任务后，用人单位安排其在标准工作时间以外工作的，应当根据本规定第十四条的原则，分别按照不低于计件单价的 150%、200%、300% 支付加班工资。

采用计件工资的优点有：

（1）工资分配透明度高，物质激励作用更强。

（2）能够很好地体现按劳分配的原则。

（3）能够促进员工不断提高效率，提升自身的劳动熟练程度和技术水平。

采用计件工资的缺点有：

（1）适用范围较窄，对许多岗位不适用。

（2）不利于职工的相互协作。

（3）不利于新手能力的培养。

（五）假期及加班工资[1]

假期是职工不需要从事正常劳动的时间：按照是否为员工本人主观意愿可以分为

---

[1] 任康磊：《薪酬管理实操：从入门到精通》，人民邮电出版社 2018 年版。

主动请假和被动休假;按照是否带薪可以分为带薪休假和不带薪休假;按照请假类型的不同可以分为事假、婚丧假、探亲假、病假、工伤假、产假、护理假、旷工等。它们的工资算法各有不同,具体内容如下。

1. 事假工资计算方法

事假不属于法定的带薪休假。事假的周期一般是以小时或天为计算单位。关于事假期间职工的待遇,法律和法规没有明确规定,通常是企业和劳动者签订劳动合同时在合同中约定,或者在公司的规章制度中作出明确规定。

对于实行标准计时工资制的组织来说,当月事假应减工资数的计算公式如下:

当月事假应减工资=(月标准工资÷当月应出勤天数)×事假天数。

标准计时工资制的举例如下:

张三是某公司的行政文员,该公司对行政文员岗位采取标准工时制。公司规章制度规定员工请事假公司不需支付员工工资。张三的月标准工资为5 000元,无其他的补助或工资。某月,该公司行政人员的应出勤天数为20天,张三请事假3天。

张三该月的应发工资=月应发工资-当月事假应减工资=5 000-(5 000÷20)×3=4 250(元)

依据《北京市工资支付规定》第二十二条,劳动者在事假期间,用人单位可以不支付其工资。

员工请事假需注意以下事项:

(1)员工请事假时间较长,单位发放工资可以低于最低工资标准。最低工资是指劳动者提供了正常劳动、用人单位支付的工资不得低于的最低工资标准。但是员工在事假期间,并没有提供劳动,故可以低于最低工资标准。

(2)企业并非会批准员工所有类型的事假。员工的事假用人单位批不批准、批准多少天,关键看用人单位内部合法的规章制度或与员工签订的劳动合同是否有关于事假的相关规定。若企业已明确规定事假的最长期限和频率,则员工应当遵守。

(3)员工请事假必须按照公司的规定。用人单位的规章制度应当对员工如何请事假有清晰、明确的规定。员工请事假必须按照公司的规定流程,若出现不按照公司规定流程请假的情况,可视该事假为无效,进而按照旷工处置。

2. 病假工资计算方法

《企业职工患病或非因工负伤医疗期规定》有如下规定:

企业职工因患病或非因工负伤,需要停止工作医疗时,根据本人实际参加工作年限和在本单位工作年限,给予3个月到24个月的医疗期:

(1)实际工作年限10年以下的,在本单位工作年限5年以下的为3个月;5年以上的为 6 个月。

（2）实际工作年限 10 年以上的,在本单位工作年限 5 年以下的为 6 个月;5 年以上 10 年以下的为 9 个月;10 年以上 15 年以下的为 12 个月;15 年以上 20 年以下的为 18 个月;20 年以上的为 24 个月。

《劳动部关于贯彻执行〈中华人民共和国劳动法〉若干问题的意见》第 59 条的规定如下:

职工患病或非因工负伤治疗期间,在规定的医疗期间内由企业按有关规定支付其病假工资或疾病救济费,病假工资或疾病救济费可以低于当地最低工资标准支付,但不能低于最低工资标准的 80%。

关于病假工资的具体计算方法,不同省市有单独规定的,故需要按照各省市的具体规定执行。

依据《北京市工资支付规定》第二十一条,劳动者患病或者非因工负伤的,在病休期间,用人单位应当根据劳动合同或集体合同的约定支付病假工资。用人单位支付病假工资不得低于本市最低工资标准的 80%。

3. 产假工资计算方法

依据《女职工劳动保护特别规定》第五条、第七条和第八条的规定如下:

用人单位不得因女职工怀孕、生育、哺乳降低其工资、予以辞退、与其解除劳动或者聘用合同。

女职工生育享受 98 天产假,其中产前可以休假 15 天;难产的,增加产假 15 天;生育多胞胎的,每多生育 1 个婴儿,增加产假 15 天。

女职工怀孕未满 4 个月流产的,享受 15 天产假;怀孕满 4 个月流产的,享受 42 天产假。

女职工产假期间的生育津贴,对已经参加生育保险的,按照用人单位上年度职工月平均工资的标准由生育保险基金支付;对未参加生育保险的,按照女职工产假前工资的标准由用人单位支付。

女职工生育或者流产的医疗费用,按照生育保险规定的项目和标准,对已经参加生育保险的,由生育保险基金支付;对未参加生育保险的,由用人单位支付。

因此,产假属于带薪休假。在不违反《女职工劳动保护特别规定》的前提下,各企业可以根据各地区的规定和本单位的相关制度给女职工发放相应的产假工资。

4. 工伤假的工资计算方法

工伤假期间的工资待遇,参照《工伤保险条例》第三十三条、三十五条、三十六条规定,在此不再赘述。

职工因工作遭受事故伤害或者患职业病需要暂停工作接受工伤医疗的,在停工留薪期内,原工资福利待遇不变,由所在单位按月支付。

停工留薪期一般不超过 12 个月。伤情严重或者情况特殊,经设区的市级劳动能力鉴定委员会确认,可以适当延长,但不得超过 12 个月。工伤职工评定伤残等级后,需停发原有待遇,按照有关规定享受伤残待遇。工伤职工在停工留薪期满后仍需治疗的,继续享受工伤医疗待遇。

生活不能自理的工伤职工在停工留薪期需要护理的,由所在单位负责。

5. 婚丧假、探亲假工资计算方法

《劳动法》第五十一条规定如下:

劳动者在法定休假日和婚丧假期间以及依法参加社会活动期间,用人单位应当依法支付工资。

因此,在职工正常休婚丧假期间,应视同出勤正常计算工资。对于超出法定婚丧假时间标准的假期,单位一般应按照事假计算工资。

根据国务院《关于职工探亲待遇的规定》第五条规定如下:

职工在规定的探亲假期和路程假期内,按照本人的标准工资发给工资。

因此,职工正常休探亲假期和路程假期间,应视同出勤正常计算工资。对于超出法定探亲假时间标准的假期,单位一般应按照事假计算工资。

举例如下:

小张的月工资标准为 8 000 元,除此之外再无奖金、津贴、补贴等其他收入。某月小张请了 3 天婚假,2 天探亲假,其他时间均正常出勤,该月的应出勤天数为 20 天。因婚假和探亲假视为正常出勤,所以该月张三的应发工资仍为工资标准 8 000 元。

6. 护理假的工资计算方法

护理假是男职工为护理生产配偶的特定假期,虽然国家暂时未作出专门规定,但一些地方法规对此却是有规定的。

依据《北京市人口与计划生育条例》第十八条,机关、企业事业单位、社会团体和其他组织的女职工,按规定生育的,除享受国家规定的产假外,享受生育奖励假 30 天,其配偶享受陪产假 15 天。女职工及其配偶休假期间,机关、企业事业单位、社会团体和其他组织不得降低其工资、予以辞退、与其解除劳动或者聘用合同。女职工经所在机关、企业事业单位、社会团体和其他组织同意,可以再增加假期 1 至 3 个月。

7. 旷工扣除工资

旷工是指员工在正常工作日不请假或者请假但未经企业、部门的批准而缺勤的行为。根据《劳动法合同法》第三十九条的相关规定,员工出现"严重违反用人单位的规章制度的,用人单位可以解除劳动合同"。我国现有的法律法规未对旷工作出相应的规定,其相关的规章《企业职工奖惩条例》已经于 2008 年 1 月 15 日被国务院第 516 号令明文废止。

在企业实践中,用人单位可根据公司内部管理制度对旷工员工作出相应的处罚。比如扣除旷工员工在旷工期间的工资,按旷工天数计算工资,其计算公式为:旷工扣除工资＝旷工天数×旷工员工日工资。

8. 加班工资计算方法

加班工资的算法需参照《劳动法》第四十四条的内容。

有下列情形之一的,用人单位应当按照下列标准支付高于劳动者正常工作时间工资的工资报酬:

(1)安排劳动者延长工作时间的,支付不低于工资的 150% 的工资报酬。

(2)休息日安排劳动者工作又不能安排补休的,支付不低于工资的 200% 的工资报酬。

(3)法定休假日安排劳动者工作的,支付不低于工资的 300% 的工资报酬。

(六)最低工资注意事项

最低工资,是指劳动者在法定的工作时间或依法签订的劳动合同约定的工作时间内提供了正常劳动的前提下,用人单位依法应支付的最低劳动报酬。在实务操作中,最低工资需注意如下事项[①]。

1. 最低工资包括薪酬类目

《最低工资规定》(2004 年 3 月 1 日起实施)第十二条的规定如下:

在劳动者提供正常劳动的情况下,用人单位应支付给劳动者的工资在剔除下列各项以后,不得低于当地最低工资标准:(1)延长工作时间工资。(2)中班、夜班、高温、低温、井下、有毒有害等特殊工作环境、条件下的津贴。(3)法律、法规和国家规定的劳动者福利待遇等。

《最低工资规定》(2004 年 3 月 1 日起实施)第六条的规定如下:

确定和调整月最低工资标准,应参考当地就业者及其赡养人口的最低生活费用、城镇居民消费价格指数、职工个人缴纳的社会保险费和住房公积金、职工平均工资、经济发展水平、就业状况等因素。

可以判断最低工资标准里已经包括了个人缴纳社会保险费和住房公积金的个人应

---

① 任康磊:《薪酬管理实操:从入门到精通》,人民邮电出版社 2018 年版。

缴部分。实务中用人单位在为员工依法缴纳社会保险和住房公积金后,劳动者实际获得的工资可能低于当地的最低工资标准。

如果个别地区从保护劳动者的角度出发,明确规定了最低工资标准不包括社会保险和住房公积金的个人应缴部分,用人单位应当遵从当地政府的法规。以北京市为例,2019 年 5 月 10 日,北京市人力社保局发布从 2019 年 7 月 1 日起,调整月最低工资标准和非全日制职工小时工资标准。调整后最低工资标准每小时不低于 12.64 元,每月不低于 2 200 元。

2. 试用期的最低工资标准

《劳动合同法》(2013 年 7 月 1 日起实施)第二十条规定如下:

劳动者在试用期的工资不得低于本单位相同岗位最低档工资或者劳动合同约定工资的百分之八十,并不得低于用人单位所在地的最低工资标准。

劳动部《关于贯彻执行〈中华人民共和国劳动法〉若干问题的意见》第 57 条规定如下:

劳动者与用人单位形成或建立劳动关系后,试用、熟练、见习期间,在法定工作时间内提供了正常工作,其所在单位应当支付其不低于最低工资标准的工资。因此,在员工的试用期内也应执行最低工资标准。

依据《最低工资规定》,全国各地最低工资标准是在综合考虑各地居民每年的生活费用水平、职工平均工资水平、经济发展水平、职工缴纳社保和住房公积金水平、失业率等因素的基础上得出的。由于各地经济发展水平、物价水平、收入水平有较大差别,各地区最低工资标准差异也会较大。最低工资标准每一至三年调整一次。截至 2019 年11 月份,上海、北京、广东、天津、江苏、浙江 6 省市的月最低工资标准超过 2 000 元。

（七）薪酬发放流程

薪酬核算的后续工作即薪酬的发放,不同企业可能存在细微差别,现仅以一般情况下的流程为例,如图 2-3 所示。

四、薪酬调整

（一）单一式薪酬调整法

按绩效调整、按能力调整、按态度调整、等比例调整和等额度调整五种单一性的薪酬调整方法的适用范围和优缺点分析如表 2-8 所示。

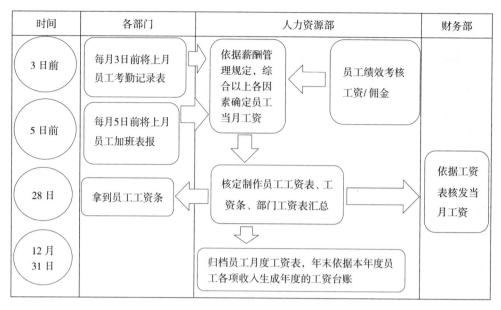

图 2-3　薪酬发放流程

表 2-8 薪酬调整方法比较

薪酬调整类型	适用	优点	缺点
按绩效调整	看重绩效、强调竞争的企业或岗位,如销售业务类和某些管理岗位	员工的绩效水平通常会得到有效的激励	薪酬差距可能越来越大,绩效高者薪酬增长到一定程度可能反而变得懒惰
按能力调整	看重能力、强调能力水平和发展的企业或岗位,如某些技术类岗位、教育培训类岗位	员工的能力水平通常会得到有效的激励	公司一味为员工的能力付费可能并不能直接体现在公司整体的绩效评定结果上
按态度调整	看重态度、强调工作积极性和主动性的企业或岗位,如对于新入职的员工	员工的工作态度通常会得到有效的激励	过于主观,准确性较差,可能滋生"面子工程"
等比例调整	强调内部薪酬差距的企业或薪酬管理水平相对较弱的企业	操作简单,对员工产生的激励效果相同	原本有薪酬差距的基本薪酬,因比例的调整差距额越拉越大
等额度调整	解决物价上涨带来的工资购买力下降的问题	操作简单,能够保留原有的薪酬差距	对公司员工产生的激励效果不同,高薪者感觉较弱,低薪者感觉较强

(二)复合式薪酬调整法

除以上五种单一式的薪酬调整方法外,还有两种复合式的薪酬调整方法。

1. 综合性调整

综合性薪酬调整的方法是综合考虑绩效管理、能力评估和态度因素之后,让绩效、能力或态度综合运用、共同作用的薪酬调整方法。

2. 多元化调整

多元化薪酬调整的方法是在同一个组织中,对于部分特定的人才,综合运用前五种单一式的薪酬调整方法和综合性薪酬调整方法而形成的多元薪酬模式。

(三)薪酬调整制度举例①

以下举例为某企业薪酬调整制度的部分条款,并不一定适用于全部企业。

第三十八条　薪酬调整分为整体调整、个人调整。

第三十九条　整体调整指公司根据国家政策和物价水平等宏观因素的变化、行业及地区竞争状况、企业发展战略变化以及公司整体效益情况而对岗位工资基准等级进行的调整,包括薪酬水平调整和薪酬结构调整,薪酬整体调整由人力资源部提出方案,公司总经理批准执行。

第四十条　个别调整是个人岗位工资相对岗位工资基准等级的调整,包括初始定级调整、岗位变动调整、年度调整。

岗位任职者的岗位工资最多可以比基准等级高 9 个等级。

岗位工资等级调整过程中,若该职等晋级等级不够,可套入高一职等继续晋级,达到规定最高等级后不可继续晋级,除非岗位发生变动。

第四十一条　一般情况下,试用期满经考核合格员工岗位工资就定在基准等级上,根据考核结果可高定或低定 1 级;某些管理岗位员工在代理任职期间,可低定 1—3 级。

第四十二条　由于岗位变动,岗位工资进行相应调整。岗位变动分为同职等岗位变动、职等晋升岗位变动、职等降低岗位变动三种情况。

员工岗位发生同职等岗位变动,若新岗位工资基准等级高于原岗位工资基准等级,那么员工岗位工资相应上调几级;若新岗位工资基准等级等于原岗位工资基准等级,员工岗位工资等级不变;若新岗位工资基准等级低于原岗位工资基准等级,如果是因为工作需要进行的岗位变动,应该以该员工工资不能降低为原则套入新的工资等级;如果是因为员工不胜任岗位工作而进行的调整,则应对岗位工资进行相应等级的向下调整。

员工发生职等晋升岗位变动,那么岗位工资应进行调整,直接按初始定级进行,若新岗位工资基准等级标准低于原岗位工资标准,应该将该员工岗位工资上浮一定薪级以便不低于原工资标准。

员工发生职等降低岗位变动,岗位工资应进行调整,直接按初始定级进行。

---

①　赵国军:《薪酬设计与绩效考核全案(第 2 版)》,化学工业出版社 2016 年版。

第四十三条 年末,由人力资源部提出岗位工资调整(晋级或降级)方案,该方案应充分考虑公司经济效益、物价上涨水平以及部门、个人绩效考核结果情况,经公司总经理批准后实施。

第四十四条 考虑老员工对企业发展的历史贡献,本次薪酬调整实行套改政策。(注:此条款仅以部分企业为例)

资历因素:同级别岗位任职连续时间超过 4 年上浮一级(适用于三、四、五、六职等员工)。

司龄因素:司龄超过 15 年上浮 3 级,司龄超过 10 年上浮 2 级,司龄超过 5 年上浮 1 级(适用于一、二职等员工)。

注:司龄是指从员工入职某公司时,计算的工作时间长度的一个统称,在不同企业围绕着司龄有不同的薪酬计算方法,通常司龄是以月为计算单位,这与工龄略有不同。司龄就是在现公司的连续工作年限,工龄与司龄的区别是工龄是第一份工作开始计算的工作年限。

技能因素:对于一、二、三、四职等员工,根据个人技能情况上浮 0—3 级;对于技术岗位人员,特殊情况最多可以加 8 级。

第三节　薪酬核算案例分析

一、规定加班调休期限的合规性[①]

ABC 公司实行标准工时制,安排其员工在非法定假日的平时或周末加班,ABC 公司是否可以自行制定有关加班的规则,不支付员工相应的加班费而给予调休,并规定调休的使用期限。如果可以自行制定有关加班的规则,但员工在规定期限内无法安排调休,员工要求延长调休期限公司是否可以拒绝?

上述案例分析如下:

《劳动法》第四十四条规定,有下列情形之一的,用人单位应当按照下列标准支付高于劳动者正常工作时间工资的工资报酬:

(1)安排劳动者延长工作时间的,支付不低于工资的 150% 的工资报酬。

(2)休息日安排劳动者工作又不能安排补休的,支付不低于工资的 200% 的工资报酬。

---

① 案例来源:MBA 智库《70 个薪酬管理案例》,https://doc.mbalib.com/view/53da0dd05d8d7c8b99-c5220d485ba242.html,在线检索日期:2020 年 1 月 15 日。

（3）法定休假日安排劳动者工作的，支付不低于工资的 300% 的工资报酬。

按照《北京市工资支付规定》，实行标准工时的用人单位，安排劳动者在法定节假日上班和调休日上班，支付的加班工资是不相同的。在法定节假日，用人单位应当按照不低于日工资基数或者小时工资基数的 300% 来支付加班工资，而且不得以调休、补休替代。在休息日，用人单位应当先安排同等时间的补休；确实不能安排补休的，要按照不低于日工资基数或者小时工资基数的 200% 支付加班工资。

因此，法定假日及工作日延长加班，必须支付加班费。休息日加班，可以安排调休，但不能安排调休的，必须支付加班费。

二、岗位变动合同没变引起的争议①

王某于 2018 年入职上海某公司，岗位为电话销售，其劳动合同中明确约定王某的岗位执行标准工时制。半年后，由于王某的工作表现出色，被领导安排兼顾其他岗位的工作，因此需要王某经常加班，但王某在月底领工资时却发现自己没有加班费。王某找公司交涉，公司给出的理由是从上个月起，所有销售岗位均已变更为"不定时工作制"，依法无需执行加班工资的规定，并且拿出了当地政府劳动部门的一个批复，批准该公司对电话销售、网络销售等 3 个岗位实行不定时工作制的申请。王某表示不服，向劳动争议仲裁委员会提出仲裁申请，要求公司支付其上月的加班费 2 000 余元。

上述案例分析如下：

依据我国《劳动合同法》第十七条规定，工作时间与休息休假是劳动合同的必备条款，双方在劳动合同中关于王某的岗位适用标准工时制符合法律规定，应受到法律的保护。该公司虽经劳动部门审批适用不定时工作制，王某所在的电话销售岗位也符合实行不定时工作制的相关条件。但是，劳动部门批准适用不定时工作制，只是用人单位获得与劳动者约定适用不定时工作制的条件，双方仍可以选择标准工时制。本案中，双方已经约定为标准工时制，用人单位若要改变为不定时工作制的，属于劳动合同主要条款的变更。按照《劳动合同法》第三十五条规定，用人单位仍需要与劳动者协商，并以书面形式变更劳动合同。如果劳动者不同意变更，那就只能按照劳动合同中约定的条款继续履行劳动合同。

因此，该单位的做法不妥，王某的诉讼请求应当得到仲裁支持。

---

① 案例来源：MBA 智库《70 个薪酬管理案例》，https://doc.mbalib.com/view/53da0dd05d8d7c8b99-c5220d485ba242.html，在线检索日期：2020 年 1 月 15 日。

三、几种常见带薪年假的争议①

（一）员工年假期间的工资计算办法

刘先生作为供应链管理部门的主管任职于深圳某物流公司，公司于每个月 15 日发放上个月工资，工资由基本工资和加班工资两部分组成。加班工资金额的大小取决于个人的基本工资和当月加班时间的多少，并依据《劳动法》的有关规定进行核算。该公司的《考勤管理制度》对年休假的规定如下：员工累计工作已满 1 年不满 10 年的，年休假为 5 天；已满 10 年不满 20 年的，年休假为 10 天；已满 20 年的，年休假为 15 天。2018 年 3 月，刘先生向用人单位申请带薪年休假，公司予以批准。刘先生前 12 个月（即：2017 年 3 月至 2018 年 2 月）工资总额共计 140 000 元，其中加班费 20 000 元。请结合下文中案例分析，试着分析该公司是如何计算刘先生带薪年休假期间的日工资。

上述案例分析如下：

带薪年假，是指在带薪休假期间，职工享受与正常工作期间相同的工资收入。带薪年休假，是指劳动者连续工作 1 年以上，就可以享受一定时间的带薪年假。《劳动法》第四十五条规定，国家实行带薪年休假制度。劳动者连续工作 1 年以上的，享受带薪年休假。具体办法由国务院规定。《职工带薪年休假条例》第三条规定，职工累计工作已满 1 年不满 10 年的，年休假 5 天；已满 10 年不满 20 年的，年休假 10 天；已满 20 年的，年休假 15 天。

需要注意的是，国家法定休假日、休息日并不计入年休假的假期。

员工的日工资＝员工的月工资÷21.75，员工的月工资核算基数为其前 12 个月的月平均工资，前 12 个月的月平均工资＝员工前 12 个月的总工资÷12，其中并不包含加班工资。所以刘先生的带薪年假月工资为：（140 000−20 000）÷12＝10 000 元。

因此，刘先生带薪年假日工资应为：10 000÷21.75＝459.77 元。

（二）非全日制劳动者不能享受带薪年休假

1. 案例 1

保洁员王某先后在两家公司工作。两家公司都分别与她签订了非全日制用工协议。她在第一家公司工作 2 年后，转入到第二家公司上班。此前在第一家公司上班时，她曾听同组的保洁员说过公司安排带薪年休假的事情，于是转入到第二家公司后没过

---

① 案例来源：MBA 智库《70 个薪酬管理案例》，https://doc.mbalib.com/view/53da0dd05d8d7c8b99-c5220d485ba242.html，在线检索日期：2020 年 1 月 15 日。

多久,她就向该公司申请带薪年休假,可是该用人单位就是不同意。像保洁员王某这样的非全日制用工人员,能否享受带薪年休假?

案例1分析如下:

企业职工能否享受带薪年休假与劳动者的工作年限、工作连续性及用工方式有密切的关系。根据相关法律规定,劳动者连续工作1年以上,方可享受带薪年休假。职工累计工作已满1年不满10年的,年休假5天;已满10年不满20年的,年休假10天;已满20年的,年休假15天。

这里的"连续工作1年以上"是指职工在不同单位或者在同一单位连续工作满12个月以上的情况。"累计工作年限"是指机关、团体、企业、事业单位、民办非企业单位、有雇工的个体工商户等单位的职工从事全日制工作的时间。值得注意的是,企业职工的用工方式为全日制工作的,才能够享受带薪年休假。

上述法律依据为:《国务院法制办对〈关于《职工带薪年休假条例》有关问题的请示〉的复函》。

《职工带薪年休假条例》第二条规定的"职工连续工作1年以上",没有限定必须是同一单位,因此,既包括职工在同一单位连续工作1年以上的情形,也包括职工在不同单位连续工作1年以上的情形;第三条规定的"累计工作"时间,是指条例第二条规定的"机关、团体、企业、事业单位、民办非企业单位、有雇工的个体工商户等单位"的职工从事全日制工作的时间。

因此,保洁员王某作为该公司的非全日制用工人员,暂时不能享受带薪年休假。

2. 案例2

2015年3月1日,曹某应聘进入上海某船舶公司工作,双方签订了非全日制劳动合同,劳动合同中约定,曹某的工作岗位为非全日制清洁工,工作时间每天不超过4小时(上午2小时,下午1小时),每周不超过24小时。工作期间,公司每15天与曹某结算一次工资。2017年5月31日,公司将曹某辞退。曹某向所在地的劳动人事争议仲裁委员会提起仲裁,要求公司向其支付带薪年休假工资。庭审中,公司辩称双方是非全日制劳动合同关系,李某的请求不符合法律规定。

案例2分析如下:

非全日制用工作为一种特殊的用工方式,应由劳动者与用人单位明确约定或以实际履行情况加以确认。在《劳动合同法》于2008年1月1日施行后,关于非全日制用工的界定应以《劳动合同法》规定的为准。我国《劳动合同法》规定,非全日制用工是指以小时计酬为主,劳动者在同一用人单位一般平均每日工作时间不超过4小时,每周工作时间累计不超过24小时的用工形式。非全日制用工小时计酬标准不得低于用人单位所在地人民政府规定的最低小时工资标准,劳动报酬结算支付周期最长不得超过 15 日,双方可以签订书面劳动合同,也可以订立口头协议(提倡以书面形式确定双方权利义务)。双方当事人任何一方都可以随时通知对方终止用工。终止用工,用人单位不向劳动者支付经济补偿。这些特点均体现了非全日制用工的灵活性,要求双方以诚实信用为准则,严格遵守双方的约定。

全日制用工关系和非全日制用工关系均属于劳动关系。非全日制劳动是灵活就业的一种重要方式,在此种用工模式下,劳动者可以与一个或一个以上的用人单位建立劳动关系的规定,其最显著的特点是灵活性,包括订立合同的方式、工资支付周期、工资结算方式、工作时间、劳动关系的解除等都与全日制用工关系存在较多区别。而《职工带薪年休假条例》规定,连续工作 1 年以上的职工,享受带薪年休假,年休假天数根据职工累计工作时间确定。"连续工作 1 年以上"是指职工在不同单位或者在同一单位连续工作满 12 个月以上的情况。"累计工作时间"包括职工在单位从事全日制工作期间,以及依法服兵役和其他按照国家法律、行政法规和国务院规定可以计算为工龄的期间(视同工作期间)。通过上述分析,带薪年休假制度的享受条件以及要求决定了其适用的是全日制用工的劳动者,非全日制用工的灵活性等特征也决定了非全日制职工不符合年休假的适用条件。

因此,就本案例而言,曹某与公司之间是非全日制用工关系,不符合享受带薪年休假的规定。

非全日制职工不享受年休假在现行法律中没有明确规定,但这并不能说明职工不应当享受年休假。如果用人单位与其订立的劳动合同中明确约定了享受年休假,或者用人单位的规章制度中明确规定了享受年休假的条件,则用人单位也应当保证非全日制职工基于劳动合同和规章制度享受年休假。

(三)新入职员工的带薪年休假争议①

2014 年 6 月 1 日,王某入职了某物业公司,从事电工工作,双方订立了为期 2 年的劳动合同,并约定王某的月工资为 5 000 元。在劳动合同到期时,王某选择不与物业公司续订劳动合同。离职结算时,王某提出在他工作期间并未休带薪年休假一事,故他要求该物业公司支付相应的补偿。该物业公司同意向王某支付相应的补偿,但只同意向王某支付入职满 1 年后的未休年休假工资报酬。王某则认为,在他入职该物业公司之前,其累计工作年限已达 10 年以上,每年应享有 10 天带薪年休假,入职的当年就应当

---

① 案例来源:北京市人力资源和社会保障局,http://rsj.beijing.gov.cn/bm/ztzl/dxal/201912/t20191206_880159.html,在线检索日期:2020 年 2 月 1 日。

享有相应的年休假。因双方发生争议,王某向某区仲裁委员会提出仲裁申请,要求该物业公司支付他全部工作期间的未休年休假工资报酬。

仲裁委员会审理后认为,王某在2014年1月至5月期间在前一用人单位工作时未休年休假,其入职物业公司之前已经具有10年以上的累计工作年限,故王某入职物业公司的当年即可享受年休假,无需在物业公司工作满1年后才可享受年休假。后仲裁委员会裁决该物业公司向王某支付了在物业公司全部工作期间的带薪年休假工资报酬,并对该案实行了一裁终局。

上述案例可用一句话分析,即:"休年休假看累计工作年限,新入职非员工休假障碍"。

在实践中,一些用人单位将员工休年休假的条件设定为必须在本单位连续工作满1年。而《企业职工带薪年休假实施办法》第三条规定:职工连续工作满12个月以上的,享受带薪年休假;第五条规定:职工新进用人单位且符合本办法第三条规定的,当年度年休假天数,按照在本单位剩余日历天数折算确定,折算后不足1整天的部分不享受年休假。前款规定的折算方法为:(当年度在本单位剩余日历天数÷365天)×职工本人全年应当享受的年休假天数。从上述规定来看,只要劳动者在新入职之前已经连续工作满12个月以上,即可在新用人单位享有当年度的带薪年休假,而无需在新单位再次工作满12个月后才能享受,新用人单位不得以此为由限制或剥夺劳动者的休假权利。

终局裁决制度是指劳动争议案件经仲裁裁决后即发生法律效力,用人单位一方不得再向人民法院提起诉讼。按照《劳动争议调解仲裁法》第四十七条规定,涉及追索劳动报酬、工伤医疗费、经济补偿或者赔偿金,不超过当地月最低工资标准12个月金额的争议,以及因执行国家的劳动标准在工作时间、休息休假、社会保险等方面发生的争议,实行终局裁决。

很多劳动者在自身的劳动权益受到损害时不愿维权,主要是因为维权的时间成本过高,使维权变得更为繁难。对劳动争议案件进行有条件的终局裁决,可以帮助劳动者尽快讨回公道,防止用人单位恶意拖延时间,让劳动者正当的劳动权益得到及时维护。在终局裁决之下,更多的用人单位面对高效的劳动仲裁效率,会有所忌惮不敢随意损害劳动者合法权益。

四、加班工资计发的争议①

(一)综合工时制的加班费纠纷

小林是某文化公司的内容编辑。他在职期间主要负责公司微信公众号和微博账号

---

① 案例来源:MBA智库《70个薪酬管理案例》,https://doc.mbalib.com/view/53da0dd05d8d7c8b99-c5220d485ba242.html,在线检索日期:2020年1月15日。

的编辑、运营等工作。由于该文化公司正处于初创阶段,存在人手不足的问题。所以,该公司负责人经常要求小林加班。半年后,小林提起了劳动仲裁,要求公司支付他双休日、法定节假日加班工资等款项。在案件审理过程中,公司负责人却表示,公司实行弹性工作时间,并没有严格规定小林具体的上、下班时间,也没有小林的考勤记录。虽然有时候的确存在加班的情况,但是小林都已经自行安排了调休。因此,公司不需要再向小林支付双休日、法定节假日的加班工资。

最终,在该文化公司无法提供考勤记录的前提下,考虑到公司负责人曾数次以短信、电子邮件等形式向小林安排工作,要求小林在双休日、法定节假日更新公众号并完成其他工作内容的情况,法院采信了小林的主张,判决该文化公司向小林支付双休日、法定节假日加班工资。依据《劳动合同法》第三十一条规定,用人单位应当严格执行劳动定额标准,不得强迫或者变相强迫劳动者加班。用人单位安排加班的,应当按照国家有关规定向劳动者支付加班费。

上述案例分析如下:

本案例中,虽然该文化公司主张实行弹性工作时间,不强制要求员工到岗工作时间,但是该文化公司却无法就此提交打卡记录等有效的考勤证据,因此,该文化公司应就此承担相应的不利责任。

反观小林一方,小林主张在职期间存在休息日、法定节假日加班,并就此提交了短信、电子邮件等材料作为证据。因此,从证据方面来看,小林所提交的证据足以有效证明该文化公司在休息日、法定节假日给小林安排了工作,并要求其加班、加点完成工作任务。所以小林要求该文化公司支付加班工资有理有据,可以得到法院支持。

综上所述,初创企业应以此为戒,在营造良性企业文化的同时,更需要注重企业的内部管理,建立科学有效的考勤管理方式。在激励员工进取的同时,更需要注重对员工休息权的保护,如由于工作需要不得不安排劳动者加班,则应主动依法支付加班费用。

(二)技术人员的奖金不能代替加班费

陈先生从事某房地产开发公司的项目设计工作,而最近该公司为了完成一项至关重要的业务,需要陈先生经常加班。为此该企业领导明确表示,等项目完成后,统一给付报酬。陈先生表示:这笔报酬也含糊不清,不知是作为加班费还是奖金。于是陈先生找到相关的领导,询问该笔报酬是加班费还是奖金。领导很明确地回答他,是奖金。按照公司的惯例,这笔奖金数目非常高,已涵盖了加班费。陈先生认为,奖金和加班费不能混淆。然而企业却不认可他的说法。他来到房地产开发公司所在的区劳动争议调解中心咨询,请求公司发放加班工资。请结合本案例进行分析,陈先生的要求合理吗?

上述案例分析如下:

加班费和奖金是不能相互代替的。根据国家有关规定,奖金和加班工资虽然同属于工资总额的构成部分,却是两个性质完全不同的概念。加班工资是实行标准工作时间制度的企业,按照法律规定向劳动者支付的延长工作时间的工资报酬。奖金是用人单位支付给劳动者的超额劳动报酬和增收节支的劳动报酬。包括生产奖、节约奖、奖励工资和业务提成等。用人单位应当按照相应标准支付加班工资。而奖金属于用人单位的自主权范围,用人单位可以根据本单位的生产经营特点和经济效益,自主确定奖金的发放与否。

因此,在本案例中,陈先生的要求是合理的。

(三)自愿加班不能计发加班费

钱某在一家公司从事财务工作,由于她的工作量较大,有时在 8 个小时内无法顺利完成公司布置的任务,便自愿进行加班。一年以后,钱某难以继续承受较重的任务,不再与公司续签劳动合同,但她要求公司支付自己一年内延长工作时间的加班费,并出示了考勤记录。然而,公司却拒绝了她的要求。

钱某说,自己在履行劳动合同期间经常性的超时工作,且具体超时工作时间有据可查,按照《劳动法》的有关规定,员工超时工作,用人单位应计发加班费,但公司从未支付过自己加班费。现在双方劳动合同已终止,公司应当结算支付她一年内的加班费。可该公司人事经理表示该公司实行计时工资制度,并配套实行加班制度,只有经公司同意并办理了必要手续的加班才能支付加班费。钱某虽然有延时加班的考勤记录,但这是她自愿延长工作时间,并且没有办理过与加班相关的审批手续。钱某要求支付加班工资的做法不符合公司的加班制度规定。双方争持不下,你认为谁对?

上述案例分析如下:

《劳动法》第四条规定:"用人单位应当依法建立和完善规章制度,保障劳动者享有劳动权利和履行劳动义务。"该条规定表明,企业应当依法对企业内的规章制度予以建立和完善,规章制度的内容包含劳动者权利和义务的规范。根据该条规定,企业自然可以制订与国家法律不相抵触的加班制度,可以规定适当的加班审批程序,对符合加班制度的加班情况支付不低于法定标准的加班费。企业依法建立的规章制度,应是企业管理和争议处理的依据之一。

根据《劳动法》及《国务院关于职工工作时间的规定》等相关规定,用人单位支付加班费的前提是"用人单位根据实际需要安排劳动者在法定标准工作时间以外工作",即由用人单位安排加班的,用人单位才应支付加班费。如果不是用人单位安排加班,而由劳动者自愿加班的,用人单位依据以上规定可以不支付加班费。本案例中,钱某平时的延时加班不是由公司安排的,而是钱某自愿进行的,且未履行公司规定的加班审批手续。

因此,在本案例中,钱某要求公司支付加班费是缺乏依据的。

第三章　工资编制与表单设计

【本章学习目标】

通过对本章节的学习,读者可以了解到工资表的基本要素,工资表上数据的来源,以及数据之间的逻辑关系,通过函数设置在 excel 表格中能够自己独立的设计工资明细表和汇总表,使财务正确理解工资表的组成情况,让管理者能分析出人力成本与产出的效率。同时,读者也能通过学习了解到现行的工资的发放与核对流程。

第一节　设计工资表的结构

工资表是记录、考核员工工资计算的依据,是反映工资核算过程及实际员工工资发放情况的重要凭证。工资表编制体现了一个单位的工资结构、每位员工的工资组成、应发及实发数额。一份内容涵盖全面并且设计合理的工资表不仅能方便工资核算人员的核算,同时能让每位员工正确理解收入来源情况,让管理者掌握公司人工成本费用的构成,分析人工成本的投入与产出效率。

一、工资表的基本要素

工资表包括表头、表体、表尾三大部分。

（一）表头

表头主要包括公司名称和工资所属的期间,例如" ** 集团公司北京分公司 2020 年 3 月工资明细表",这些内容决定了人工成本的归属单位及成本费用所属期间,也是企业所得税税前允许扣除的所属期间的重要依据。

（二）表体

表体的第一行列分别是员工信息及工资核算组成及工资应发数、实际发放金额的计算过程。员工的主要信息包括:姓名、部门、车间及生产线(合同批号等)、岗位等必需的基本管理信息,该信息主要是有利于管理者了解公司员工岗位分布,便于财务核算人员对成本费用进行归集与分类,有利于各类生产线或产品、项目所投入的人工成本的准确计算,便于人工效率的考核;各种工资的加减项包括:加班工资、绩效奖金、各项津贴、各项代扣款项(含个人所得税、罚款、委托扣款等),通过每行的信息计算得出应发工资、代扣款、实发工资金额。每一行列出一位员工的信息,分部门、单位、车间、生产线、产品、批号、项目等具体小计,最终有单位工资合计。通过这种设计分类综合反映了各部门、各生产线或产品线、各合同项目或研发项目所发生的费用,方便公司分部门、分类别的费用核算、预算控制与考核。

(三)表尾

表尾包括编制人及审核人,如:制表人、人事负责人、财务负责人、总经理。发放前需要相应人员签字并填写经办日期。这部分内容体现了公司内部审批流程和控制过程,通过编制、逐级审核与审批,实现内控制度的管理要求,保证内部不相容职责的分离。

一份设计科学合理的工资明细表,不仅能够让观者知道每位员工的工作组成,而且能为管理者提供明确的人员结构、人力资源的分布、人工成本的分类投入,从而能正确核算成本与费用,为公司产品定价、产品结构或投资决策提供准确的依据,同时为研发费用的归集与核算,提供正确的依据,有利于研发费用的加计扣除,合理地使用税收优惠政策,直接为公司战略的实现、效益提高提供有力的支持。

以下将主要工资明细表的基本要素一一做讲解。

1. 工号

每名入职的员工都有一个特定的编号,有的公司按照员工的入职时间先后编号,方便员工档案的归档查询,有的集团公司在员工编号前面加上了"BJ""SH""SZ"分别表示某集团公司北京分公司员工、上海分公司员工、深圳分公司员工;有的按部门职位来编号,各单位可以根据自己的管理需求选择自己的编号规则。编号有利于员工部门及汇总数据计算、预防遗漏人员,有利于区别同名同姓的员工,有利于统计分析工作的开展。

2. 姓名

员工姓名一定要与身份证、用工合同、收款账户保持一致,防止不一致引起的支付错误或劳动纠纷。同一单位员工会存在同名同姓的情况,特别是在大型的集团公司,通过员工编号就可以避免员工同名同姓无法区分的情况。

3. 部门

员工对应所属部门、车间、生产线、项目部的划分,有利于费用归集,准确核算分部门的人工成本费用,分车间、生产线、产品号的人工成本有利于准确核算各车间、生产线、产品序列的成本,有利于公司产品定价和产品结构的调整。

4. 工资卡号

一般员工在办理入职手续时会被公司要求提供一张与公司开户行一致的银行卡，这主要是为了方便工资的统一发放，减少发放时的错误，同时减少跨行的手续费。

5. 入职日期

入职日期主要是为了方便工资核算人员自动计算工龄工资。

6. 基本工资

根据岗位对应标准，由档级、工龄工资组成。

7. 考勤工资

包括实际出勤，迟到早退、请假旷工、加班、漏打卡等造成的工资增减变动的计算。

8. 销售提成

根据销售回款金额的一定比例来计算提成，有的公司是按照与销售预算回款金额的完成比例来计算销售提成。这种设计有利于提高营销人员积极性，降低公司固定成本，减少公司的成本压力。

9. 绩效工资

根据公司内部考核方案，通过自评、员工测评和领导评分，各项指标的完成情况进行综合考核计算。这项指标有利于使公司员工关心公司利益，发挥团队的作用，保证公司整体目标的实现。

10. 工龄工资

工作每满一年增加一定金额的工资，工龄工资实际上是对员工持续为公司做贡献和多年工作经验的积累的肯定。

11. 其他补贴

通信费、交通费、误餐补贴、全勤奖励、住房补贴、婚丧补贴，体现一个公司的人文关怀和福利政策，有利于留住员工。

12. 扣款

扣款包括：事假工资扣款、代扣款项、罚款、个人应承担的"三险一金"。

13. 应发工资

应发工资＝基本工资＋考勤＋销售提成＋绩效工资＋/−其他加班或事假工资

14. 专项附加扣除

包括子女教育、继续教育、大病医疗、住房贷款利息、住房租金、赡养老人。

15. 应纳税所得额

应纳税所得额＝应发工资−免税收入−减除费用−社保公积金个人扣缴部分−专项附加扣除−依法确定的其他扣除

16. 个人所得税

根据应纳税所得额和对应的税率、速算扣除数计算得出。

17. 实发工资

应发工资扣除各项扣款及个税后为实际应发工资,也就是实际发到每位员工工资卡的工资。反映公司员工实际的收入。

二、工资表的主要逻辑关系

(一)月度数据逻辑关系

应发工资＝基本工资+考勤+销售提成+绩效工资+/-其他加班或事假工资

实发工资＝应发工资-社保公积金-个人所得税-受托代扣款项

三险一金＝养老保险+医疗保险+失业保险+住房公积金

此外,有些单位还会为员工缴纳大病医疗保险。

(二)累计数据逻辑关系

本期应预扣预缴税额=(累计预扣预缴应纳税所得额×预扣率-速算扣除数)-累计减免税额-累计已预扣预缴税额

累计预扣预缴应纳税所得额=累计收入-累计免税收入-累计减除费用-累计三险一金-累计专项附加扣除-累计依法确定的其他扣除

累计减除费用,按照 5 000 元/月乘以纳税人当年截至本月在本单位的任职受雇月份数计算。

三、工资表的样表

(一)工资明细表(见表 3-1)

表 3-1　　　　　　**集团公司北京分公司 2020 年 * 月工资明细表①　　　　单位:元

基本信息			应发工资			社保	公积金	专项	个税	实发工资
部门	姓名		基本工资							

编制人签字:　　　　　部门负责人审核:　　　　　财务审核人:　　　　　审批人:

---

① 不同用人单位根据公司的制度设置审核和审批权限。

（二）工资汇总表（见表3-2）

表3-2　　　　　　　　** 集团公司北京分公司 2020 年 * 月工资汇总表　　　　　单位:元

部门	应发工资	社保		公积金		个税	实发工资	工资合计
		公司	个人	公司	个人			
生产								
销售								
管理								
研发								
合计								

编制人签字:　　　　部门负责人审核:　　　　财务审核人:　　　　审批人:　　　日期:

第二节　工资表的填列

一、填列的准备工作

工资表填列之前,需要收集准备员工变动、考勤、绩效考核、社保公积金、扣款和补助等信息。

（一）变动管理

员工变动管理分为晋升、轮岗和降职三种。

1. 晋升

员工通过自己的努力工作,在自己的岗位上取得了突出贡献,为公司创造了价值,具有与晋升岗位相匹配的能力和水平,同时有合适的空缺的较高职位,则可以给予晋升的机会。人事部与相关部门负责人进行晋升筛选,对晋升人员进行考核,对考核通过的员工进行公示确认,并办理好交接手续。

2. 轮岗

轮岗是指为了培养出合格的管理人才,使员工的能力得到更好地发挥,员工在本部门或同级相关部门中进行岗位调动。公司高层首先研究决定需要岗位轮换的人员,再次经过公司考核,确定该员工能胜任新的岗位,最后人事部需要与轮岗人员沟通确定,办理交接。

3. 降职

员工工作不努力,能力不足,绩效考核成绩较差,缺乏相关专业知识技能,不能胜任本岗位工作,不服从公司安排,或为精简组织架构等,进而对员工降职。部门负责人首先需要向人事部提出申请,人事部会同部门负责人与需要降职的员工当面协商沟通,确认降职事宜,最后降职人员与现有部门办理好交接手续后到新岗位上岗。

以上经过部门申请、人事部门考核、分管领导审批后履行相关工作调整审批手续,审批单上注明工资调整的档级、调整金额,经过审核、审批确定的工资调整情况,应通知相关员工及工资编制人员,并将审批单一并与工资明细表保存。

(二)考勤管理

员工考勤管理是企业、事业单位对员工出勤进行考察管理的一种管理制度,包括是否迟到早退,有无旷工请假等。其包括排班管理、请假管理(带薪年假管理)、补卡管理、加班申请管理、日出勤处理、月出勤汇总等。

考勤方式从最原始的人工统计签到、打卡机、磁卡、指纹到如今广泛使用的手机APP打卡。员工考勤管理是员工工资的一项重要组成部分,以往的员工考勤制度过于机械化,缺乏人情味。而如今员工的工作方式各种各样,考勤的方式也随之而改变,现在,公司更加注重人本管理,其考核制度的目的是使员工充分发挥自己的能力,为公司创造最大的价值。

员工考勤记录是计算加班工资、节假日工资、病事假工资的重要依据,工资明细表编制人员应根据公司工资制度规定,计算员工考勤情况对工资增减变动的影响金额,考勤表也是重要的员工工资待遇计算的依据,必须作为人事档案保存,审核加班工资要关注是否经过单位领导审批。

在计算考勤工资时可以将加班工资、病事旷工资、法定假日加班工资、带薪年假工资自动连接计算公式汇总到工资表中。

(三)绩效考核管理

绩效考核管理指管理者与员工之间在目标与如何实现目标上所达成共识的过程,以及增强员工成功地达到目标的管理方法、促进员工取得优异绩效的管理过程,绩效考核的目的在于提高员工的能力和素质,改进与提高公司绩效水平。

绩效考核管理有利于人事决策,确定合理的工资水平,有利于上下级沟通与理解,及时掌握各方面的动态情况。

绩效工资的计算依据业务部门统计的各项经营指标的业绩和员工评价综合打分来

计算,审核各项指标的完成情况是绩效工资计算的一个重要环节,领导审批完成后将其提供给工资编制人员作为计算工资的重要依据。该依据也需要按相关人事档案的保存规定进行留存保管。

（四）社保、公积金管理

根据《劳动法》第七十二条规定,用人单位和劳动者必须依法参加社会保险,缴纳社会保险费。这是《劳动法》对劳动关系当事人规定的法定义务。

公司应该根据本公司工资总额、工资收入和费率按月向社保局申报社保数额,经社保局核定后,在规定的期限内按月缴纳社保,并依法履行代扣代缴社保费的义务。其中工资总额是指公司直接支付给全体职工的劳动报酬总额。工资收入是指公司直接支付给职工本人的劳动报酬,包括工资、奖金、津贴、补贴和其他工资性收入。

社保及公积金缴纳主要依据国家政策及地方规章、公司规定来计算,主要是计算基数的核定,如果计算不当会引发劳动争议。

（五）扣款管理

《工资支付暂行规定》第十五条规定,用人单位不得克扣劳动者工资。有下列情况之一的,用人单位可以代扣劳动者工资:

1. 用人单位代扣代缴的个人所得税。

2. 用人单位代扣代缴的应由劳动者个人负担的各项社会保险费用。

3. 法院判决、裁定中要求代扣的抚养费、赡养费。

4. 法律、法规规定可以从劳动者工资中扣除的其他费用。

员工违纪或表现不好,根据劳动法律法规及用人单位合法制订的规章制度,可以从经济和行政手段上给予处理,经济手段就是扣除一定数量的工资,行政手段主要指警告、记过、辞退等,二者可以单独使用也可以同时使用,只要处理程序和内容不违法,都是允许的,这也是用人单位经营管理的需要,也是法律赋予用人单位的相应权利。

各项扣款的依据应视同公司工资凭证妥善保管,避免劳动纠纷时没有合法的依据。

（六）补助管理

员工补助是为了减轻员工的生活负担,让员工受惠,提升满意度与幸福指数,同时激发员工对公司的信赖感,更积极高效地为公司的发展创造更多的价值。

员工日常补助根据员工所处的岗位和级别不同,补助的标准略有差异,包括通信费、交通费、误餐补贴、住房补贴等。

员工的特殊补助包括员工本人结婚,员工本人或配偶生育,员工父母、配偶、子女丧亡时的补助。

员工的特殊津贴及补助在工资明细表中要注明清楚,属于什么事项的补助或津贴,这是正确进行会计核算的前提。

二、工资表的填列

工资表分为明细表和汇总表。工资表的填列主要分为表头、表体和表尾的填列,其中最为重要的就是表体的填写。

(一)工资明细表的填列

1. 表头(见表3-3)

①表头主要注明工资明细表所对应的公司的名称、年、月这几个关键信息。

②入职日期一般是按照年、月、日的形式表示,主要是方便后续通过公式自动算出来工龄,很多企业会在员工入职满一年的当月给员工加上工龄工资。通过 DATEDIF 函数,F1 单元格表示的是 2020 年 3 月最后一天的日期,E3 单元格是该员工的入职日期,表格可以自动计算出截至 2020 年 3 月底该名员工入职了多少个整年,每满一年加 100 元,则在公式后乘以 100。

表 3-3 表 头

	F3 ▼		*f*x	=DATEDIF(E3,F1,"y")*100	
	A	B	C	D	E	F
1	**集团公司北京分公司2020年3月工资明细表					2020/3/31
2	工号	姓名	工资卡号	部门	入职日期	工龄工资
3	100	张三	62***	生产	2019/3/1	100

2. 员工基本信息(见表3-4)

①工号是用来区分同名同姓的员工。

②入职日期是后面计算工龄工资的依据。

③部门信息是方便后续通过透视表编制工资汇总表。

表 3-4　　　　　　**集团公司北京分公司 2020 年 3 月工资明细表　　　　　单位:元

序号	工号	部门	姓名	工资卡号	分类	批次	入职日期
1	BJ010	生产	赵*	62***	1 车间	**	2019/12/15
2	BJ009	生产	钱*	62***	2 车间	**	2019/3/15

(续表)

序号	工号	部门	姓名	工资卡号	分类	批次	入职日期
3	BJ008	生产	孙 *	62 ***	3 车间	**	2018/3/15
4	BJ007	生产	李 *	62 ***	3 车间	**	2017/3/15
5	BJ006	研发	周 *	62 ***	A 项目		2016/3/15
6	BJ005	研发	吴 *	62 ***	B 项目		2015/3/15
7	BJ004	销售	郑 *	62 ***	华东区		2014/3/15
8	BJ003	销售	王 *	62 ***	华中区		2013/3/15
9	BJ002	销售	冯 *	62 ***	华南区		2012/3/15
10	BJ001	管理	陈 *	62 ***			2011/3/15
合计							

编制人签字:　　　部门负责人审核:　　　财务审核人:　　　审批人:　　　日期:

3. 应发工资(见表3-5)

①本月应发合计=基本工资+考勤+销售提成+绩效工资+/-其他。

②本年累计应发=本月应发合计+本年截至上期累计应发。

③对于人员变动较少的公司,可以直接把上月工资表中的"本年累计应发"复制粘贴到本月的"本年截至上期累计应发"项目中,对于人员变动较大的公司,可以通过vlookup 函数关联。

④工龄工资的公式=DATEDIF(开始日期,结束日期,"y") * 每增加一年增加的工龄工资,该单元格必须为数值型。

表3-5　　　　　　　** 集团公司北京分公司 2020 年 3 月工资明细表　　　　　　单位:元

| 序号 | 本月应发金额 | | | | | | | 应发 | |
	基本工资	考勤	销售提成	绩效工资	工龄工资	其他	应发合计	本年截至上期累计应发	本年累计应发
1	5 000	0	0	0	0	0	5 000	10 000	15 000
2	7 500	0	0	0	100	0	7 600	15 200	22 800
3	10 000	0	0	0	200	0	10 200	20 400	30 600
4	12 500	0	0	0	300	0	12 800	25 600	38 400
5	15 000	0	0	0	400	0	15 400	30 800	46 200
6	17 500	0	0	0	500	0	18 000	36 000	54 000
7	20 000	0	0	0	600	0	20 600	41 200	61 800
8	22 500	0	0	0	700	0	23 200	46 400	69 600
9	25 000	0	0	0	800	0	25 800	51 600	77 400
10	27 500	0	0	0	900	0	28 400	56 800	85 200
合计	162 500	0	0	0	4 500	0	167 000	334 000	501 000

编制人签字:　　　部门负责人审核:　　　财务审核:　　　审批人:　　　日期:

4. 社保及公积金（见表3-6）

表3-6

**集团公司北京分公司2020年3月工资明细表

单位:元

序号	养老			医疗			失业			工伤			生育			本期社保合计	
	基数	公司 16%	个人 8%	基数	公司 10%	个人 2%	基数	公司 0.80%	个人 0.20%	基数	公司 0.20%	个人 0	基数	公司 0.80%	个人 0	公司	个人
1①	3 613	578	289	5 557	556	114	3 613	29	7	4 713	9	0	5 557	44	0	1 217	410
2	6 000	960	480	6 000	600	123	6 000	48	12	6 000	12	0	6 000	48	0	1 668	615
3	6 000	960	480	6 000	600	123	6 000	48	12	6 000	12	0	6 000	48	0	1 668	615
4	6 000	960	480	6 000	600	123	6 000	48	12	6 000	12	0	6 000	48	0	1 668	615
5	8 000	1 280	640	8 000	800	163	8 000	64	16	8 000	16	0	8 000	64	0	2 224	819
6	8 000	1 280	640	8 000	800	163	8 000	64	16	8 000	16	0	8 000	64	0	2 224	819
7	8 000	1 280	640	8 000	800	163	8 000	64	16	8 000	16	0	8 000	64	0	2 224	819
8	10 000	1 600	800	10 000	1 000	203	10 000	80	20	10 000	20	0	10 000	80	0	2 780	1 023
9	10 000	1 600	800	10 000	1 000	203	10 000	80	20	10 000	20	0	10 000	80	0	2 780	1 023
10	10 000	1 600	800	10 000	1 000	203	10 000	80	20	10 000	20	0	10 000	80	0	2 780	1 023
合计	75 613	12 098	6 049	77 557	7 756	1 581	75 613	605	151	76 713	153	0	77 557	620	0	21 233	7 781

① 序号为1的数据来源于北京城镇职工2019年7月开始执行的最低缴纳基数。

（续表）
单位：元

＊＊集团公司北京分公司2020年3月工资汇总表

序号	公积金			社保及公积金①							本年累计 个人缴纳社保 公积金合计
	本期公积金		基数	本年截至上期累计			本年累计			
	公司 12%	个人 12%		社保 个人	公积金 个人	社保 个人	公积金 个人	社保 个人	公积金 个人	
1	264	264	2 200	821	528	410	264	674
2	264	264	2 200	1 664	1 920	615	264	879
3	264	264	2 200	1 664	1 920	615	264	879
4	264	264	2 200	2 080	1 920	615	264	879
5	264	264	2 200	2 080	1 920	819	264	1 083
6	264	264	2 200	2 080	1 920	819	264	1 083
7	264	264	2 200	2 080	1 920	819	264	1 083
8	264	264	2 200	2 080	1 920	1 023	264	1 287
9	264	264	2 200	2 080	1 920	1 023	264	1 287
10	264	264	2 200	2 080	1 920	1 023	264	1 287
合计	2 640	2 640	22 000	18 709	17 808	7 781	2 640	10421

① 社保和公积金在工资表中一定要列出个人和公司各缴纳了多少钱，这样可以统计出公司为该员工的总支。

5. 专项附加扣除（见表3-7）

表3-7

** 集团公司北京分公司2020年3月工资汇总表

单位:元

序号	本年截至上期累计					本月发生					本年累计					附加扣除本年累计
	继续教育	子女教育	赡养老人	房贷利息	住房租金	继续教育	子女教育	赡养老人	房贷利息	住房租金	继续教育	子女教育	赡养老人	房贷利息	住房租金	
1	800	0	4 000	0	3 000	400	0	2 000	0	1 500	1 200	0	6 000	0	4 500	11 700
2	800	0	4 000	0	3 000	400	0	2 000	0	1 500	1 200	0	6 000	0	4 500	11 700
3	0	0	4 000	0	3 000	0	0	2 000	0	1 500	0	0	6 000	0	4 500	10 500
4	0	1 000	4 000	1 000	0	0	500	2 000	500	0	0	1 500	6 000	1 500	0	9 000
5	0	1 000	4 000	1 000	0	0	500	2 000	500	0	0	1 500	6 000	1 500	0	9 000
6	800	1 000	2 000	1 000	0	400	500	1 000	500	0	1 200	1 500	3 000	1 500	0	7 200
7	800	2 000	2 000	2 000	0	400	1 000	1 000	1 000	0	1 200	3 000	3 000	3 000	0	10 200
8	800	2 000	2 000	2 000	0	400	1 000	1 000	1 000	0	1 200	3 000	3 000	3 000	0	10 200
9	0	2 000	2 000	2 000	0	0	1 000	1 000	1 000	0	0	3 000	3 000	3 000	0	9 000
10	0	4 000	2 000	2 000	0	0	2 000	1 000	1 000	0	0	6 000	3 000	3 000	0	12 000
合计	4 000	13 000	30 000	11 000	9 000	2 000	6 500	15 000	5 500	4 500	6 000	19 500	45 000	16 500	13 500	100 500

6. 应缴个税及实发工资（见表3-8）

表3-8

单位：元

集团公司北京分公司2020年3月工资汇总表

序号	累计减除费用			应纳税所得额	应缴个税及实发工资			
	基数	月	减除费用		本年应纳税额	截至上期累计已交税额	本月应缴个税	本月实发工资
1	5 000	3	15 000	-12 374	0	0	0	4 326
2	5 000	3	15 000	-4 779	0	0	0	6 721
3	5 000	3	15 000	4 221	127	80	47	9 274
4	5 000	3	15 000	13 521	406	260	146	11 775
5	5 000	3	15 000	21 117	634	400	234	14 083
6	5 000	3	15 000	30 717	922	1 000	0	16 917
7	5 000	3	15 000	35 517	1 066	700	366	19 151
8	5 000	3	15 000	43 113	1 791	1 000	791	21 122
9	5 000	3	15 000	52 113	2 691	1 700	991	23 522
10	5 000	3	15 000	56 913	3 171	2 000	1 171	25 942
合计	50 000	30	150 000	240 079	10 807	7 140	3 745	152 833

① 应纳税所得额=本年累计应发工资-本年累计个人缴纳社保、公积金-本年累计减除费用

② 本月应缴税额=本年累计应纳税额-截至上期累计已交税额，如果本年应纳税额<截至上期累计已缴税额，则本期纳税额为0，本期缴纳税额=IF［（本年应交-已交）<0，0，（本年应交-已交）］

③ 累计减除费用=5 000×月份，其中月份可以通过公式计算=MONTH（F2），F2是单元格2020/3/31，通过加上$可以使公式下拉时还是取F2单元格

④ 本年累计应纳税额=IF（应纳税所得额>960 000，应纳税所得额×0.45-181 920），IF（应纳税所得额>660 000，应纳税所得额×0.35-85 920），IF（应纳税所得额>420 000，应纳税所得额×0.3-52 920），IF（应纳税所得额>300 000，应纳税所得额×0.25-31 920），IF（应纳税所得额>144 000，应纳税所得额×0.2-16 920），IF（应纳税所得额>36 000，应纳税所得额×0.1-2 520），IF（应纳税所得额>0，应纳税所得额×0.03，0）。

7. 表尾（见表3-9）

表尾主要涉及的是人事、财务、经理的签字和日期的填写。有的单位采用的是 OA 系统审批的方式，另外涉及的还有人事经理、财务经理、集团人事经理、集团财务经理等。

表3-9   表　尾

制表人	人事经理	财务审核	人事副总	总经理
日期	日期	日期	日期	日期

串签：一个环节一个环节往下签字。

并签：几个环节同步或几个人同时签字。

汇签：几个人随机签，签好可继续汇签，循环往复。

假设一份文件需要 A、B 两个主管来审批，那么三种签到方式具体如下：

串签：A 签完，才轮到 B 来签；一般 A 是小领导，B 是大领导。

并签：A 和 B 是并列的，可同时签，但必须两人都要签字；一般 A 和 B 是同一层级但不同部门领导。

汇签：A 和 B 是并列的，但只需一个领导签字就可以了。此处 A、B 就是完全等价的了。

（二）工资汇总表的填列（见表3-10）

表3-10   **集团公司北京分公司 2020 年 3 月工资汇总表   单位:元

部门	分类	应发工资		社保		公积金		个税	实发工资	工资合计
		基本工资	其他	公司	个人	公司	个人			
生产	1 车间									
生产	2 车间									
生产	3 车间									
研发	A 项目									
研发	B 项目									
销售	华东区									
销售	华中区									
销售	华南区									
管理										
合计										

制单　　　　　　人事　　　　　　财务　　　　　　　　副总　　　　　　　　总经理
日期　　　　　　日期　　　　　　日期　　　　　　　　日期　　　　　　　　日期

①工资合计=应发工资+社保（公司）+公积金（公司）

　　工资合计反映的是本月公司为所有员工的工资总支出。

②工资汇总表方便不同项目的横向分析，以及不同时期的纵向对比。

③财务可以利用此表将人工费用进行财务核算。

第三节　工资的发放

工资发放需要经过审核、发放和事后核对这一系列流程。

一、工资发放的审核

工资发放的审核分为日常工资发放审核和专项调整或单项工资发放的审核。常规工资发放审核直接在工资明细表上履行签字审批手续,特殊调整审核是指员工晋级、轮岗、降级等工资异动的审核,需要履行专门的审批流程,单项奖金或补贴审核是履行单独的审批流程。

(一)人事部门审核内容

1. 考勤表汇总情况与工资表是否衔接一致,计算准确。

2. 内部与外部扣款通知单是否与工资表一致。

3. 员工异动涉及工资变动是否与工资计算一致。

4. 提成或绩效工资考核表与工资计算表是否一致。

5. "五险一金"计算依据及计算是否正确。

6. 各项补助、特殊补贴是否与工资表计算一致。

7. 员工个税专项扣除信息变动是否录入并在工资表计算中。

8. 上述计算及连接计算公式检查是否正确。

9. 上述计算依据是否经过公司规定的流程进行了审核和批准。

(二)财务部门审核内容

1. 抽查各项工资计算依据与工资表计算是否正确。

2. 核对奖金、提成或绩效工资审核单与工资表是否一致。

3. 社保公积金及个人所得税计算是否正确。

4. 工资表的审批手续是否完整,核算依据是否充分。

5. 核对个人扣款是否计算正确。

6. 上述计算依据是否经过公司规定的流程进行了审核和批准。

7. 复核工作表及工资汇总表计算是否正确。

(三)关注的风险点

1. 流程符合公司内部控制制度,经办、审核、审批职责分离。

2. 工资计算表作好模板设计及公式链接,减少人员工作量。

3. 工资表计算依据要合法合规、充分合理,计算准确无误。

4. 手续完备,计算单据的经办、审核、审批手续完备。

5. 工资是公司重要的人事薪酬档案,需要妥善保管,以免后期劳动纠纷缺乏依据。

二、工资发放

(一)工资发放流程

1. 检查工资表及工资汇总表。

2. 人事收集新入职员工信息与银行卡信息核对并提交财务。

3. 财务部、人事部、分管领导、总经理审批确认。

4. 财务将工资表转换为银行网点可接受信息上传。

5. 银行发放工资。

6. 人力资源部给员工发放工资条通知员工。

(二)工资发放形式

现金发放适用员工少、银行网络不好的边远地方;银行代发适用员工多、企业网络配置好的企业。大部分企业采用银行代发工资形式,以减少工作量和发放错误。

(三)银行代发

银行代发需要企业根据每个银行的要求进行操作。一般企业按银行提供的模板,将员工姓名、工资卡号、实发工资明细、摘要等信息整理完毕后导入到银行的系统中。财务出纳经办、财务负责人审核,通过 U 盘直接在网上操作完成,员工可以收到工资短信。

1. 针对员工较少的企业

有的公司人员只有几十人,公司采取的方式是根据工资表,逐一在网银系统中一一制单,发放工资。人员不多的企业可以采用这种方式,但是对于有上百人或者上千人的企业来说,此种方式无疑会增加网银制单人员的工作负担,而且很容易出错。

2. 针对员工较多的企业

有的公司人员较多,企业采取由银行代发方式,减轻工资发放人员的工作负担,具体操作根据每个银行的要求略有不同,主要是将姓名、工资卡号、实发工资明细、摘要等信息按照银行提供的固定模式整理完毕后导入到银行的系统中。有的企业对工资的保密性要求较高,每月工资由工资核算人员导入到网银系统中,银行对账单上只显示本月工资的汇总金额,财务人员无法通过银行对账单查看到每个人工资的明细。

三、员工对工资发放的事后核对

员工每月在收到工资后需要自行核对所收到的工资是否准确,下面推荐几种查询方式。

(一)"个人所得税"手机APP

"个人所得税"APP系统已经从2019年1月起正式上线运行,纳税人可以通过这个系统看到收入纳税明细查询、专项附加扣除信息查询、异议处理查询三项功能。收入纳税明细查询包括每月的工资薪金所得、全年一次性年终奖金收入、劳务报酬、稿酬、特许权使用费。专项附加扣除信息查询包括本人享受的所有附加扣除,具体有子女教育、继续教育、大病医疗、住房贷款利息、住房租金、赡养老人。如果纳税人对查询结果中的记录有异议可发起申诉,并可通过"申诉记录查询"功能在线了解申诉的处理进度和处理情况。

(二)官网查询

纳税人可通过自然人电子税务局(https://etax.chinatax.gov.cn/),或登录国家税务总局北京市税务局官方网站(http://beijing.chinatax.gov.cn/bjswjwz/),点击"自然人税收管理系统",实名登录后选择北京税务特色应用,使用相关功能。其中,"申报收入查询"和"纳税明细查询"两项功能,系统默认税款所属期为2019年1月至当前月份。包括由自然人自行发起的申报(包括分类所得自行申报、生产经营所得申报、年度综合所得申报等),以及扣缴义务人发起的预扣预缴或代扣代缴申报等。

(三)网银查询

员工的工资每月都由公司账户转到员工的工资卡中,我们在这里查看到的是每月的实发工资,看不到应发工资、附加扣除等信息。

(四)工资条(短信通知)查询

目前有的公司采取的是传统的纸质工资条,或者利用蚂蚁工资条这类的第三方软件将工资明细通过邮箱发给每位员工。手机APP和网上查询这两种方式都只能够查询到每月的应纳税总额,工资条相比前面的两种查询方式查到的内容要更加明细,包括基本工资、绩效、加班、迟到、奖励、社保明细、公积金、个税、实发工资等信息。

(五)员工与人力资源部负责人核对

员工如果对本月发放的工资有较大的异议，可以口头或者书面提出申诉，由人力资源部受理，人力资源部与相关部门沟通后提出解决方案，由人力资源部与总经理共同商讨同意并执行，最后向员工反馈处理结果。

第四章 社会保险的办理

【本章学习目标】

本章主要介绍与社会保险有关的法律法规、基本概念、缴费基数、缴费比例,日常申报等相关实务操作流程以及工作生活中需关注的要点问题,帮助读者掌握社保办理的相关政策和实务操作技能。

第一节 社会保险主要法律法规及相关概念

一、社会保险的主要法律法规[①]

本章节主要涉及的法律法规,如表4-1所示。

表4-1　　　　　　　　　　社会保险的主要法律法规

法律法规	法律法规文件名称
法律层面	《中华人民共和国社会保险法》(2018年12月29日修正,以下简称《社会保险法》)主要规范法律适用主体、缴费主体及缴纳基本养老保险、医疗保险、失业保险、工伤保险、生育保险(以下简称"五险")的责任、义务,违法追究责任
法规方面	《劳务派遣暂行规定》主要规范职工社会保险的适用主体
养老保险	(1)《城镇企业职工基本养老保险关系转移接续暂行办法》
	(2)《关于制止和纠正违反国家规定办理企业职工提前退休有关问题的通知》
	(3)《国务院关于建立统一的企业职工基本养老保险制度的决定》
	(4)《实施〈中华人民共和国社会保险法〉若干规定》
医疗保险	(1)《实施〈中华人民共和国社会保险法〉若干规定》
	(2)《关于印发流动就业人员基本医疗保障关系转移接续暂行办法的通知》
	(3)《关于领取失业保险金人员参加职工基本医疗保险有关问题的通知》
	(4)《基本养老保险费基本医疗保险费失业保险费住房公积金有关个人所得税政策》
	(5)《劳动和社会保障部关于非全日制用工若干问题的意见》

[①] 陈亚东:《人力资源法律一本通》,法律出版社2019年版。

法律法规	法律法规文件名称
失业保险	《失业保险条例》
工伤保险	《工伤保险条例》
生育保险	《企业职工生育保险试行办法》

二、社会保险的相关概念

（一）社会保险概述

1. 社会保险的概念

社会保险法①的立法宗旨是规范社会保险关系,维护公民参加社会保险和享受社会保险待遇的合法权益,使公民共享发展成果,促进社会和谐稳定。社会保险是指公民在年老、疾病、工伤、失业、生育等情况下依宪法规定从国家和社会获得物质帮助的重要途径之一。国家建立全国统一的个人社会保障号码,即公民身份号码。

社会保险主要是通过筹集社会保险基金,并在一定范围内对社会保险基金实行统筹调剂至劳动者遭遇劳动风险时给予必要的帮助,社会保险对劳动者提供的是基本生活保障,只要劳动者符合享受社会保险的条件,即或者与用人单位建立了劳动关系,或者已按规定缴纳各项社会保险费,即可享受社会保险待遇。社会保险是社会保障制度中的核心内容。

2018 年初②,中共中央在《深化党和国家机构改革方案》中明确,"为降低征纳成本,理顺职责关系,提高征管效率,为纳税人提供更加优质高效便利服务,将省级和省级以下国税地税机构合并,具体承担所辖区域内各项税收、非税收入征管等职责。为提高社会保险资金征管效率,将基本养老保险费、基本医疗保险费、失业保险费等各项社会保险费交由税务部门统一征收"。按照要求,我国自 2019 年 1 月 1 日起由税务部门统一征收各项社会保险费。

2. 社会保险的特点

（1）保障性。

保障性是实施社会保险的根本目的,就是保障劳动者在其失去劳动能力或暂时中断生活来源之后的基本生活,从而维护社会稳定。

---

① 参考中华人民共和国社会保险法(2018 年 12 月 29 日修正)第一条、第二条。
② 全国税务师职业资格考试教材编写组:《2019 涉税服务实务》,中国税务出版社 2019 年版。

（2）法定性。

法定性就是国家立法，强制实施。保险待遇的享受者及其所在单位，双方都必须按照规定参加并依法缴纳社会保险基金。法定性，是实现社会保险的组织保证，目的在于保障劳动者因暂时或永久丧失劳动能力以及失业时获得生活保障，安定社会秩序。

（3）互济性。

互济性是指社会保险按照社会共担风险原则进行组织的。社会保险费由国家、企业、个人三方负担，建立社会保险基金。社会保险机构要用互助互济的办法统一调剂基金，支付保险金和提供服务，实行收入再分配，使参加社会保险的劳动者生活得到保障。

（4）福利性。

社会保险不以盈利为目的，它以最少的花费，解决最大的社会保障问题，属于社会福利性质。

（5）普遍性。

社会保险实施范围广，一般在所有职工及其直系亲属中实行。如进城务工的农村居民以及在中国境内就业的外国人都应参加社会保险。

3. 社会保险的计算

计算公式：缴费金额＝缴费基数×缴费比例

（1）社保缴费基数。

社保的缴费基数，是指企业或者职工个人用于计算缴纳社会保险费的工资基数，用此基数乘以规定的费率，就是企业或者个人应该缴纳的社会保险费的金额。

工资总额是指用人单位在一定时期（一般以年计算）内，直接支付给本单位全部职工的劳动报酬的总额。工资总额的计算，应以直接支付给全体职工的全部劳动报酬为根据，按国家统计局规定列入工资总额统计的计算项目，应包括工资、奖金、津贴、补贴等收入。

在我国，缴费基数由社会保险经办机构根据用人单位的申报，依法对其进行核定。社会保险基数一般每年确定一次，且确定以后，一年内不再变动，社保基数申报和调整的时间，一般是在 7 月，各省、自治区、直辖市规定不一，详见当地政府部门的文件规定（如深圳经济特区《养老保险条例》规定为每月申报，2018 年上海市社保基数调整时间为 4 月）。大部分地区，如上海市、武汉市，个人缴费基数调整上下限分别为本市公布的上年度全市职工月平均工资的 300% 和 60%。不同的如北京市，北京市 2019 年社保缴费基数规定，除了工伤保险其余四险种的调整范围都不是 60%—300%，且不完全相同，详见各险种计算小节的内容。

（2）社保缴费比例。

缴费比例,即社会保险费的征缴费率。我国《社会保险法》对社会保险的征缴费率并未作出具体明确的规定。按照现行的社会保险相关政策的规定,我国对不同的社会保险险种,实行不同的征缴比例,由人社部门统一管控,不同地区有所差异。

4. 社会保险的单位责任①

（1）用人单位应当自成立之日起 30 日内凭营业执照、登记证书或者单位印章,向当地社会保险经办机构申请办理社会保险登记。社会保险经办机构应当自收到申请之日起 15 日内予以审核,发给社会保险登记证件。用人单位的社会保险登记事项发生变更或者用人单位依法终止的,应当自变更或者终止之日起 30 日内,到社会保险经办机构办理变更或者注销社会保险登记。

（2）用人单位不办理社会保险登记的,由社会保险行政部门责令限期改正;逾期不改正的,对用人单位处应缴社会保险费数额 1 倍以上 3 倍以下的罚款,对其直接负责的主管人员和其他直接责任人员处 500 元以上 3 000 元以下的罚款。

社会保险登记是社会保险费征缴的重要环节,是对社会保险缴费义务人进行管理的基础。用人单位不办理社会保险登记,职工无从参保,社会保险行政部门也无法进行监督,因此本条款对用人单位不办理社会保险登记规定了相应的法律责任。

不办理社会保险登记包括两种情况:①用人单位成立后不办理社会保险登记。《社会保险法》第五十七条第一款规定,用人单位应当自成立之日起 30 日内凭营业执照、登记证书或者单位印章,向当地社会保险经办机构申请办理社会保险登记。社会保险经办机构应当自收到申请之日起 15 日内予以审核,发给社会保险登记证件。如果用人单位成立后不按上述期限办理社会保险登记的,即属于违法。②用人单位自用工之日起 30 日内不为其职工办理社会保险登记的。《社会保险法》第五十八条第一款规定,用人单位应当自用工之日起 30 日内为其职工向社会保险经办机构申请办理社会保险登记。为职工办理社会保险登记也是用人单位的义务。

对用人单位不办理社会保险登记的违法行为,分两种情况进行处理:第一,对用人单位不办理社会保险登记的违法行为,由社会保险行政部门责令限期改正。责令改正不是行政处罚,只是一种补救性的行政措施,是对违法者消除违法状态、恢复合法状态的要求。第二,经社会保险行政部门责令限期改正、用人单位仍不办理社会保险登记的,由社会保险行政部门对用人单位处应缴社会保险费数额 1 倍以上 3 倍以下的罚款,

① 全国人大常委会法工委、国务院法制办、人力资源和社会保障部:《中华人民共和国社会保险法释义（二十）》(2012-09-04),http://www.mohrss.gov.cn/fgs/syshehuibaoxianfa/201209/t20120904_28581.html。

对其直接负责的主管人员和其他直接责任人员处 500 元以上 3 000 元以下的罚款。这里有几点需要注意:①罚款是最常见的一种行政处罚,是一种财产罚,指行政机关强制违法的行为人承担金钱给付的处罚形式。②给予罚款的主体是社会保险行政部门,不是社会保险经办机构。行政处罚决定依法作出后,当事人应当在行政处罚决定的期限内,予以履行。③处罚的对象包括两类,一是对用人单位,二是对直接负责的主管人员和其他直接责任人员,换句话说,实行的是"双罚制",用人单位和直接负责的主管人员和其他直接责任人员都需要接受处罚。

(3)用人单位未按时足额缴纳社会保险费的,由社会保险费征收机构责令限期缴纳或者补足,并自欠缴之日起,按日加收 0.05% 的滞纳金;逾期仍不缴纳的,由有关行政部门处欠缴数额 1 倍以上 3 倍以下的罚款。

社会保险费是社会保险基金的主要来源,用人单位能否按时足额缴纳社会保险费,关系到社会保险基金的安全和社会保险制度的有效运行。同时用人单位依法按时足额为劳动者缴纳社会保险费,也是其职工享受社会保险待遇的前提。《社会保险法》第六十条第一款规定,用人单位应当自行申报、按时足额缴纳社会保险费,非因不可抗力等法定事由不得缓缴、减免。职工应当缴纳的社会保险费由用人单位代扣代缴,用人单位应当按月将缴纳社会保险费的明细情况告知本人。实践中,有的用人单位社会保险法律意识淡薄,对社会保险的重要性认识不够,不愿承担缴费义务,甚至恶意欠费;还有一些没有生产能力、生产项目和效益收入的企业,因为没有缴费能力,只申报不缴费。用人单位未按时足额缴纳社会保险费,将影响社会保险基金的安全和有效运行,有可能间接损害参保人的合法权益,应当对此规定相应的法律责任。

(4)用人单位未按规定申报应当缴纳的社会保险费数额的,按照该单位上月缴费额的110%确定应当缴纳数额;缴费单位补办申报手续后,由社会保险费征收机构按照规定结算。

(二)养老保险

1. 养老保险的概念

基本养老保险制度[①]是指缴费达到法定期限并且个人达到法定退休年龄后,国家和社会提供物质帮助以保证因年老而退出劳动领域者稳定、可靠的生活来源的社会保险制度。基本养老保险制度由三个部分组成:职工基本养老保险制度、新型农村社会养

---

① 全国人大常委会法工委、国务院法制办、人力资源和社会保障部:《中华人民共和国社会保险法释义(二)》(2012-02-29),http://www.mohrss.gov.cn/fgs/syshehuibaoxianfa/201202/t20120229_28563.html。

老保险制度、城镇居民社会养老保险制度。基本养老保险制度从法律制度层面上实现了"覆盖城乡居民"。本书中我们主要学习职工基本养老保险的相关知识。

养老保险是在法定范围内的老年人"完全"或"基本"退出社会劳动生活后才自动发生作用的。所谓"完全",是以劳动者与生产资料的脱离为特征;所谓"基本",指的是参加生产活动已不成为主要社会生活内容。其中法定的年龄界限才是切实可行的衡量标准。

被保险人只有满足以下两个条件,即:达到国家规定的退休条件已办理相关手续;按规定缴纳基本养老保险费累计缴费年限满15年的,经劳动保障行政部门核准后的次月起,方可按月领取基本养老金及丧葬补助费等。

基本养老保险费由企业和被保险人按不同缴费比例共同缴纳。

2. 企业年金的概念

企业年金①是一种补充性养老金制度,是指企业及其职工在依法参加基本养老保险的基础上,自愿建立的补充养老保险制度。目前一般只有大型国企或事业单位可能设置企业年金,而且劳动法并未强制规定。

企业年金是对国家基本养老保险的重要补充,是我国正在完善的城镇职工养老保险体系(由基本养老保险、企业年金和个人储蓄性养老保险三个部分组成)的"第二支柱"。在实行现代社会保险制度的国家中,企业年金已经成为一种较为普遍实行的企业补充养老金计划,又称为"企业退休金计划"或"职业养老金计划",并且成为所在国养老保险制度的重要组成部分。

3. 养老保险的特点

养老保险具有以下3个特点:

(1)国家立法,强制实行,企业单位和个人都必须参加,符合养老条件的人,可向社会保险部门领取养老金;

(2)养老保险费用来源,一般由国家、单位和个人三方或单位和个人双方共同负担,并实现广泛的社会互济;

(3)养老保险具有社会性,影响很大,享受人多且时间较长,费用支出庞大,因此,必须设置专门机构,实行现代化、专业化、社会化的统一规划和管理。

4. 养老保险的作用

(1)有利保证劳动力再生产。

通过建立养老保险的制度,有利于劳动力群体的正常代际更替,老年人年老退休,新成长劳动力顺利就业,保证就业结构的合理化。

---

① 参考《企业年金办法》(人社部令第36号)第二条。

(2)有利于社会的安全稳定。

养老保险为老年人提供了基本生活保障,使老年人老有所养。随着人口老龄化的到来,老年人口的比例越来越大,人数也越来越多,养老保险保障了老年劳动者的基本生活,等于保障了社会相当部分人口的基本生活。对于在职劳动者而言,参加养老保险,意味着对将来年老后的生活有了预期,免除了后顾之忧;从社会心态来说,人们多了些稳定、少了些浮躁,这有利于社会的稳定。

(3)有利于促进经济的发展。

各国设计养老保险制度多将公平与效率挂钩,尤其是部分积累和完全积累的养老金筹集模式。劳动者退休后领取养老金的数额,与其在职劳动期间的工资收入、缴费多少有直接的联系,这无疑能够激励劳动者积极劳动提高效率。

此外,由于养老保险涉及面广,参与人数众多,其运作中能够筹集到大量的养老保险金,能为资本市场提供巨大的资金来源,尤其是实行基金制的养老保险模式,个人账户中的资金积累以数十年计算,使得养老保险基金规模更大,能为市场提供更多的资金,通过对规模资金的运营和利用,有利于国家对国民经济的宏观调控。

5. 养老保险的计算①

(1)缴费基数。

根据《社会保险法》第十二条规定,用人单位应当按照国家规定的本单位职工工资总额的比例缴纳基本养老保险费,记入基本养老保险统筹基金。职工应当按照国家规定的本人工资的比例缴纳基本养老保险费,记入个人账户。因此基本养老保险费由企业和职工个人共同负担。

根据《职工基本养老保险个人账户管理暂行办法》规定,职工本人一般以上一年度本人月平均工资为个人缴费工资基数(有条件的地区也可以本人上月工资收入为个人缴费工资基数)。新招职工(包括研究生、大学生、大中专毕业生等)以起薪当月工资收入作为缴费工资基数;从第二年起,按上一年实发工资的月平均工资作为缴费工资基数。单位派出的长期脱产学习人员、经批准请长假的职工,保留工资关系的,以脱产或请假的上年月平均工资作为缴费工资基数。单位派到境外、国外工作的职工,按本人出境(国)上年在本单位领取的月平均工资作为缴费工资基数;次年的缴费工资基数按上年本单位平均工资增长率进行调整。失业后再就业的职工,以再就业起薪当月的工资收入作为缴费工资基数;从第二年起,按上一年实发工资的月平均工资作为缴费工资基

---

① 全国人大常委会法工委、国务院法制办、人力资源和社会保障部:《中华人民共和国社会保险法释义(十一)》(2012-08-06),http://www.mohrss.gov.cn/fgs/syshehuibaoxianfa/201208/t20120807_28573.html。

数。本人月平均工资低于当地职工平均工资 60% 的,按当地职工月平均工资的 60% 缴费;超过当地职工平均工资 300% 的,按当地职工月平均工资的 300% 缴费,超过部分不记入缴费工资基数,也不记入计发养老金的基数。根据《国务院办公厅关于印发〈降低社会保险费率综合方案的通知〉》,2019 年 4 月以后,各省应以本省城镇非私营单位就业人员平均工资和城镇私营单位就业人员平均工资加权计算的全口径城镇单位就业人员平均工资,核定社保个人缴费基数上下限(最高和最低缴费基数的计算比例,各城市可能不同,以各城市人力资源和社会保障局公布的计算比例和基数为准)。

(2)缴费比例。

根据《国务院关于建立统一的企业职工基本养老保险制度的决定》(国发〔1997〕26 号)规定,企业缴纳基本养老保险费的比例,一般不得超过企业工资总额的 20%,具体比例由省、自治区、直辖市人民政府确定。少数省、自治区、直辖市因离退休人数较多、养老保险负担过重,确需超过企业工资总额 20% 的,应报劳动部、财政部审批。根据《国务院办公厅关于印发〈降低社会保险费率综合方案的通知〉》,自 2019 年 5 月 1 日起,降低城镇职工基本养老保险(包括企业和机关事业单位基本养老保险)的单位缴费比例。各省、自治区、直辖市及新疆生产建设兵团养老保险单位缴费比例高于 16% 的,可降至 16%;目前低于 16% 的,要研究提出过渡办法。

个人缴纳基本养老保险费的比例,1997 年不得低于本人缴费工资的 4%,1998 年起每两年提高 1 个百分点,最终达到本人缴费工资的 8%。目前,个人缴纳基本养老保险费的比例统一为本人缴费工资的 8%。

以北京市 2019 年社保缴费规定为例,按北京市上一年全口径城镇单位就业人员月平均工资的 46%—300% 适当选择并申报,未按期办理申报手续的,其 2019 年度社会保险缴费基数将依据本人上一年度的缴费基数确定,低于职工养老保险缴费下限的,以下限作为缴费基数。缴费比例为企业 16%,个人 8%。

6. 养老保险的待遇

(1)退休的概念。

退休,是指根据国家有关规定,劳动者因年老或因工、因病致残,完全丧失劳动能力(或部分丧失劳动能力)而退出工作岗位。

(2)退休年龄。

根据 1978 年 6 月国务院颁发的《关于工人退休、退职的暂行办法》和《关于安置老弱病残干部的暂行办法》规定,下列几种情况可以办理退休:

①正常退休:男性干部、工人年满 60 周岁,女干部年满 55 周岁,女工人年满 50 周岁。

②特殊工种提前退休:从事井下、高空、高温、繁重体力劳动和其他有害健康工种的

职工,男年满 55 周岁,女年满 45 周岁。《劳动和社会保障部关于制止和纠正违反国家规定办理企业职工提前退休有关问题的通知》作出了具体说明,按特殊工种退休条件办理退休的职工,从事高空和特别繁重体力劳动的必须在该工种岗位上工作累计满 10年,从事井下和高温工作的必须在该工种岗位上工作累计满 9 年,从事其他有害身体健康工作的必须在该工种岗位上工作累计满 8 年。

③病退:男年满 50 周岁,女年满 45 周岁,经医院证明,并经劳动鉴定委员会确认,完全丧失劳动能力的职工。

④因工致残,经医院证明(工人并经劳动鉴定委员会确认)完全丧失工作能力的。根据《工伤保险条例》(自 2004 年 1 月 1 日起施行)规定,职工因工致残被鉴定为一级至四级伤残的,保留劳动关系,退出工作岗位,按月享受伤残津贴;工伤职工达到退休年龄并办理退休手续后,停发伤残津贴,享受基本养老保险待遇。基本养老保险待遇低于伤残津贴的,由工伤保险基金补足差额。

(3)缴费年限。

参加基本养老保险的个人,达到法定退休年龄时累计缴费满 15 年的,按月领取基本养老金。

(4)遗属抚恤和病残津贴。

根据《社会保险法》第十七条规定,参加基本养老保险的个人,因病或者非因工死亡的,其遗属可以领取丧葬补助金和抚恤金;在未达到法定退休年龄时因病或者非因工致残完全丧失劳动能力的,可以领取病残津贴。所需资金从基本养老保险基金中支付。

丧葬补助金,是指为了减轻职工家属因办丧事而增加的经济负担,给予的一次性补助。抚恤金,是指为了保证由死亡职工供养的直系亲属不因供养人死亡而断绝生活来源,给予的基本生活费用。病残津贴是符合条件参保人员的基本生活费。

7. 基本养老金的相关概念

(1)概念。

基本养老金也称退休金、退休费,是最主要的一种养老保险待遇。基本养老金由统筹养老金和个人账户养老金组成。个人账户不得提前支取,记账利率不得低于银行定期存款利率,免征利息税。个人死亡的,个人账户余额可以继承。基本养老金根据个人累计缴费年限、缴费工资、当地职工平均工资、个人账户金额、城镇人口平均预期寿命等因素确定。国家建立基本养老金正常调整机制。根据职工平均工资增长、物价上涨情况,适时提高基本养老保险待遇水平。

(2)申请条件。

职工按月领取基本养老金必须具备三个条件:①达到法定退休年龄,并已办理退休手续。②所在单位和个人依法参加养老保险并履行了养老保险缴费义务。③个人缴费至少满 15 年(过渡期内缴费年限包括视同缴费年限)。实务中,因特殊工种提前退休、病退或因公致残而办理退休业务的职工,往往需要在充分了解相关政策的情况下前往社保局办理,可能还需手写申请书。

（3）余额继承。

2011 年 5 月 12 日,人力资源和社会保障部开始征求《实施〈中华人民共和国社会保险法〉若干规定》的公众意见。草案规定了基本养老保险缴费不足 15 年人员的待遇,并明确基本养老保险个人账户余额可以继承。

草案规定,参加职工基本养老保险的人员,达到法定退休年龄时累计缴费不足 15 年的,可以延长缴费至满 15 年。社会保险法实施前参保、延长缴费 5 年后仍不足 15 年的,可以一次性补缴至满 15 年。

对于未继续缴费或者延长缴费后累计缴费年限仍不足 15 年的人员,可以申请转入新型农村社会养老保险或者城镇居民社会养老保险,享受相应的养老保险待遇。对于不愿意延长缴费至满 15 年,也不愿意转入新型农村社会养老保险或者城镇居民社会养老保险的,可以申请将其个人账户储存额一次性支付给本人。

草案明确规定,退休人员享受基本医疗保险待遇的缴费年限按照各地现有规定执行。

为了规范管理,草案明确了个人账户不得提前支取和个人账户余额继承办法。参加职工基本养老保险的个人,在达到法定退休年龄前离境定居的,其个人账户予以保留;达到法定退休年龄的,按照国家规定享受相应的养老保险待遇。同时,明确参加职工基本养老保险的个人死亡的,个人账户中的余额可以全部继承。

草案还明确了养老保险关系转移接续的具体办法,参加职工基本养老保险的个人跨省流动就业的,达到法定退休年龄时,基本养老金分段计算、统一支付。

（三）医疗保险

1. 医疗保险的概念

基本医疗保险制度①,是指按照国家规定缴纳一定比例的医疗保险费,在参保人因患病和意外伤害而就医诊疗,由医疗保险基金支付其一定医疗费用的社会保险制度。基本医疗保险制度由三个部分组成:职工基本医疗保险制度、新型农村合作医疗制度、

① 全国人大常委会法工委、国务院法制办、人力资源和社会保障部:《中华人民共和国社会保险法释义(二)》(2012-02-29),http://www.mohrss.gov.cn/fgs/syshehuibaoxianfa/201202/t20120229_28563.html。

城镇居民基本医疗保险制度。基本医疗保险已从制度上实现了"覆盖城乡居民",使全体公民实现"病有所医"。

医疗保险同其他类型的保险一样,也是以合同的方式预先向受疾病威胁的人收取医疗保险费,建立医疗保险基金;当被保险人患病并去医疗机构就诊而发生医疗费用后,由医疗保险机构给予一定的经济补偿。

因此,医疗保险也具有保险的两大职能:风险转移和补偿转移。即把个体身上的由疾病风险所致的经济损失分摊给所有受同样风险威胁的成员,用集中起来的医疗保险基金来补偿由疾病所带来的经济损失。

2016年4月20日人社部发布《关于阶段性降低社会保险费率的通知》,提出阶段性降低养老保险、失业保险。此外还明确生育保险和基本医疗保险合并实施工作,待国务院制定出台相关规定后统一组织实施。

根据《社会保险法》第二十七条规定,退休人员按照国家规定享受基本医疗保险待遇,需要满足三个条件:参加职工基本医疗保险、达到法定退休年龄、累计缴费达到国家规定年限。

2. 医疗保险的作用

(1)有利于提高劳动生产率,促进生产的发展。

医疗保险是社会进步、生产发展的必然结果。反过来,医疗保险制度的建立和完善又会进一步促进社会的进步和生产的发展。医疗保险一方面解除了劳动者的后顾之忧,使其安心工作,从而可以提高劳动生产率,促进生产的发展;另一方面也保证了劳动者的身心健康,保证了劳动力正常再生产。

(2)调节收入差别,体现社会公平性。

医疗保险通过征收医疗保险费和偿付医疗保险服务费用来调节收入差别,是政府一种重要的收入再分配的手段。

(3)是维护社会安定的重要保障。

医疗保险对患病的劳动者给予经济上的帮助,有助于消除因疾病带来的社会不安定因素,是调整社会关系和社会矛盾的重要社会机制。

(4)是促进社会文明和进步的重要手段。

医疗保险和社会互助共济的社会制度,通过在参保人之间分摊疾病费用风险,体现出了"一方有难,八方支援"的新型社会关系,有利于促进社会文明和进步。

(5)是推进经济体制改革特别是国有企业改革的重要保证。

3. 医疗保险的计算

根据《国务院关于建立城镇职工基本医疗保险制度的决定》(国发〔1998〕44号)规

定,基本医疗保险费由用人单位和职工共同缴纳。用人单位缴费率应控制在职工工资总额的6%,职工缴费率一般为本人工资收入的2%。具体缴费比例由各统筹地区根据实际情况确定。退休人员参加基本医疗保险,个人不缴纳基本医疗保险费。

以北京市2019年社保缴费规定为例,按本市上一年全口径城镇单位就业人员月平均工资的70.74%—353.74%适当选择并申报。缴费比例为企业10%(其中1%为大额医疗保险),个人2%+3元(包含了大额医疗保险)。

4. 医疗保险的报销条件

《社会保险法》第二十八条规定,符合基本医疗药品目录、诊疗项目、医疗服务设施标准以及急诊、抢救的医疗费用,按照国家规定从基本医疗保险基金中支付。

根据我国基本医疗保险待遇支付的基本要求,参保人到医疗保险机构报销自己看病就医发生的医疗费用,一般要符合以下条件:

(1)参保人员必须到基本医疗保险的定点医疗机构就医购药,或持定点医院的大夫开具的医药处方到社会保险机构确定的定点零售药店外购药品;

(2)参保人员在看病就医过程中所发生的医疗费用必须符合基本医疗保险保险药品目录、诊疗项目、医疗服务设施标准的范围和给付标准,才能由基本医疗保险基金按规定予以支付;

(3)参保人员符合基本医疗保险支付范围的医疗费用中,在社会医疗统筹基金起付标准以上与最高支付限额以下的费用部分,由社会医疗统筹基金统一比例支付。

根据《社会保险法》第三十条规定,下列医疗费用不纳入基本医疗保险基金支付范围:(1)应当从工伤保险基金中支付的;(2)应当由第三人负担的;(3)应当由公共卫生负担的;(4)在境外就医的。医疗费用依法应当由第三人负担,第三人不支付或者无法确定第三人的,由基本医疗保险基金先行支付。基本医疗保险基金先行支付后,有权向第三人追偿。

5. 大额医疗保险的相关概念

(1)大额医疗保险的概念。

大额医疗保险是指为解决参保人员因大病、重病产生的超过基本医疗保险统筹基金最高支付限额的医疗费用,在基本医疗保险的基础上,医疗保险市级统筹建立了大额医疗保险制度。

(2)大额医疗保险的缴费比例。

大额医疗保险在参加基本医疗保险的基础上,由企业或职工和退休人员个人承担,企业按一定比例,个人每月按若干元钱缴纳大额医疗保险费(大额医疗保险各地每月缴纳方式不一样,如北京市为企业按全部职工缴费工资基数之和的1%缴纳,职工和退休人员个人按每月 3 元缴纳,武汉市为职工和退休人员个人按每月 7 元缴纳)。

报销范围具体可咨询当地社保局或参考当地相关文件。

（四）工伤保险

1. 工伤保险的概念

工伤保险制度[①],是指由用人单位缴纳工伤保险费,对劳动者因工作原因遭受意外伤害或者职业病,从而造成死亡、暂时或者永久丧失劳动能力时,给予职工及其相关人员工伤保险待遇的一项社会保险制度。工伤保险是社会保险制度的重要组成部分,也是独立于企事业单位之外的社会保障体系的基本制度之一。

1996 年原劳动部根据劳动法的有关规定发布了《企业职工工伤保险试行办法》,并在全国逐步推开。随着形势的发展和工伤保险制度改革的深入,原有的部颁规章已难以适应实际工作需要。按照建立完善的社会保障体系和完善的社会主义市场经济法律体系的要求,2003 年 4 月 27 日国务院颁布了《工伤保险条例》,自 2004 年 1 月 1 日起施行。2015 年 7 月 22 日,人力资源社会保障部、财政部发布了《关于调整工伤保险费率政策的通知》,按照《国民经济行业分类》(GB/T4754—2011)对行业的划分,根据不同行业的工伤风险程度,由低到高依次将行业工伤风险类别划分为一类至八类,本规定自 2015 年 10 月 1 日起开始实行。

2. 工伤保险的适用范围

根据《工伤保险条例》规定,工伤保险的适用范围包括中华人民共和国境内的企业、事业单位、社会团体、民办非企业单位、基金会、律师事务所、会计师事务所等组织和有雇工的个体工商户。公务员和参照公务员法管理的事业单位、社会团体的工作人员因工作遭受事故伤害或者患职业病的,由所在单位支付费用。具体办法由国务院社会保险行政部门会同国务院财政部门规定工伤保险的待遇类型。

3. 工伤保险的工伤认定

职工有下列情形之一的,应当认定为工伤或视同工伤:

(1)在工作时间和工作场所内,因工作原因受到事故伤害的;

(2)工作时间前后在工作场所内,从事与工作有关的预备性或者收尾性工作受到事故伤害的;

(3)在工作时间和工作场所内,因履行工作职责受到暴力等意外伤害的;

---

① 　全国人大常委会法工委、国务院法制办、人力资源和社会保障部:《中华人民共和国社会保险法释义(二)》(2012−02−29),http://www.mohrss.gov.cn/fgs/syshehuibaoxianfa/201202/t20120229_28563.html。

（4）患职业病的；

（5）因工外出期间，由于工作原因受到伤害或者发生事故下落不明的；

（6）在上下班途中，受到非本人主要责任的交通事故或者城市轨道交通、客运轮渡、火车事故伤害的；

（7）在工作时间和工作岗位，突发疾病死亡或者在48小时之内经抢救无效死亡的；

（8）在抢险救灾等维护国家利益、公共利益活动中受到伤害的；

（9）职工原在军队服役，因战、因公负伤致残，已取得革命伤残军人证，到用人单位后旧伤复发的。

职工在发生工伤后，经治疗伤情相对稳定后存在残疾、影响劳动能力的，应当依法进行劳动功能障碍程度和生活自理障碍程度的等级鉴定，及劳动能力鉴定。其中劳动功能障碍分为十个伤残等级，最重的为一级，最轻的为十级。生活自理障碍分为三个等级：生活完全不能自理、生活大部分不能自理和生活部分不能自理。工伤职工应依照劳动能力鉴定部门出具的伤残鉴定，享受不同等级的工伤待遇。

职工因下列情形之一导致本人在工作中伤亡的，不认定为工伤：（1）故意犯罪；（2）醉酒或者吸毒；（3）自残或者自杀。

4. 工伤保险的计算

根据国务院颁布的《工伤保险条例》中针对工伤保险费缴纳规定，用人单位缴纳工伤保险费的数额应为本单位职工工资总额乘以单位缴费费率之积，职工个人不缴纳。

2015年7月22日，人力资源社会保障部、财政部发布了《关于调整工伤保险费率政策的通知》，按照《国民经济行业分类》（GB/T4754—2011）对行业的划分，根据不同行业的工伤风险程度，由低到高依次将行业工伤风险类别划分为一类至八类（具体内容见表4-2），本规定自2015年10月1日起开始实行。

表4-2　　　　　　　　　　　　　　工伤风险八大类别

一类	软件和信息技术服务业，货币金融服务，资本市场服务，保险业，其他金融业
二类	批发业，零售业，仓储业，邮政业，住宿业，餐饮业
三类	农副食品加工业，食品制造业，酒、饮料和精制茶制造业
四类	农业，畜牧业，农、林、牧、渔服务业，纺织服装、服饰业
五类	林业，开采辅助活动，家具制造业，造纸和纸制品业，建筑安装业
六类	渔业，化学原料和化学制品制造业，非金属矿物制品业
七类	石油和天然气开采业，其他采矿业，石油加工、炼焦和核燃料加工业
八类	煤炭开采和洗选业，黑色金属矿采选业，有色金属矿采选业，非金属矿采选业

　　用人单位具体缴费费率的确定,是在行业差别费率及费率档次制定后,根据每个用人单位上一费率确定周期使用工伤保险基金、工伤发生率等情况,由统筹地区的社会保险经办机构确定其在所属行业的不同费率档次中适用哪一个档次的费率。本条规定中,用人单位的具体缴费费率,由社会保险经办机构行使确定权。社会保险经办机构在确定用人单位工伤保险费率时,应根据每一用人单位上一周期使用工伤保险基金、工伤发生率和所属行业费率档次等因素确定。

　　以北京市 2019 年社保缴费规定为例,工伤保险缴费比例为企业每月缴费总基数的 0.2%—2%,参加工伤保险的职工按照本人上一年月平均工资确定缴费基数,调整范围为 60%—300%,单位根据行业费率一类至八类行业的基准费率,分别为 0.2%、0.4%、0.7%、0.9%、1.1%、1.3%、1.6%、1.9%。

5. 工伤保险的待遇

　　根据《工伤保险条例》第 5 章"工伤保险待遇"的规定,工伤保险待遇有以下类型:

　　(1)医疗康复待遇。

　　医疗康复待遇包括工伤治疗及相关补助待遇,康复性治疗待遇,人工器官、矫形器等辅助器具的安装、配置待遇等,从工伤保险基金支付。工伤职工治疗非工伤引发的疾病,不享受工伤医疗待遇,按照基本医疗保险办法处理。

　　(2)停工留薪期待遇。

　　在停工留薪内,工伤职工原工资福利待遇不变,由所在单位按月支付。停工留薪期一般不超过 12 个月。伤情严重或者情况特殊,经设区的市级劳动能力鉴定委员会确认,可以适当延长,但延长不得超过 12 个月。工伤职工评定伤残等级后,停发原待遇,按照本章的有关规定享受伤残待遇。工伤职工在停工留薪期满后仍需治疗的,继续享受工伤医疗待遇。

　　生活不能自理的工伤职工在停工留薪期需要护理的,由所在单位负责。

　　(3)伤残待遇。

　　工伤职工根据不同的伤残等级,享受一次性伤残补助金、伤残津贴、伤残就业补助金以及生活护理费等待遇。其中既有一次性待遇,也有长期待遇。因工伤发生的下列费用,按照国家规定由用人单位支付:①治疗工伤期间的工资福利;②五级、六级伤残职工按月领取的伤残津贴;③终止或者解除劳动合同时,应当享受的一次性伤残就业补助金。

　　职工因工致残被鉴定为一级至四级伤残的,保留劳动关系,退出工作岗位,享受以下待遇:

　　①从工伤保险基金按伤残等级支付一次性伤残补助金,标准为:一级伤残为 27 个

月的本人工资,二级伤残为 25 个月的本人工资,三级伤残为 23 个月的本人工资,四级伤残为 21 个月的本人工资。

②从工伤保险基金按月支付伤残津贴,标准为:一级伤残为本人工资的 90%,二级伤残为本人工资的 85%,三级伤残为本人工资的 80%,四级伤残为本人工资的 75%。伤残津贴实际金额低于当地最低工资标准的,由工伤保险基金补足差额。

③工伤职工达到退休年龄并办理退休手续后,停发伤残津贴,按照国家规定享受基本养老保险待遇,基本养老保险待遇低于伤残津贴的由工伤保险基金补足差额。

职工因工致残被鉴定为一级至四级伤残的,由用人单位和职工个人以伤残津贴为基数,缴纳基本医疗保险费。

职工因工致残被鉴定为五级、六级伤残的,享受以下待遇:

①从工伤保险基金按伤残等级支付一次性伤残补助金,标准为:五级伤残为 18 个月的本人工资,六级伤残为 16 个月的本人工资;

②保留与用人单位的劳动关系,由用人单位安排适当工作。难以安排工作的,由用人单位按月发给伤残津贴,标准为:五级伤残为本人工资的 70%,六级伤残为本人工资的 60%,并由用人单位按照规定为其缴纳应缴的各项社会保险费。伤残津贴实际金额低于当地最低工资标准的,由用人单位补足差额。

经工伤职工本人提出,该职工可以与用人单位解除或者终止劳动关系,由工伤保险基金支付一次性工伤医疗补助金,由用人单位支付一次性伤残就业补助金。一次性工伤医疗补助金和一次性伤残就业补助金的具体标准由省、自治区、直辖市人民政府规定。

职工因工致残被鉴定为七级至十级伤残的,享受以下待遇:

①从工伤保险基金按伤残等级支付一次性伤残补助金,标准为:七级伤残为 13 个月的本人工资,八级伤残为 11 个月的本人工资,九级伤残为 9 个月的本人工资,十级伤残为 7 个月的本人工资;

②劳动、聘用合同期满终止,或者职工本人提出解除劳动、聘用合同的,由工伤保险基金支付一次性工伤医疗补助金,由用人单位支付一次性伤残就业补助金。一次性工伤医疗补助金和一次性伤残就业补助金的具体标准由省、自治区、直辖市人民政府规定。

(4)工亡待遇。

职工因工死亡,其直系亲属可以领取丧葬补助金、供养亲属抚恤金和一次性工亡补助金。①丧葬补助金为 6 个月的统筹地区上年度职工月平均工资。②供养亲属抚恤金按照职工本人工资的一定比例发给由因工死亡职工生前提供主要生活来源、无劳动能力的亲属。标准为:配偶每月 40%,其他亲属每人每月 30%,孤寡老人或者孤儿每人每月在上述标准的基础上增加 10%。核定的各供养亲属的抚恤金之和不应高于因工死亡职工生前的工资。供养亲属的具体范围由国务院社会保险行政部门规定。③一次性工亡补助金标准为上一年度全国城镇居民人均可支配收入的 20 倍。

从以上各类待遇的构成和支付渠道上来看,现行工伤保险制度充分体现了救治、经济补偿和职业康复相结合,以及分散用人单位工伤风险的要求。

(五)失业保险

1. 失业保险的概念

失业保险制度①,是指国家为因失业而暂时失去工资收入的社会成员提供物质帮助,以保障失业人员的基本生活,维持劳动力的再生产,为失业人员重新就业创造条件的一项社会保险制度。

《失业保险条例》规定,失业保险基金由下列各项构成:

(1)城镇企业事业单位、城镇企业事业单位职工缴纳的失业保险费;

(2)失业保险基金的利息;

(3)财政补贴;

(4)依法纳入失业保险基金的其他资金。

2. 失业保险的特点

失业保险具有如下几个主要特点:

(1)普遍性。

失业保险主要是为了保障有工资收入的劳动者失业后的基本生活而建立的,其覆盖范围包括劳动力队伍中的大部分成员。因此,在确定适用范围时,参保单位应不分部门和行业,不分所有制性质,其职工应不分用工形式,不分家居城镇、农村,解除或终止劳动关系后,只要本人符合条件,都有享受失业保险待遇的权利。人社部于 2017 年 11 月 10 日发布的《失业保险条例(修订草案征求意见稿)》第二条规定,中华人民共和国境内的企业、事业单位、社会团体、民办非企业单位、基金会、律师事务所、会计师事务所等组织及其职工应当依照本条例规定参加失业保险,缴纳失业保险费。省、自治区、直辖市人民政府根据当地实际情况,可以决定本条例适用于本行政区域内的社会团体及其专职人员、民办非企业单位及其职工、有雇工的城镇个体工商户及其雇工。

---

① 全国人大常委会法工委、国务院法制办、人力资源和社会保障部:《中华人民共和国社会保险法释义(二)》(2012-02-29),http://www.mohrss.gov.cn/fgs/syshehuibaoxianfa/201202/t20120229_28563.html。

（2）强制性。

失业保险制度是通过国家制定法律、法规来强制实施的。按照规定,在失业保险制度覆盖范围内的单位及其职工必须参加失业保险并履行缴费义务。根据有关规定,不履行缴费义务的单位和个人都应当承担相应的法律责任。

（3）互济性。

失业保险基金主要来源于社会筹集,由单位、个人和国家三方共同负担。缴费比例、缴费方式相对稳定,筹集的失业保险费,不分来源渠道,不分缴费单位的性质,全部并入失业保险基金,在统筹地区内统一调度使用以发挥互济功能。

3. 失业保险的计算

（1）缴费基数:《失业保险条例》规定,城镇企业事业单位的缴费基数为本单位工资总额,个人缴费基数为本人工资总额;

（2）缴费比例:城镇企业事业单位按照本单位工资总额的2%缴纳失业保险费,城镇企业事业单位职工按照本人工资的1%缴纳失业保险费。城镇企业事业单位招用的农民合同工本人不缴纳失业保险费。失业险单位、个人缴纳比例各地规定不尽相同,一般个人不超过本人工资的0.5%。

以北京市2019年社保缴费规定为例,失业保险基数调整范围为46%—300%,缴费比例为单位0.8%,个人(城镇户籍)0.2%,个人(农村户籍)不缴。

4. 失业保险的待遇

在我国,失业人员在满足:（1）按照规定参加失业保险,所在单位和本人已按照规定履行缴费义务满1年;（2）非因本人意愿中断就业;（3）已办理失业登记,并有求职要求这三个条件后,方可享受失业保险待遇。

上述第二条具体范围可参考劳动保障部《失业保险金申领发放办法》第四条规定,"非因本人意愿中断就业"指下列人员:（1）终止劳动合同的;（2）被用人单位解除劳动合同的;（3）被用人单位开除、除名和辞退的;（4）根据《劳动法》第三十二条第二、三项[（二）用人单位以暴力、威胁或者非法限制人身自由的手段强迫劳动的;（三）用人单位未按照劳动合同约定支付劳动报酬或者提供劳动条件的]与用人单位解除劳动合同的;（5）法律、行政法规另有规定的。

失业人员只有在领取失业保险金期间才能享受到其他各项待遇,待遇内容主要涉及以下几个方面:

（1）按月领取失业保险金,即:失业保险经办机构按照规定支付给符合条件的失业人员的基本生活费用;

（2）领取失业保险金期间的医疗补助金,即:支付给失业人员领取失业保险金期间发生的医疗费用的补助；

（3）失业人员在领取失业保险金期间死亡的，其家属可以申领丧葬补助金和供养其配偶直系亲属的抚恤金；

（4）为失业人员在领取失业保险金期间开展职业培训、介绍的机构或接受职业培训、介绍的本人给予补偿，帮助其再就业。

失业人员在领取失业保险金期间，以个人身份自愿参加基本养老保险。失业人员在领取失业保险金期间，参加职工基本医疗保险，享受基本医疗保险待遇。失业人员应当缴纳的基本养老保险费和基本医疗保险费从失业保险基金中支付，个人不缴纳基本养老保险费和基本医疗保险费。失业人员在领取失业保险金期间死亡的，参照当地对在职职工死亡的规定，向其遗属发给一次性丧葬补助金和抚恤金。所需资金从失业保险基金中支付。个人死亡同时符合领取基本养老保险丧葬补助金、工伤保险丧葬补助金和失业保险丧葬补助金条件的，其遗属只能选择领取其中的一项。

5. 失业保险金的相关概念

（1）失业保险金的标准。

失业保险金的标准，由省、自治区、直辖市人民政府确定，不得低于城市居民最低生活保障标准。

（2）失业保险金的领取期限。

《社会保险法》第四十六条规定，失业人员失业前用人单位和本人累计缴费满 1 年不足 5 年的，领取失业保险金的期限最长为 12 个月；累计缴费满 5 年不足 10 年的，领取失业保险金的期限最长为 18 个月；累计缴费 10 年以上的，领取失业保险金的期限最长为 24 个月。重新就业后，再次失业的，缴费时间重新计算，领取失业保险金的期限与前次失业应当领取而尚未领取的失业保险金的期限合并计算，最长不超过 24 个月。

需要注意的是，失业者领取失业保险金并没有等待期，但是有最长给付期。《失业保险条例》中关于缴费时间满 1 年不足 5 年的，领取失业保险金的最长期限为 12 个月的规定，不能理解为缴费时间达到上述要求的失业人员都能领取 12 个月的失业保险金。在实务中，各地可根据失业者缴费时间的长短，在同一档次内适当拉开失业保险金的领取期限。

（3）领取失业保险金的次数限制。

申领失业保险金没有次数限制。《社会保险法》和《失业保险条例》只规定了有关享受失业保险的条件，而没有规定享受失业保险待遇次数的限制。履行缴费满 1 年可享受失业保险待遇。只要符合《社会保险法》和相关法律法规中规定的失业保险金的领取条件，就可以领取失业保险金，而不管劳动者领取的次数多少。

(六)生育保险

1. 生育保险的概念

生育保险制度①,是指由用人单位缴纳保险费,其职工按照国家规定享受生育保险待遇的一项社会保险制度。生育保险制度对减少就业性别歧视、改善妇女就业环境、切实保障妇女生育期间的基本权益,发挥了重要作用;同时,对计划生育、优生优育等工作也产生了积极影响。

凡是与用人单位建立了劳动关系的职工,包括男职工,都应当参加生育保险。用人单位按照国家规定缴纳生育保险费,职工不缴纳生育保险费。

2019 年 3 月 25 日,国务院办公厅公布意见,要求 2019 年底前实现生育保险和职工基本医疗保险合并实施。

2. 生育保险的特点②

生育保险一般具有以下两个特点:

(1)女职工享受的生育保险待遇范围大于男职工,因为生育对女职工造成直接的经济损失和身体健康损失;

(2)生育保险的目的不仅是为了补偿女工在生育期间的收入损失,也有着重要的社会意义,对妇女和儿童的身体健康有双重维护作用。

3. 生育保险的计算

根据《企业职工生育保险试行办法》,生育保险费由企业按月缴纳,职工个人不缴纳生育保险费。用人单位按照职工工资总额的一定比例缴纳生育保险费。缴费基数一般不超过 1%。

以北京市 2019 年社保缴费规定为例,北京市缴费基数调整范围为 70.74%—353.74%,缴费比例为单位 0.8%,个人不缴。根据《北京市生育保险和职工基本医疗保险合并实施意见》规定,2020 年 1 月 1 日起本市全面实现两项保险参保同步登记、基金合并运行、征缴管理一致、监督管理统一、经办服务一体化。保障职工生育保险待遇,确保制度可持续。

---

① 全国人大常委会法工委、国务院法制办、人力资源和社会保障部:《中华人民共和国社会保险法释义(二)》(2012-02-29),http://www.mohrss.gov.cn/fgs/syshehuibaoxianfa/201202/t20120229_28563.html.

② 《MBA 智库"生育保险"条目》(2016-08-02),https://wiki.mbalib.com/wiki/%E7%94%9F%E8%82%B2%E4%BF%9D%E9%99%A9。

4. 生育保险的报销条件及待遇

（1）生育保险的报销条件①。

①用人单位已经缴纳生育保险费。

②是用人单位的职工。

生育保险的报销条件具体以当地政策为准，以北京为例：A.分娩前用人单位连续为其缴费满9个月以上，若参保职工分娩前连续缴费不足9个月，分娩之月后连续缴费满12个月的，职工的生育津贴由生育保险基金予以补支；B.当地人社局要求的其他条件。

职工未就业配偶按照国家规定享受生育医疗费用待遇，所需资金从生育保险基金中支付。

（2）生育保险的保险待遇。

生育保险待遇②（见表4-3）包括生育医疗费用和生育津贴。其中，生育医疗费用包括女职工因怀孕、生育产生的检查费、接生费、手术费、住院费、药费和计划生育手术费。生育津贴是指根据国家法律、法规规定对职业妇女因生育休产假而离开工作岗位期间，给予的生活费用，是工资收入的替代。因此，在实行生育保险社会统筹的地区，由生育保险基金按本单位上年度职工月平均工资的标准支付，支付期限一般与产假期限相一致，期限不少于90天。需要注意的是，在2012年发布的《女职工劳动保护特别规定》里，详细规定了产假范围为：女职工生育享受98天产假，其中产前可以休假15天；难产的，应增加产假15天；生育多胞胎的，每多生育1个婴儿，可增加产假15天。女职工怀孕未满4个月流产的，享受15天产假；怀孕满4个月流产的，享受42天产假。

表4-3　　　　　　　　　　生育保险待遇的具体内容

生育医疗费用	生育的医疗费用；
	计划生育的医疗费用；
	法律、法规规定的其他项目费用
生育津贴	女职工生育享受产假；
	享受计划生育手术休假；
	法律、法规规定的其他情形

---

① 北京市人力资源和社会保障局：《全职太太生育可享啥待遇》（2016-02-26），http://rsj.beijing.gov.cn/xwsl/mtgz/201912/t20191206_935975.html。

② 全国人大常委会法工委、国务院法制办、人力资源和社会保障部：《中华人民共和国社会保险法释义（二）》（2012-08-15），http://www.mohrss.gov.cn/fgs/syshehuibaoxianfa/201208/t20120815_28576.html。

第二节 社会保险实务操作要点①

一、社会保险基本流程②

(一)社会保险登记流程

根据《关于全面贯彻落实"五证合一、一照一码"登记制度改革的通知》要求,北京市自 2016 年 9 月 26 日起执行"五证合一、一照一码"登记制度。工作流程如下:

(1)工商行政管理部门受理企业注册登记申报,核发新营业执照,进行社会保险相关业务告知,按日将社会保险登记所需的工商注册登记信息(以下简称注册信息)及变更注册信息推送至数据交互平台;

(2)社会保险信息系统按日接收注册信息,包括:统一社会信用代码、名称、类型、企业登记机关、开业(设立)日期、住所、经营范围、法定代表人信息(姓名、身份证件类型、身份证件号码、固定电话、移动电话)、登记状态,完成企业相应的社会保险信息登记;

(3)企业持新营业执照到北京市社会保险合作银行办理开户手续,按照"银行缴费"方式,签订银行缴费协议书。原"社保缴费"方式对于企业不再启用。

2016 年 9 月 26 日至 2017 年 9 月 30 日之间注册成立的企业,暂用企业统一社会信用代码的前 2 位和后 10 位代码组合,作为临时的社会保险登记号。

2019 年下半年,为了让开办企业更加省心省事,北京市开通了网上企业开办平台"e 窗通"(网址为:https://ect.scjgj.beijing.gov.cn/index)。企业开办、员工参保登记可通过"e 窗通"平台,或者通过"北京市社会保险网上服务平台"录入相关信息后,实现即时生效,无需审核。

北京市单位办理社会保险登记及变更、转移等手续的网站为北京市社会保险网上服务平台(网址为:http://rsj.beijing.gov.cn/csibiz)。个人查阅自己个人缴费情况及个人账户缴纳情况通过登录北京市社会保险网上服务平台(网址为:http://rsj.beijing.gov.cn/csibiz)便可以查询。

通过跨部门信息共享,北京企业及员工参保登记实现"全程网上办理",社保经办机构也不再收取相关纸介材料。全面取消纸介社会保险缴费协议,改为网上办理参保

---

① 本要点下所有内容均以北京市为例。
② 北京市人力资源和社会保障局:《北京市社会保险网上服务平台办事指南》(发表更新日期不详),http://fuwu.rsj.beijing.gov.cn/csibiz/home/static/catalogs/catalog_74400/74400.html。

登记时同步签订电子协议。

（二）社会保险变更流程

1. 单位名称变更

用人单位登录北京市社会保险网上服务平台，单位用户登录后进入单位基本信息变更模块，录入需要修改的信息，保存、提交并打印《北京市社会保险单位信息变更登记表》（见表4-4），持办理材料到社会保险经办机构办理。

表4-4　　　　　　　　北京市社会保险单位信息变更登记表

填报单位（公章）：

组织机构代码：

社会保险登记证编码：

变更时间	变更项目	变更后内容

备注：请参保单位提供相关的变更证明材料。

单位负责人：　　　　　　　　　　社保经（代）办机构经办人员（签章）：

单位经办人：

填报日期：　　年　月　日　　　　办理日期：　　年　　月　　　日

2. 单位信息变更

（1）方式一：网上申报（推荐）。

用人单位登录北京市社会保险网上服务平台，单位用户登录后进入单位基本信息变更模块，录入需要修改的信息，保存、提交并打印《北京市社会保险单位信息变更登记表》，按网页说明，需到社会保险经办机构审核的项目，持办理材料到社会保险经办机构办理。

（2）方式二：企业版软件。

用人单位通过企业版软件进行单位信息修改并保存，打印《北京市社会保险单位信息变更登记表》，通过数据交换生成报盘文件，存入 U 盘，并持办理材料到社会保险经办机构办理。

（三）人员增减流程

1. 新参保人员增员

（1）方式一：通过"e 窗通"登记人员信息。

北京市企业开办"e 窗通"服务平台已将社会保险登记作为服务事项纳入，与企业开办环节实现网上"一窗办理"。企业通过北京市市场监管局"e 窗通"在办理企业注册的同时，可办理单位和职工的社会保险登记，实现"一网通办"。

（2）方式二：通过北京市社会保险网上服务平台办理（全程网上办理无需审核）。

参保单位（企业）在市场监管局取得电子营业执照后，可以使用电子营业执照登录"网上服务平台"办理社保业务。

参保单位（非企业）可以使用"北京一证通"数字证书登录"网上服务平台"办理社保业务。

参保单位登录社保网上平台，通过"申报业务"中的"新参保人员登记申报"模块，按要求录入相关信息，并上传职工一寸白底电子彩照后保存提交，通过"查询管理"中的"申报信息状态查询"模块查询职工登记信息是否导入成功，具体步骤如下：

①登录北京市社会保险网上服务平台，点击左侧功能列表中的【新参保人员登记申报】项，进入新参保人员增加申报页面，见图 4-1。

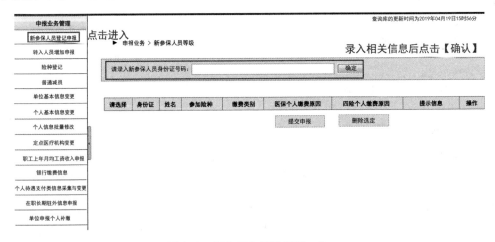

图 4-1　新参保人员增员第一步

②录入身份证号后点击确定,进入新参保人员个人信息登记页面,录入新参保人员基本信息(蓝色项必填),见图4-2。

▶ 申报业务 > 新参保人员登记

北京市五险一金个人信息采集(蓝色项必填)

该电子照片用于制作社会保障卡,应符合格式要求:本人近期一寸、正面、免冠、彩色、白底、服装与背景的颜色反差要大的电子照片,jpg格式,宽度:358像素,高度:441像素;文件不小于9KB,不大于20KB

参加险种 □基本养老保险 □失业保险 □工伤保险 □生育保险 □基本医疗保险

姓名 ☐ 公民身份证号码(社会保障号码) ▨▨▨▨

电子照片

性别 男 出生日期 1988-01-01

民族 汉族 国家/地区 中国

照片裁剪方法详见帮助

个人身份 请选择个人身份 参加工作日期 🗓 浏览 上传

户口所在区街乡 ☐ 配置户口所在区县乡 清除 缴费人员类别 ------请选择缴费人员类别------

户口所在地地址 ☐ 户口所在地邮政编码 ☐

居住地(联系)地址 ☐ 居住地(联系)邮政编码 ☐

获取对账单方式 网上查询 电子邮件地址 ☐ 文化程度 请选择文化程度

选择邮寄社会保险对账单地址 -请选择省份- 对账单地址邮政编码 ☐

参保人电话 ☐ 参保人手机 ☐ 申报月均工资收入(元) ☐

委托代发银行名称 ----委托代发银行名称---- 委托代发银行账号 ☐

户口性质 ☐ 医疗参保人员类别 ☐

定点医疗机构1 ☐ 配置定点医疗机构1 清除

定点医疗机构2 ☐ 配置定点医疗机构2 清除

定点医疗机构3 ☐ 配置定点医疗机构3 清除

定点医疗机构4 ☐ 配置定点医疗机构4 清除

定点医疗机构5 ☐ 配置定点医疗机构5 清除

个人附属信息(根据个人实际情况填写)

婚姻状况 -请选择婚姻状况-- 特殊标识 无

联系人姓名 ☐ 联系人电话 ☐

北京市工作居住证编码 ☐ 有效截止日期 🗓

农转工补缴单位名称 ☐ 批准征地日期 🗓

农转非类别 -请选择农转非类别-

医保个人缴费原因 请选择医保个人缴费原因 四险个人缴费原因 请选择四险个人缴费原因

保存 提交 返回

图4-2 新参保人员增员第二步

③点击【浏览】选择参保人电子照片,见图4-3。

④选择参保人电子照片,点击【打开】,见图4-4。

⑤点击【确定】,确认完成照片上传,见图4-5。

⑥点击【上传】,上传电子照片,见图4-6。

⑦显示参保人电子照片,即成功上传电子照片,见图4-7。

⑧若电子照片不符合格式要求,点击【上传】后将出现红字提示出错原因,需要重新点击【浏览】选择电子照片上传,见图4-8。

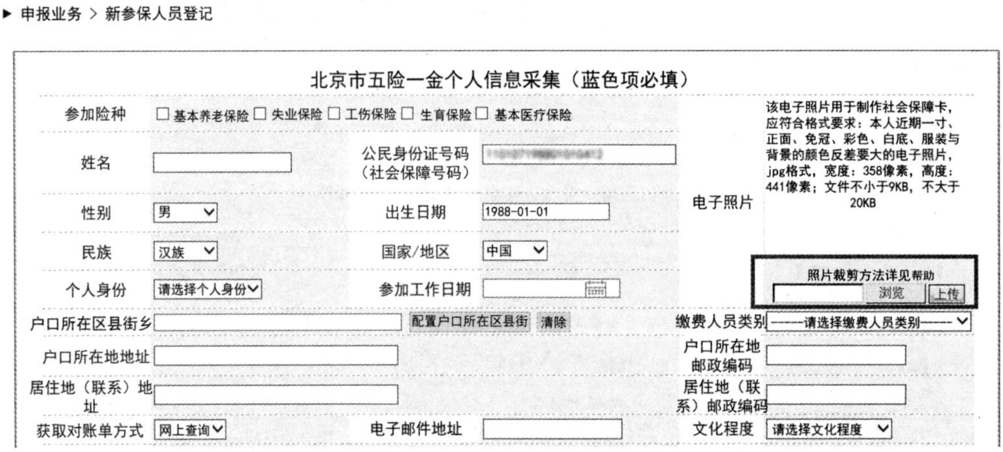

▶ 申报业务 ＞ 新参保人员登记

图 4-3　新参保人员增员第三步

图 4-4　新参保人员增员第四步

⑨新参保人员基本信息录入完毕之后,点击【保存】或【提交】,见图 4-9。

⑩确认提交新参保人员信息,确认无误后点击【确认提交】按钮进行申报,见图4-10。

⑪查看实时申报反馈结果,新参保人员登记申报成功并下载《新发与补(换)社会保障卡领卡证明》,见图 4-11。

2. 普通增员

(1)方式一:社会保险网上服务平台(推荐)。

参保单位(企业)使用电子营业执照登录社保网上平台在"申报业务管理"模块点

来自网页的消息
请点击上传按钮完成照片上传。
确定

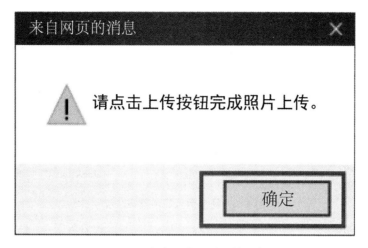

图 4-5　新参保人员增员第五步

▶ 申报业务 > 新参保人员登记
北京市五险一金个人信息采集（蓝色项必填）
参加险种
基本养老保险
失业保险
工伤保险
生育保险
基本医疗保险
该电子照片用于制作社会保障卡，应符合格式要求：本人近期一寸、正面、免冠、彩色、白底、服装与背景的颜色反差要大的电子照片，jpg格式，宽度：358像素，高度：441像素；文件不小于9KB，不大于20KB
姓名
公民身份证号码
（社会保障号码）
电子照片
性别
男
出生日期
1988-01-01
民族
汉族
国家/地区
中国
照片裁剪方法详见帮助
个人身份
请选择个人身份
参加工作日期
浏览
上传
户口所在区县街乡
配置户口所在区县街
清除
缴费人员类别
请选择缴费人员类别
户口所在地地址
户口所在地邮政编码
居住地（联系）地址
居住地（联系）邮政编码

图 4-6　新参保人员增员第六步

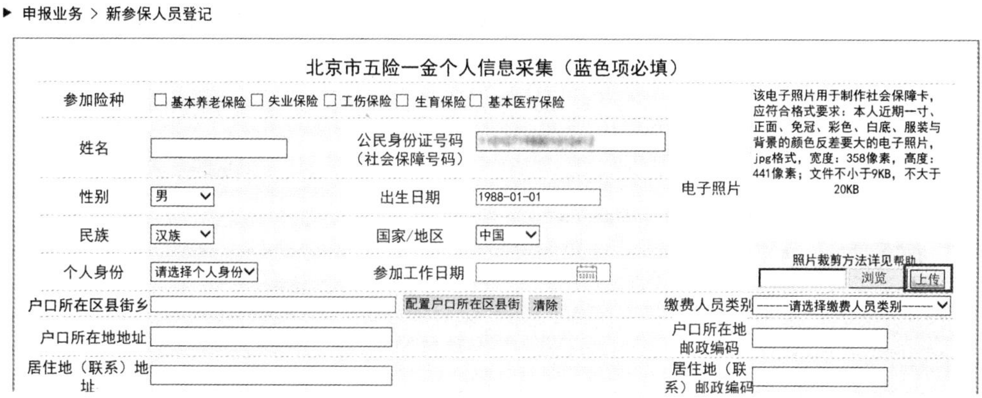

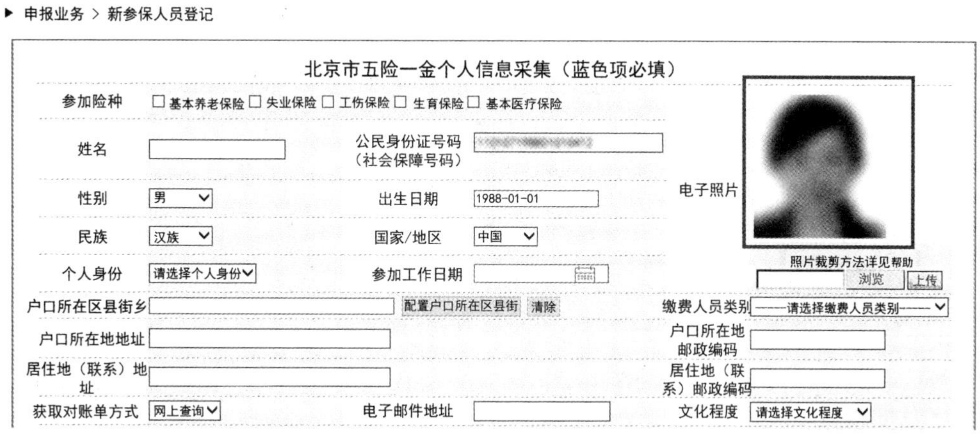

▶ 申报业务 > 新参保人员登记
北京市五险一金个人信息采集（蓝色项必填）
参加险种
基本养老保险
失业保险
工伤保险
生育保险
基本医疗保险
姓名
公民身份证号码
（社会保障号码）
电子照片
性别
男
出生日期
1988-01-01
民族
汉族
国家/地区
中国
照片裁剪方法详见帮助
个人身份
请选择个人身份
参加工作日期
浏览
上传
户口所在区县街乡
配置户口所在区县街
清除
缴费人员类别
请选择缴费人员类别
户口所在地地址
户口所在地邮政编码
居住地（联系）地址
居住地（联系）邮政编码
获取对账单方式
网上查询
电子邮件地址
文化程度
请选择文化程度

图 4-7　新参保人员增员第七步

击“转入人员增加申报”—“普通增员”，录入调入职工信息，系统自动反馈办理结果，单位无须到经办机构窗口办理。

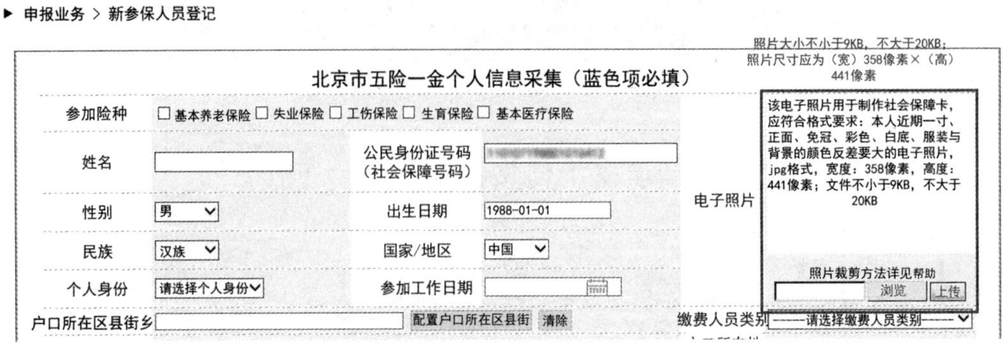

▶ 申报业务 ＞ 新参保人员登记

北京市五险一金个人信息采集（蓝色项必填）

照片大小不小于9KB，不大于20KB；
照片尺寸应为（宽）358像素×（高）
441像素

参加险种　□基本养老保险 □失业保险 □工伤保险 □生育保险 □基本医疗保险

姓名　　　　　　　　　　　公民身份证号码
　　　　　　　　　　　　　（社会保障号码）

性别　　男▼　　　　　　　出生日期　　1988-01-01

民族　　汉族▼　　　　　　国家/地区　　中国▼

个人身份　请选择个人身份▼　　参加工作日期

电子照片

该电子照片用于制作社会保障卡，
应符合合格式要求：本人近期一寸、
正面、免冠、彩色、白底、服装与
背景的颜色反差要大的电子照片，
jpg格式，宽度：358像素，高度：
441像素；文件不小于9KB，不大于
20KB

照片裁剪方法详见帮助
〔　　　　　　　〕浏览　上传

户口所在区县街乡　　　　　　　　　　配置户口所在区县街　清除　　缴费人员类别　----选择缴费人员类别----▼

图4-8　新参保人员增员第八步

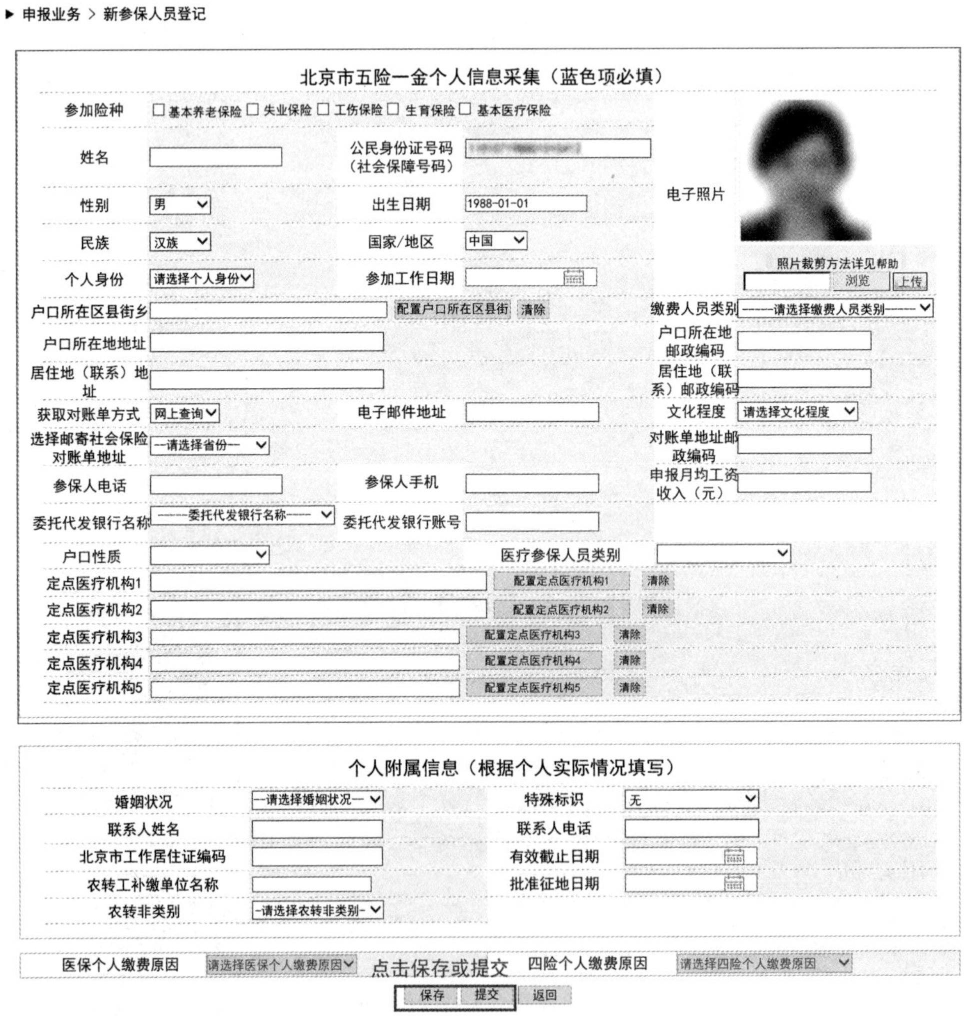

▶ 申报业务 ＞ 新参保人员登记

北京市五险一金个人信息采集（蓝色项必填）

参加险种　□基本养老保险 □失业保险 □工伤保险 □生育保险 □基本医疗保险

姓名　　　　　　　　　　　公民身份证号码
　　　　　　　　　　　　　（社会保障号码）

性别　　男▼　　　　　　　出生日期　　1988-01-01

民族　　汉族▼　　　　　　国家/地区　　中国▼

个人身份　请选择个人身份▼　　参加工作日期

电子照片

照片裁剪方法详见帮助
〔　　　　　　　〕浏览　上传

户口所在区县街乡　　　　　　　　　　配置户口所在区县街　清除　　缴费人员类别　----请选择缴费人员类别----▼

户口所在地地址　　　　　　　　　　　　　　　　　　　　　　　户口所在地邮政编码

居住地（联系）地址　　　　　　　　　　　　　　　　　　　　居住地（联系）邮政编码

获取对账单方式　网上查询▼　　电子邮件地址　　　　　　　文化程度　请选择文化程度▼

选择邮寄社会保险对账单地址　-请选择省份-▼　　　　　　　对账单地址邮政编码

参保人电话　　　　　　　　参保人手机　　　　　　　　　　申报月均工资收入（元）

委托代发银行名称　----委托代发银行名称----▼　委托代发银行账号

户口性质　　　　　　　　▼　　　医疗参保人员类别　　　　　　　　▼

定点医疗机构1　　　　　　　　　　　配置定点医疗机构1　清除

定点医疗机构2　　　　　　　　　　　配置定点医疗机构2　清除

定点医疗机构3　　　　　　　　　　　配置定点医疗机构3　清除

定点医疗机构4　　　　　　　　　　　配置定点医疗机构4　清除

定点医疗机构5　　　　　　　　　　　配置定点医疗机构5　清除

个人附属信息（根据个人实际情况填写）

婚姻状况　-请选择婚姻状况-▼　　　　特殊标识　无▼

联系人姓名　　　　　　　　　　　　　联系人电话

北京市工作居住证编码　　　　　　　　有效截止日期

农转工补缴单位名称　　　　　　　　　批准征地日期

农转非类别　-请选择农转非类别-▼

医保个人缴费原因　请选择医保个人缴费原因▼　点击保存或提交　四险个人缴费原因　请选择四险个人缴费原因▼

〔保存〕〔提交〕〔返回〕

图4-9　新参保人员增员第九步

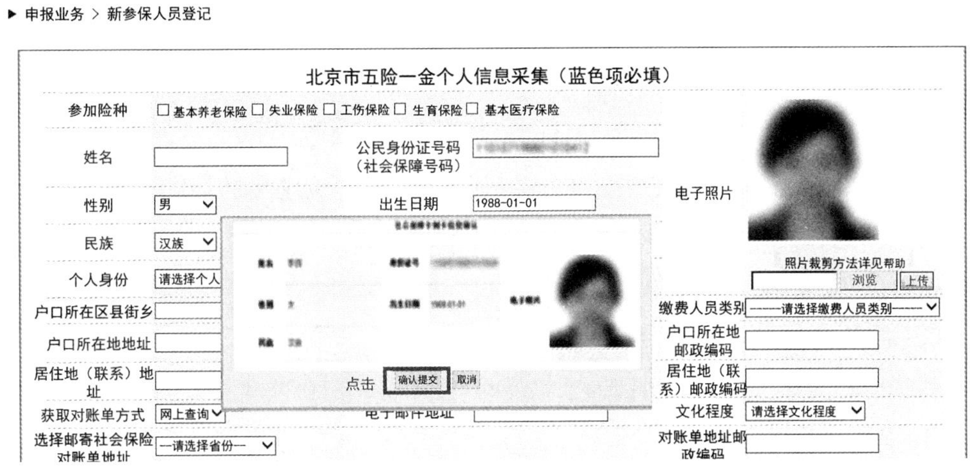

▶ 申报业务 > 新参保人员登记

图 4-10　新参保人员增员第十步

申报业务 〉 新参保人员登记 〉

您在2019-06-22申报的交易流水号为20190622292978504的业务导入成功，
请点击此链接获取《新发与补（换）社会保障卡领卡证明》

返回

图 4-11　新参保人员增员第十一步

参保单位(非企业)使用"北京一证通"数字证书登录社保网上平台在"申报业务管理"模块点击"转入人员增加申报"—"普通增员"，录入调入职工信息，系统自动反馈办理结果，单位无须到经办机构窗口办理。

(2)方式二:社保企业版申报。

用人单位通过企业版软件录入职工个人基本信息并保存，通过个人变更登记办理增员，保存并打印《北京市社会保险参保人员增加表》，通过数据交换生成报盘文件，存入U盘，并持办理材料到社会保险经办机构办理。

3. 普通减员

(1)方式一:北京市社会保险网上服务平台(推荐)。

用人单位通过单位用户登录北京市社会保险网上服务平台，进入普通减员模块，输入职工身份证号码、姓名，办理减员，保存、提交，系统自动反馈处理结果，并留存相关证明材料。

(2)方式二:北京市社会保险信息系统企业管理子系统。

用人单位通过个人变更登记办理减员，保存并打印《北京市社会保险参保人员减少表》，通过数据交换生成报盘文件，存入U盘，并持办理材料到社会保险经办机构办理。

（四）社会保险补缴流程

1. 单位申报个人补缴

（1）申请条件。

因用人单位原因造成职工未缴纳社会保险费，用人单位应为职工办理补缴业务。

（2）申请材料。

①单位"营业执照"复印件。

②《北京市补缴基本养老保险费申办单》。

③《北京市社会保险补缴明细表》（表四）（报表一式三份并加盖公章）。

④《基本医疗保险基金补缴情况表》（表十）（报表一式三份并加盖公章）。

⑤"北京市社会保险信息系统企业管理子系统"报盘生成数据文件的 U 盘。

⑥工资支付凭证原件。

⑦劳动合同原件。

（3）办事流程。

①用人单位通过社会保险经办机构或北京市社会保险网上服务平台下载用人单位及职工相关参保信息并导入本地"北京市社会保险信息系统企业管理子系统"。

②用人单位通过"北京市社会保险信息系统企业管理子系统"录入补缴明细。

③用人单位补缴录入完成，导出补缴报盘文件并打印出《北京市社会保险补缴明细表》（详见表4-5）和《基本医疗保险补缴情况表》（详见表4-6）各一式三份，加盖公章。

表 4-5 　　　　　　　　　　北京市社会保险费补缴明细表

北京市社会保险费补缴明细表（表四）

报表日期：　年　月

组织机构代码：　　　　　　单位名称（章）：

补缴原因（一）：A、自查补缴 B、稽核补缴 C、审计补缴 D、监察补缴 E、其他 　　　　　（按表下说明1中要求进行划 √）

补缴原因（二）：1、新参保单位补缴 2、个人补缴 3、补缴基数差额 4、月报补缴 5、个体工商户 6、自由职业者 7、农转居补缴 8、其他

序号	电脑序号	公民身份号码	姓名	年度	单位缴费基数	职工月缴费基数	补缴起止时间	月数	养老保险						失业保险					工伤保险			生育保险			合计
									小计	单位缴费		个人划转	利息		小计	单位缴费	个人缴费	小计	滞纳金	单位缴费	个人缴费	小计	滞纳金	单位缴费	滞纳金	
										统筹基金	单位划转		单位划转	个人缴费												
1	2	3	4	5	6	7	8	9	10	11	12	13	14	15	16	17	18	19	20	21	22	23	24	25	26	27=10+17+21+24
本页合计							——	——																		
累计							——	——																		

单位负责人：　　　　　填报人：　　　　　联系电话：　　　　　填报日期：　年　月　日

说明：1、此表应按补缴原因分类填写。两类原因必须选择，同类原因只允许选择一项，一式两份。

2、养老保险96年1——6月和7——12月分行填写。

3、同一缴费年度月缴费基数、以及缴费比例不一致的，以及缴费基数封顶保底不一致的，分行填写，其外每年度按行填写。

4、此表中的利息与滞纳金栏目，单位不填。由社保经代办机构计算机系统自动生成后由单位确认。

5、10栏=11栏+12栏+13栏+14栏+15栏+16栏；17栏=18栏+19栏+20栏；21栏=22栏+23栏；24栏=25栏+26栏。

6、此表按险种分行填写。

表 4-6　　　　　　　　　　北京市基本医疗保险基金补缴情况表

基本医疗保险基金补缴情况表（表十）

年　月

单位名称（公章）：　　　　　　　　　　　　　　　　　　　　经济（单位）类型：

社会保险登记证编号：　　　　　　　　　　　　　　　　　　隶属关系：　　　　　　　　　　单位：人、元、角、分

序号	姓名	公民身份号码	性别	缴费人员类别	享受公务员医疗补助待遇标识	补缴原因	补缴起止时间	月数	职工缴费工资基数	应缴金额合计	个人应缴金额合计	其中		单位应缴金额合计	其中		
												基本医疗基金应缴	大额互助资金应缴		基本医疗基本应缴	大额互助资金应缴	公务员补助资金应缴
甲	乙	丙	丁	戊	己	庚	辛	壬	癸	1=2+5	2=3+4	3	4	5=6+7	6	7	8
累计		——	——	——	——	——	——										

单位经办人：　　　　　　　　　　　　　　　　　　　　社保经办机构申报岗：

单位负责人：　　　　　　　　　　　　　　　　　　　　社保经办机构（盖章）：

填表日期：　　　　年　月　日　　　　　　　　　　　核审日期：　　　　年　月　日

填表说明：1.此表由用人单位填报两份，经社保经办机构审核后，用人单位与社保经办机构申报岗各留存一份。

2.在"补缴原因"栏内，请按照以下分类填写代码：

101、一般基金　　　103、劳动监察补基金　105、法院裁决补基金　201、一般补基数　　　203、劳动监察补基数　205、法院裁决补基数　301、工龄年限补缴　303、账户回收补

102、社保稽核补基金　104、专项审计补基金　106、劳动仲裁补基金　202、社保稽核补基数　204、专项审计补基数　206、劳动仲裁补基数　302、调转延时补缴　304、其他基金补

3.如果某一参保人员在进行补缴时涉及两个（含两个）以上缴费工资基数的须分栏填写其补缴情况。

④职工在参保期间，因工作单位变动等原因中断社会保险关系需补缴近三个月社会保险费时，用人单位可直接通过"北京市社会保险信息系统企业管理子系统"报盘，并打印相关补缴明细表进行申报。补缴超过三个月以上社会保险费的，需要用人单位提供补缴期间与职工存在劳动（聘用）关系的证明、工资收入凭证，其中人力资源和社会保障行政部门审批的养老保险补缴还需携带相关审批材料。

2. 单位月报补缴

用人单位直接到社保经办机构申请办理月报补缴并缴费。

（五）单位账户注销流程

1. 北京市过去情况①

用人单位解散、破产、撤销、合并、注销、吊销营业执照后，可携带相关材料到社保中心办理注销社会保险登记业务。社会保险登记注销后，用人单位将无法办理社会保险的任何业务，并且无法恢复原社会保险登记。

用人单位社会保险登记注销材料具体如下：

（1）社会保险登记书面申请（其中必须包含确认本单位职工所有社会保险待遇均已支付到位且无历史欠费记录等内容）；

（2）单位解散、破产、撤销、合并、注（吊）销营业执照等相关证明材料原件及复印件（如工商局出具的单位注销证明、上级单位或编制部门出具的事业单位批准撤销的批复文件等）；

---

① 北京市东城区社会保险网上服务平台：《单位社会保险注销服务指南》（2019-05-17），http://www.bjdch.gov.cn/n3159794/n3168007/n3168008/c5678232/content.html。

（3）单位最后一个缴费月的社保缴费单据原件及复印件；

（4）《社会保险登记证》原件；

（5）《北京市社会保险单位信息变更登记表》。

此外，办理业务时提供的表格及复印件均需加盖单位公章，表格中单位经办人、负责人及日期均需填写完整。若注销单位公章已被收回，无法在申报材料上加盖公章的，应提供工商局出具的《收缴公章证明》，并在加盖公章处加盖负责人名章。

2. 北京市最新情况

"五证合一"后，单位注销不需要到经办机构单独办理，单位户下已无正常缴费人员及享受待遇人员，可在执照注销同时通过数据交换一并处理。如有正常缴费人员，单位做减员后，经办机构可直接给予注销。

二、社会保险专项申报流程①

本要点下所有内容均以北京市为例。

（一）社会保险费缴费工资申报

1. 申请条件

用人单位应当按照社会保险经办机构公布的缴纳社会保险费的时间要求，如实以职工上一自然年度实发的工资总额的月平均工资，作为当年社会保险缴费工资申报的依据。

2. 办事流程

（1）方式一：北京市社会保险网上服务平台（网上申报）。

①用人单位通过单位用户登录北京市社会保险网上服务平台，进入"申报业务管理"一栏点击"职工上年月均工资收入申报"模块，按要求录入本用人单位职工的职工本人上年月均工资，已办理过"四险"和"医疗"缴费中断的职工可勾选"减员标识"不再申报缴费工资，用人单位须录入本用人单位所有职工的职工本人上年月均工资后才可提交。

②用人单位提交后可查询缴费工资申报结果，对于申报不成功的职工可查询不成功原因并重新申报。

（2）方式二："北京市社会保险信息系统企业管理子系统"申报（企业版）。

---

① 北京市人力资源和社会保障局：《北京市社会保险网上服务平台办事指南》（发表更新日期不详），http://fuwu.rsj.beijing.gov.cn/csibiz/home/static/catalogs/catalog_74400/74400.html。

①用人单位通过社会保险经办机构将用人单位及职工信息导入本地的"北京市社会保险信息系统企业管理子系统"中。

②用人单位通过"北京市社会保险信息系统企业管理子系统"录入本用人单位职工的缴费工资。

③用人单位通过"北京市社会保险信息系统企业管理子系统"导出职工上年度社会保险缴费工资电子报盘信息报送各社会保险经(代)办机构。

(二)社会保险异地转入/转出

1. 异地转入

(1)申请条件。

①职工需在本市正常参保,并至少有一个月的实际缴费账户信息。

②已达到待遇领取条件的,且待遇领取地为北京的职工。

③关于"临时账户"的规定。

根据国发〔2009〕66号文规定,男满50周岁、女满40周岁的职工,2010年1月1日后首次在非户籍地参加养老保险的,应在原参保地继续保留基本养老保险关系,新参保地所建立的账户为临时基本养老保险缴费账户(以下简称临时账户),按国家规定不转移基本养老保险关系。达到待遇领取条件时,应将临时账户中全部缴费本息转移归集到原参保地或待遇领取地。

(2)办理材料。

①企业转出的职工。

A.《基本养老保险参保缴费凭证》原件1份。

B.《基本医疗保障参保(合)凭证》原件1份。

②部队转出的未就业随军配偶。

A.军队后勤(联勤)机关财务部门开具的《未就业随军配偶养老保险参保缴费凭证》原件1份。

B.军队后勤(联勤)机关财务部门开具的《未就业随军配偶医疗保险参保缴费凭证》原件1份。

③临时账户保险关系归集至京的职工(本市户籍或待遇领取地为北京的职工)。

A.《临时基本养老保险缴费账户转移联系函》原件1份或《基本养老保险参保缴费凭证》原件1份。

B.《基本医疗保障参保(合)凭证》原件1份。

④军人退役养老保险接收。

A.军队后勤(联勤)机关财务部门开具的《军人退役养老保险参保缴费凭证》原件1份。

B.《军人退役养老保险关系转移接续信息表》原件1份。

(3)办事流程。

社保经(代)办机构对材料进行审核,确认无误后将根据不同业务需要,生成《联系函》,以后环节由两地社保经办机构联系直至办结。

(4)注意事项。

对于符合国家规定一次性缴纳养老保险费超过3年(含3年)的,转出地应向转入地提供人民法院、审计部门、实施劳动保障监察的行政部门或劳动争议仲裁委员会出具的具有法律效力证明一次性缴费期间存在劳动关系的相应文书。

2. 异地转出

(1)申请条件。

职工流动到外省市就业参保,且本市用人单位已申报减员。

(2)办理材料。

参保职工身份证或有效证件原件,他人代办的,需提供代办人身份证或有效证件原件和参保职工身份证或有效证件复印件。

(3)办事流程。

材料齐全的,社保经(代)办机构出具缴费凭证,职工凭缴费凭证到新就业地社保经办机构申请基本养老保险关系转入。以后环节由新就业地社保经办机构与本市社保经(代)办机构联系直至办结。

(4)注意事项。

①申请办理过社会保险关系转入本市的,其手续应全部办结成功。

②当月减员后申请办理社会保险关系转出的,需确认当月社保缴费已经记账后方可办理。

(三)失业保险金申领流程

1. 失业保险金申领

(1)受理条件。

具备下列条件的失业人员,可以领取失业保险金:①按照规定参加失业保险,所在单位和本人已按规定履行缴费义务满1年的。②非因本人意愿中断就业的。③已办理失业登记,并有求职要求的。

失业人员在领取失业保险金期间,按照规定同时享受其他失业保险待遇。

（2）办理材料。

包括《居民身份证》《就业失业登记证》和失业人员自选的代发银行开具的存折（卡）及复印件,办理申领失业保险待遇的其他材料。

（3）办理流程。

失业保险金申领流程如图 4-12 所示。

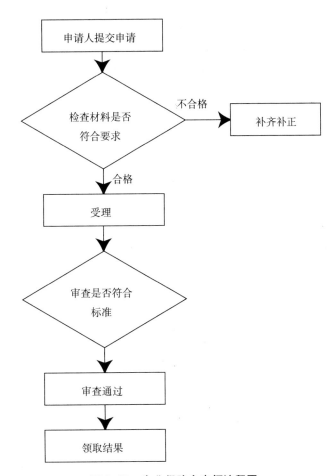

图 4-12 失业保险金申领流程图

失业人员自与用人单位终止、解除劳动关系（聘用关系）或个人委托存档人员与存档机构终止（中止）存档关系之日起 60 日内,持办理材料到户籍或常住所在地的社保所办理失业登记和申领失业保险金手续。失业人员在社保所办理申请领取失业保险金手续时,同时由社保所为其办理参加职工医保手续。

失业人员在领取失业保险金期间死亡的,其直系亲属于失业人员死亡后 60 日内持死亡证明、死者生前的《就业失业登记证》和领取人的《户口簿》《居民身份证》及复印件等材料,到社保所申领一次性丧葬补助金。有供养直系亲属的,持能够证明供养直系亲属的相关材料申领一次性抚恤金。

失业人员在领取失业保险金期间,应每月向社保所如实报告本人的求职经历、就业状态和培训等情况,履行申领失业保险金签字手续。未履行报告和申领手续的,按相关规定停发其失业保险金及其他失业保险待遇。

为保障失业人员的切身利益,用人单位与职工终止、解除劳动关系(聘用关系)、存档机构与个人终止(中止)存档关系之日起 15 日内,须持下列材料到职工、存档人员户籍或常住所在地区(县)失业保险经办机构办理失业保险待遇核定手续:①《居民身份证》《户口簿》复印件;②终止、解除劳动关系(聘用关系)的证明(辞职须有辞职证明材料)或终止(中止)存档关系证明;③核定失业保险待遇的其他材料。

失业人员在领取失业保险金期间,兴办企业或从事个体经营的,可持下列材料原件及复印件到社保所申请一次性领取失业保险金,办理个人就业登记:①《营业执照》副本。②《税务登记证》副本。③经营场地的产权证明或租赁协议。④《居民身份证》。⑤《就业失业登记证》。⑥失业期间参加创业培训后取得的《创业培训合格证书》。⑦《自谋职业、自主创业和灵活就业人员个人就业登记表》。

2. 申领一次性失业保险待遇

(1)办理条件。

用人单位与其招用的外埠城镇职工和农民合同制工人终止、解除劳动(聘用)或者工作关系时,参保职工可提出申请。

(2)办理材料。

待遇在京需领取的材料:①《外埠城镇人员和农民合同制职工失业保险待遇申领登记表》(见表 4-7)一式两份。②解除劳动(聘用)合同证明[内容包括:姓名、身份证号、解除时间(精确到年月日)、解除原因、本人签字、单位盖章]。

待遇转回原籍的材料:①《外埠城镇人员和农民合同制职工失业保险待遇申领登记表》一式两份。②《外埠城镇人员失业保险待遇划转信息表》(见表 4-8)一式三份。③解除劳动(聘用)合同证明[内容包括:姓名、身份证号、解除时间(精确到年月日)、解除原因、本人签字、单位盖章]。

(3)办理流程。

用人单位依据参保职工的申请,携带相关办理材料到参保地社会保险经(代)办机构支付岗办理待遇申领或待遇转回原籍的手续。

表4-7 外埠城镇人员和农民合同制职工失业保险待遇申领登记表

外埠城镇人员和农民合同制职工失业保险待遇申领登记表

组织机构代码:86****54　　　　　　　单位名称（章）：北京市**有限公司

单位填写项				
公民身份证号	姓名	性别	解除劳动合同时间	申领登记时间（年/月）
110**********7654	李**	男	2015/1/1	2015/2/1

个人申请

本人姓名__李**__，身份证号码_110**********7654__，户口性质_本市农村_（本市农村

、外埠农村、外埠城镇），于_2010年__01__月失业，现申请：

在京领取失业保险待遇（ ✓ ）

转回原籍领取失业保险待遇（　　　）

申请人签字：李**　　　　　联系电话：86****54

单位负责人：　刘*

单位填报人：　刘*　　　　联系电话：86****54　　社保经办人：

填报日期：2015 年02 月 10 日　　　　接收时间：　年　月　日

填表说明1.本表一式两份，经审核后，用人单位留存一份。社保经（代）办机构留存

2.此表为在京参保的外埠城镇人员和农民合同制职工专用，参保单位和个人

填写内容的真实有效性负责。

3.只有户口性质为"外埠城镇"的人员才能选择"转回原籍领取失业保险待

在办理此项业务时,单位还须提供《外埠城镇人员失业保险待遇划转信息表》。

（四）工伤认定与补助申请

1. 工伤认定流程

（1）工伤认定流程的实施依据。

①《工伤保险条例》(2010 年中华人民共和国国务院令第 586 号)。

②《工伤认定办法》(2010 年人力资源和社会保障部令第 8 号)。

③《北京市实施〈工伤保险条例〉若干规定》(2011 年北京市人民政府令 242 号)。

④关于印发《北京市工伤认定办法》的通知(京人社工发〔2011〕378 号)。

表 4-8   **外埠城镇人员失业保险待遇划转信息表**

外埠城镇人员失业保险待遇划转信息表

组织机构代码：   87****64   单位名称（章）：北京市**有限公司

姓名	李*	公民身份证号	132**********7654	性别	男	出生日期	1982.01.01
家庭住址		河北省**市**区**路		联系人	李**	电话	138****00
参保人户口所在省（市）、区（县）			河北省**市**区**路			邮政编码	1****0
转入单位		河北省（直辖市）邢台市**区劳动和社会保障局社保机构（盖章）		经办人	张*	联系电话	0319-87****89
转入单位开户全称				河北省邢台市**有限公司			
转入单位开户银行（行号）				河北省邢台市中国工商银行**支行			
转入单位开户行账号				0406**********575			

单位负责人：张*

单位填报人：王*   联系电话：   137****987   社保经办人：

填报日期：2015 年 01 月 01 日   接受时间：   年 月 日

填表说明：1. 此表适用于在京参保的外埠城镇职工。
　　　　　2. 本表一式三份，经审核后，用人单位留存一份，社保经（代）办机构业务和财务各留存一份。

（2）所需资料。

所需资料包括劳动关系证明、医疗诊断证明、《工伤认定申请表》和其他相关材料。

（3）办理流程。

工伤认定流程如图 4-13 所示。

2. 申领工伤保险伤残待遇流程

（1）申请条件。

本市行政区域内的用人单位，其参保职工发生伤亡事故后，经社会保险行政部门认定为工伤并经劳动能力鉴定委员会鉴定有伤残等级或护理等级的。

（2）办理材料。

《北京市工伤保险待遇申请表》（见表 4-9）。

（3）办事流程。

用人单位需携带上述材料前往参保地社会保险经（代）办机构支付岗办理待遇申领手续。

3. 申领工亡待遇流程

（1）申请条件。

本市行政区域内的用人单位，其参保职工发生伤亡事故后，经社会保险行政部门认定为因工死亡的。

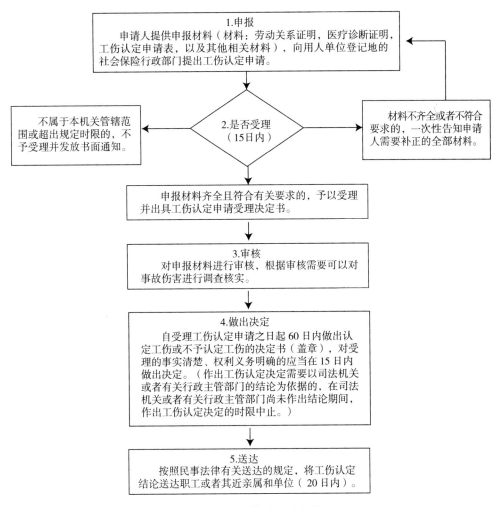

图 4-13　工伤认定流程图

（2）办理材料。

①《北京市工伤保险待遇申请表》。

②《工伤认定决定书》原件。

③被供养人身份证及户口簿原件。

（3）办事流程。

①用人单位携带上述材料①和②,前往参保地社会保险经(代)办机构支付岗办理待遇申领手续。

②如有被供养人员,还需要携带上述材料③,办理供养亲属抚恤金待遇申领手续。

4. 申领工伤职工异地就医交通食宿费待遇流程

（1）申请条件。

本市行政区域内的用人单位,其工伤职工在工伤医疗机构住院治疗受伤部位或职

表 4-9　　北京市工伤保险待遇申请表

北京市工伤保险待遇申请表

<table>
<tr><th colspan="6">用人单位信息</th></tr>
<tr><td>用人单位名称</td><td colspan="5">北京****公司</td></tr>
<tr><td>统一社会信用代码
（组织机构代码）</td><td colspan="2">911********021546</td><td>联系电话</td><td colspan="2">66****68</td></tr>
<tr><th colspan="6">工伤（工亡）人员信息</th></tr>
<tr><td>工伤（工亡）人员姓名</td><td colspan="2">李三</td><td>公民身份证号码（18位）</td><td colspan="2">110108********9863</td></tr>
<tr><td>发生工伤或
确定职业病时间</td><td colspan="2"></td><td>真实身份号码
或其他证件号码</td><td colspan="2"></td></tr>
<tr><td>工伤认定结论
通知书编号</td><td colspan="2"></td><td>伤残程度鉴定结论表号</td><td colspan="2"></td></tr>
<tr><td>伤残程度鉴定等级
（工亡人员不填此项）</td><td colspan="2"></td><td>护理依赖程度鉴定级别</td><td colspan="2"></td></tr>
<tr><td>解除或终止劳动关系
日期/死亡日期</td><td colspan="2"></td><td>联系电话</td><td colspan="2"></td></tr>
<tr><td>代发银行</td><td colspan="2"></td><td>委托代发银行账号</td><td colspan="2"></td></tr>
<tr><th colspan="6">供养亲属信息</th></tr>
<tr><td>供养亲属姓名</td><td>供养亲属身份证号
或其他证件号码</td><td>供养关系</td><td>代发银行</td><td>委托代发银行账号</td><td>联系电话</td></tr>
<tr><td></td><td></td><td></td><td></td><td></td><td></td></tr>
<tr><td></td><td></td><td></td><td></td><td></td><td></td></tr>
<tr><td></td><td></td><td></td><td></td><td></td><td></td></tr>
<tr><td></td><td></td><td></td><td></td><td></td><td></td></tr>
<tr><td></td><td></td><td></td><td></td><td></td><td></td></tr>
<tr><th colspan="6">申请待遇项目及支付方向</th></tr>
<tr><td>工伤伤残待遇</td><td colspan="3">☐ 一次性伤残补助金（1—10级工伤人员）
☐ 伤残津贴（1—4级工伤人员）
☐ 护理费（有护理依赖程度鉴定级别的人员）
☐ 一次性工伤医疗补助金（5—10级工伤人员）</td><td colspan="2">☐ 个人银行代发　☐ 单位发放</td></tr>
<tr><td>工亡待遇</td><td colspan="3">☐ 一次性工亡补助金（工亡人员）
☐ 丧葬补助金（工亡人员或1—4级死亡人员）</td><td colspan="2">☐ 个人银行代发　☐ 单位发放</td></tr>
<tr><td>供养亲属待遇</td><td colspan="3">☐ 供养亲属抚恤金（工亡人员或1—4级死亡人员）</td><td colspan="2">☐ 个人银行代发　☐ 单位发放</td></tr>
<tr><td colspan="6">说明：1．建筑业趸缴单位工伤（工亡）人员、供养亲属选择个人银行代发的，须填报此表中与之相关的“代发银行”和“委托代发银行账号”信息；2．除用人单位先期垫付待遇等特殊原因可选择“单位发放”外，均应选择“个人银行代发”。</td></tr>
<tr><td>承诺</td><td colspan="5">提供的材料和填报的内容均真实，如有不实。愿承担由此引起的相应法律后果。

申请人签字：　　　　　　　　　　（用人单位盖章）
申请日期：　　年　月　日</td></tr>
<tr><td>备注</td><td colspan="5"></td></tr>
</table>

业病时,因病情治疗需要到北京市以外的医疗机构治疗的,由工伤医疗机构出具转诊证明,经区医保部门同意备案的。

（2）办理材料。

①《北京市工伤保险异地交通食宿费待遇申领表》（见表4-10）。

②经医保部门审批的《跨统筹地区就医审批表》原件。

③异地交通费用票据、住宿费用发票和异地住院结算单据原件。

表 4-10 　　　　　北京市工伤保险异地交通食宿费待遇申领表

北京市工伤保险异地交通食宿费待遇申领表

组织机构代码：9111****1213　　　单位名称（章）：　　　　　　　填报日期：2019年07 月 26 日

姓名	李三	性别	男	公民身份号码	111*********002156	工伤认定时间		工伤证号	
工伤类型		伤残程度鉴定结论通知书时间		伤残等级	综合伤残程度鉴定时间			综合伤残程度鉴定等级	
异地就医交通食宿费									
审批时间			就医目的地			审批时限起		审批时限止	
	出发时间	出发地点	到达时间	到达地点	交通工具	单据张数	金额	交通费金额小计	
交通费单据明细	7.26	北京	7.26	河北	汽车	1	100		
住宿起始日期		住宿截止日期		住宿天数		住宿费	伙食补助费	食宿费金额小计	
异地就医交通食宿费合					申领相关待遇金额合计				
工伤职工本人签字：									

参保单位经办人签字：　　　　社保经（代）办机构业务签字：　　　　　　社保经（代）办机构（章）
　　　　　　　　　　　　　　业务复核签字：　　　　　　　　　　　　　年　月　日

（3）办事流程。

用人单位需携带上述材料前往参保地社会保险经（代）办机构支付岗办理待遇申领手续。

（五）生育津贴领取与生育保险报销

1. 核定生育津贴①

（1）申请材料。

申请材料见表4-11。

---

① 北京市人民政府：《核定生育津贴办事指南》,（发表更新日期不详）, http://banshi.beijing.gov.cn/pubtask/task/1/110102000000/91d72794-db4c-40ed-90cc-750648373140.html。

表 4-11　　　　　　　　　　北京市核定生育津贴所需材料表

序号	材料名称	材料来源	数量要求		介质要求
			原件	复印件	
（一）报表填报					
	《北京市申领生育津贴人员信息登记表》	申请人自备	2 份		表格类；纸质
（二）分娩人员					
1	《医学诊断证明书》		正本 1 份（正本原件仅供查验）	正本 1 份	结果文书类；纸质
2	非中文材料的《出生医学证明》和《医学诊断证明书》				
	翻译公司出具的翻译文件		正本 1 份	正本 1 份	结果文书类；纸质
	翻译公司营业执照副本	政府部门核发		1 份	结果文书类；纸质
3	不在本市长期居住的外埠户籍参保人员				
	《婚姻生育情况证明》		1 份（原件仅供查验）	1 份	结果文书类；纸质
（三）引、流产人员					
1	《结婚证》	政府部门核发	1 份（原件仅供查验）	1 份	结果文书类；纸质
2	《医学诊断证明书》		1 份（原件仅供查验）	1 份	结果文书类；纸质

（2）办理流程。

办理流程见图 4-14。

2. 生育保险大额医疗费用申报①

（1）申请条件。

参保人员持卡实时结算的住院费用，金额超过 5 万元。

（2）申请材料。

申请材料见表 4-12。

---

① 北京市人民政府：《生育保险医疗费用申报办事指南》，（发表更新日期不详），http://banshi.beijing.gov.cn/pubtask/task/1/110000000000/24e249e6-9565-11e9-8300-507b9d3e4710.html。

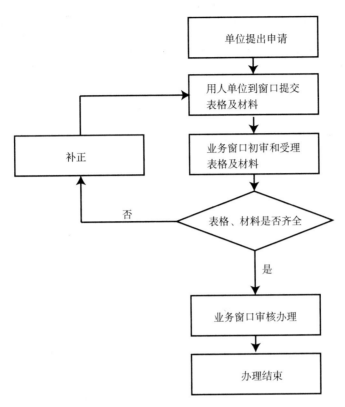

图 4-14　生育津贴核定流程

表 4-12　　　　　　　　北京市生育保险大额医疗费用申报所需材料表

序号	材料名称	材料来源	数量要求		介质要求	其他要求
			原件	复印件		
一	《北京市生育保险大额医疗费用审核单》	中介机构或法定机构产生	1 份	—	表格类；电子	—
二	北京市生育保险住院医院费用申报结算汇总单	中介机构或法定机构产生	1 份	—	表格类；电子	—
三	医院住院费用清单	中介机构或法定机构产生	1 份	—	文本类；电子	—
四	北京市医疗保险住院费用结算单（生育）	中介机构或法定机构产生	1 份	—	文本类；电子	—
五	收费票据	中介机构或法定机构产生	1 份	—	文本类；电子	—
六	《出院诊断证明》	中介机构或法定机构产生	—	1 份	文本类；电子	复印件
七	急诊证明（急诊未持卡患者提供，需明确入院途径为急诊入院）	中介机构或法定机构产生	1 份	—	文本类；电子	原件

（续表）

序号	材料名称	材料来源	数量要求		介质要求	其他要求
			原件	复印件		
八	申报计划生育费用提供《结婚证》复印件（申报计划生育费用提供）	政府部门核发	—	1份	文本类；电子	复印件
九	必要时提供：《生育服务证明》	政府部门核发	1份	—	文本类；电子	—
十	必要时提供：《医学出生证明》	中介机构或法定机构产生	—	1份	文本类；电子	复印件
十一	婴儿死亡或流产证明	中介机构或法定机构产生	—	1份	文本类；电子	复印件
十二	电子数据	中介机构或法定机构产生	—	—	其他；电子	1份（其他类材料）
申请材料总要求	通过医疗保险审核系统传输审核					

（3）办理流程。

办理流程见图4-15。

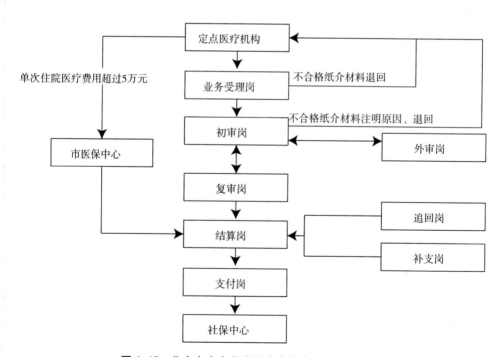

图4-15 北京市生育保险医疗大额费用申报流程图

3. 生育津贴申领①

以下内容以北京市西城区为例。

（1）申请材料填报。

用人单位登录北京市社会保险网上服务平台,通过"下载专区"—"表格下载"—"社会保险支付"—"生育保险各类表样"项下,下载、填写并打印《北京市申领生育津贴人员信息登记表》一式两份。

（2）分娩人员需要提供的材料。

①医疗机构出具的《医学诊断证明书》原件。

②非中文材料的《出生医学证明》和《医学诊断证明书》,需提供翻译公司出具的翻译文件。

③不在本市长期居住的外埠户籍参保人员,提供户籍所在地街道（乡镇）以上计划生育行政部门出具的《婚姻生育情况证明》（一年内有效）。

（3）引、流产人员需要提供的材料。

①《结婚证》原件。

②医疗机构出具的《医学诊断证明书》原件。

（4）温馨提示。

①如发放地点选择"银行代发",单位需先通过网申系统录入申领人的个人账户信息;

②非北京市分娩人员需提供《婴儿出生证明》原件。

（5）办理流程。

用人单位到社保经办机构提交材料后,领取《北京市申领生育津贴待遇核准表》并签字确认。

（6）待遇发放。

选择单位发放的,于申领次月中下旬收到生育津贴款项后应及时支付至申领职工本人;选择银行代发的,款项于次月中旬发放到申领人个人账户。

（六）符合法定退休条件人员的退休业务办理

1. 职工正常退休申请

（1）申请材料。

---

① 北京市西城区人民政府:《生育津贴申领办事指南》（2018-03-27）,https://www.bjxch.gov.cn/xcfw/shbz/xxxq/pnidpv741677.html。

申请材料如表4-13所示。

表4-13   北京市职工正常退休申请所需材料

序号	材料名称	材料来源	数量要求 原件	介质要求
一	北京市基本养老保险待遇核准表（见表4-14）	申请人自备	4份	文本类；纸质
二	退休申请(本人签字)	申请人自备	1份 （原件仅供查验）	文本类；纸质
三	职工档案	申请人自备	1份 （原件仅供查验）	文本类；纸质
四	外埠户籍人员需提供：户口簿（首页、本人页、变更页）	政府部门核发	1份 （原件仅供查验）	结果文书类；纸质
五	按非管理岗位退休的女职工还需：①劳动合同书；②岗位协议	申请人自备	1份 （原件仅供查验）	文本类；纸质

（2）办理流程。

办理流程见图4-16。

2. 职工提前退休申请

（1）申请条件。

①达到国家规定的退休年龄并办理相关手续的。

②按规定缴纳基本养老保险费累计缴费年限满15年的。

③申报办理特殊工种退休的，必须按照民主、公开的原则，将职工的姓名、出生年月、从事特殊工种的岗位及时间、企业名称、特殊工种备案以及本人的退休申请等情况予以公示，公示期一般应不少于10日。

A. 职工所在单位进行申报的，应在本单位内进行公示，涉及职工曾在其他单位从事特殊工种的，应在从事过特殊工种工作的原单位进行公示；由街道（镇）社会保障事务所和市、区(县)职业介绍服务中心、人才服务中心申报的，上述机构须在其办公场所进行公示，同时应在从事特殊工种的原单位进行公示。原单位由于破产、关闭、撤销等原因不存在的，由上级主管部门进行公示；无上级主管部门的，区(县)人力资源保障部门可以通过《北京劳动就业报》或市人力资源保障网等媒体予以公示。

B. 职工所在单位及上级主管部门应提交公示过程和内容的影像资料。公示结论须由申报单位及进行公示的单位负责人、工会组织负责人和劳资（人事）部门负责人签署意见并签字盖章。

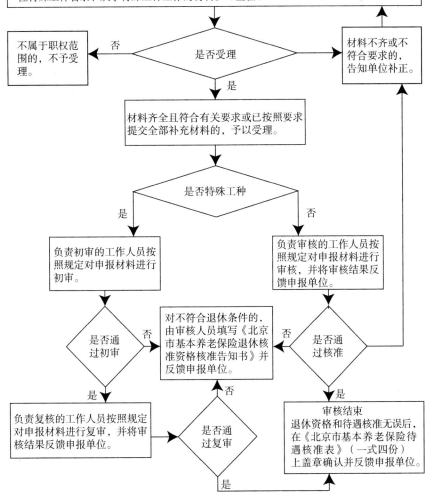

图4-16 北京市职工正常退休申请流程图

表4-14 北京市基本养老保险待遇核准表

单位名称： 编号：

姓名		社会保障号			
年龄		参保年月		退休类别	
性别		参保原因		工种性质	
民族		参加工作时间			
出生年月		退休时间		完全丧失劳动能力	

（续表）

户口性质			应缴费年度		劳动能力鉴定号	
职工身份			视同缴费年月		N 实 98 值	
专业技术职务			实际缴费年月		Z 实指数	
是否高级技师			逐缴年月		N 值（至 98 年 6 月缴费年限）	
个人账户储存额			全部缴费年月			
上年全口径平均工资						
183 号令办法			原 2 号令办法			
基础养老金	计发基数		基础养老金	计发基数		
	计发比例（%）			计发比例（%）		
	计发金额			计发金额		
个人账户养老金	计发月数		个人账户养老金	计发金额		
	计发金额		过渡性养老金	G＝(S×N×1%)×2.98		
过渡性养老金	G 视同		综合补贴	计发金额		
	G 实际		因病退休	减发比例		
	计发金额			减发金额		
养老金合计			养老金合计			
计发金额			计发金额			
过渡比例（%）			统筹支付金额			
参统单位申报意见		主管部门意见		退休核准部门意见		
签字（章）：		签字（章）：		起始支付年月 签字（章）：		
备注						

1. 本《退休核准表》一式六份，分别交由人力资源和社会保障退休核准部门、社保经（代）办机构、医保经办机构、申报单位（两份）和退休职工本人留存。2. 退休职工对退休核准结果不服的，可在 60 日内向本级人民政府或上一级人力资源和社会保障部门申请行政复议，或在六个月内向本机关所在地的人民法院提起行政诉讼。

版本号：5.1

  C. 负责职工档案管理的各类存档机构（含职业介绍服务中心、人事档案管理中心、社会保障事务所等，下同）应对从事特殊工种的职工建立特殊工种管理档案。

  D. 用人单位应将本单位的特殊工种名称、从事特殊工种的职工基本情况、从事特殊工种起止时间及岗位变动情况，及时做出完整记录予以存档，并将上述内容按 A 项的要求公示后，每年定期以纸介和电子文档方式向负责其退休核准的部门申报备案。

未按要求申报备案的,退休核准行政部门对其申报的特殊工种退休不予核准。

（2）申请材料。

申请材料见表4-15。

表 4-15　　　　　　　　　北京市职工提前退休申请所需材料

序号	材料名称	材料来源	数量要求 原件	介质要求
一	北京市基本养老保险待遇核准表	申请人自备	4份	文本类;纸质
二	特殊工种退休公示表	申请人自备	1份	文本类;纸质
三	退休申请(本人签字)	申请人自备	1份 （原件仅供查验）	文本类;纸质
四	职工档案	申请人自备	1份 （原件仅供查验）	文本类;纸质
五	在非管理岗位的女职工还需:①劳动合同书②岗位协议	申请人自备	1份 （原件仅供查验）	文本类;纸质
六	特殊工种提前退休职工:①经备案确认的本单位特殊工种名录②从事特殊工种工作的材料	申请人自备	1份	文本类;纸质
七	外埠户籍人员需提供:户口簿(首页、本人页、变更页)	政府部门核发	1份 （原件仅供查验）	结果文书类;纸质

（3）申请流程。

申请流程同北京市职工正常退休申请流程。

三、社会保险涉税处理

（一）社会保险涉及的个人所得税政策

1. 符合条件的"三险"可以作为专项扣除,在计算综合所得时在应纳税所得额中扣除

根据《个人所得税法》第六条第一款的规定,居民个人的综合所得,以每一纳税年度的收入额减除费用六万元以及专项扣除、专项附加扣除和依法确定的其他扣除后的余额,为应纳税所得额。

该规定的专项扣除,包括居民个人按照国家规定的范围和标准缴纳的基本养老保险、基本医疗保险、失业保险等社会保险费和住房公积金等(个人无须缴纳工伤保险和生育保险,因此,扣减的只有"三险")。需要注意的是,专项扣除不含单位缴纳的"五险"。

根据《财政部国家税务总局关于基本养老保险费基本医疗保险费失业保险费住房公积金有关个人所得税政策的通知》的规定,企事业单位按照国家或省(自治区、直辖市)人民政府规定的缴费比例或办法实际缴付的基本养老保险费、基本医疗保险费和失业保险费,免征个人所得税;个人按照国家或省(自治区、直辖市)人民政府规定的缴费比例或办法实际缴付的基本养老保险费、基本医疗保险费和失业保险费,允许在个人应纳税所得额中扣除。

企事业单位和个人超过规定的比例和标准缴付的基本养老保险费、基本医疗保险费和失业保险费,应将超过部分并入个人当期的工资、薪金收入,计征个人所得税。

2. 个人实际领取或支取"五险一金"时,如符合条件,可免征个人所得税

(1)基本养老保险金、基本医疗保险金、失业保险金和住房公积金。

根据《财政部国家税务总局关于基本养老保险费基本医疗保险费失业保险费住房公积金有关个人所得税政策的通知》第三条的规定,个人实际领(支)取原提存的基本养老保险金、基本医疗保险金、失业保险金和住房公积金时,免征个人所得税。

(2)生育保险性质的津补贴。

根据《财政部国家税务总局关于生育津贴和生育医疗费有关个人所得税政策的通知》的规定,生育妇女按照县级以上人民政府根据国家有关规定制定的生育保险办法,取得的生育津贴、生育医疗费或其他属于生育保险性质的津贴、补贴,免征个人所得税。

(3)工伤职工取得的工伤保险待遇。

根据《财政部国家税务总局关于工伤职工取得的工伤保险待遇有关个人所得税政策的通知》的规定,对工伤职工及其近亲属按照《工伤保险条例》规定取得的工伤保险待遇,免征个人所得税。上述工伤保险待遇,包括工伤职工按照《工伤保险条例》规定取得的一次性伤残补助金、伤残津贴、一次性工伤医疗补助金、一次性伤残就业补助金、工伤医疗待遇、住院伙食补助费、外地就医交通食宿费用、工伤康复费用、辅助器具费用、生活护理费等,以及职工因工死亡,其近亲属按照《工伤保险条例》规定取得的丧葬补助金、供养亲属抚恤金和一次性工伤死亡补助金等。

该通知自 2011 年 1 月 1 日起执行。对 2011 年 1 月 1 日之后已征税款,由纳税人向主管税务机关提出申请,主管税务机关按相关规定予以退还。

3. 个体工商户为业主和从业人员缴纳的符合条件的"五险一金"可在生产经营所得中扣除

根据《个体工商户个人所得税计税办法》第二十二条的规定,个体工商户按照国务院有关主管部门或者省级人民政府规定的范围和标准为其业主和从业人员缴纳的基本养老保险费、基本医疗保险费、失业保险费、生育保险费、工伤保险费和住房公积金,准予扣除。

个体工商户为从业人员缴纳的补充养老保险费、补充医疗保险费,分别在不超过从业人员工资总额5%标准内的部分据实扣除;超过部分,不得扣除。

个体工商户业主本人缴纳的补充养老保险费、补充医疗保险费,以当地(地级市)上年度社会平均工资的3倍为计算基数,分别在不超过该计算基数5%标准内的部分据实扣除;超过部分,不得扣除。

(二)社会保险涉及的企业所得税政策

1. 基本社会保险费和住房公积金

《中华人民共和国企业所得税法实施条例》(中华人民共和国国务院令第714号)第三十五条规定,企业依照国务院有关主管部门或者省级人民政府规定的范围和标准为职工缴纳的基本养老保险费、基本医疗保险费、失业保险费、工伤保险费、生育保险费等基本社会保险费和住房公积金,准予扣除。

2. 补充养老保险和补充医疗保险

《中华人民共和国企业所得税法实施条例》(中华人民共和国国务院令第714号)第三十五条规定,企业为投资者或者职工支付的补充养老保险费、补充医疗保险费,在国务院财政、税务主管部门规定的范围和标准内,准予扣除。

财政部、国家税务总局发布的《关于补充养老保险费补充医疗保险费有关企业所得税政策问题的通知》规定,自2008年1月1日起,企业根据国家有关政策规定,为在本企业任职或者受雇的全体员工支付的补充养老保险费、补充医疗保险费,分别在不超过职工工资总额5%标准内的部分,在计算应纳税所得额时准予扣除;超过的部分,不予扣除。

3. 特殊工种职工人身安全保险

《中华人民共和国企业所得税法实施条例》第三十六条规定,除企业依照国家有关规定为特殊工种职工支付的人身安全保险费和国务院财政、税务主管部门规定可以扣除的其他商业保险费外,企业为投资者或者职工支付的商业保险费,不得扣除。

4. 企业差旅费中的人身意外保险

《国家税务总局关于企业所得税有关问题的公告》第一条规定,企业职工因公出差乘坐交通工具发生的人身意外保险费支出,准予企业在计算应纳税所得额时扣除。

5. 退休人员的医疗保险

《财政部关于企业加强职工福利费财务管理的通知》规定,离退休人员统筹外费用,包括离休人员的医疗费及离退休人员其他统筹外费用,属于福利费用,计入福利费用扣除限额 14%范围内,不属于"五险一金"的企业所得税扣除范围。

四、社会保险常见问题

(一)综合常见问题

1. 断缴社会保险的后果(以北京市为例)

(1)如果不是北京户籍,需社保或者(个人所得)纳税缴满 5 年,才具有买房资格。如果社会保险断缴,则积攒的买房资格瞬间"清零",重新计算。

(2)买车摇号也与社会保险缴纳关联。非北京户籍人员参与购车摇号需持有北京市有效居住证,申请该证的要求是连续 5 年(含 5 年)以上在北京缴纳社会保险或个人所得税。

(3)根据北京最新的积分落户政策,申请人申请积分落户应同时符合下列条件:①持有本市居住证;②不超过法定退休年龄;③在京连续缴纳社会保险 7 年及以上;④无刑事犯罪记录。

(4)医疗保险断缴 3 个月,连续缴费年限重新计算。在中断缴纳医疗保险期间不能享受医疗保险待遇,中断医疗保险缴费不仅会影响全部缴费年限,中断缴费还有可能会造成不足累计年限的要求,导致无法按期享受医保福利。不过医疗保险自停缴之日起有 3 个月缓冲期,如果超过了这个期限则按连续缴费年限开始重新计算,因此,一定要关注医保停缴的时间,不能超过 3 个月。

2. 社会保险办理的生效时间

社会保险增(减)员大多是当月办理下月生效。也有当月生效的情况,例如,北京市增(减)员 25 日前办理是当月生效,25 日后办理则下月生效,单位相关职工办理员工离职应在员工离职当月及时办理社保减员,减员生效后,生效当月单位应缴纳社保费用即已减去离职员工部分。

各地政策和时间划分有不统一,具体需要咨询当地社保部门。

(二)社保卡常见问题

1. 一图看懂社保卡的申领和修改密码①

社保卡的申领和修改密码的流程,如图 4-17 所示。

---

① 中华人民共和国人力资源和社会保障部:《一图看懂社保卡如何申领和修改密码》(2017-09-12)。

如何申领社会保障卡

● 通过社会保障卡服务机构网点或者网上服务平台，向当地人力资源社会保障部门申领社会保障卡

● 通过用人单位、就读学校、以及社会保障卡服务银行提交申领办理资料并代为申领

社会保障卡的密码如何修改

社会保障应用密码

通过人力资源社会保障部门经办网点、自助服务设施或经过授权的其他服务网点办理

密码遗忘或连续多次输入错误造成锁卡的，需到人社部门进行解锁和密码重置

金融应用密码

通过合作商业银行网点、电话银行等渠道办理

密码遗忘或多次连续输入错误密码造成锁卡的，需到合作商业银行网点进行解锁和密码重置

图 4-17　社保卡如何申领和修改密码

（三）养老保险常见问题

1. 养老保险不是缴满 15 年就可以退休

并非缴满 15 年的养老保险就可以退休，还要满足退休年龄。以男性职工为例，正常情况下如果不到 60 岁，即使已经缴了 20 年养老保险，也暂不能退休。

2. 到达退休年龄时，职工养老保险缴费不满 15 年的补救措施：允许延长缴费至 15 年

根据《社会保险法》，出现该情况可以缴费至满 15 年，按月领取基本养老金；也可以转入新型农村社会养老保险或者城镇居民社会养老保险，按照国务院规定享受相应的养老保险待遇。

3. 养老保险断缴的后果

养老保险如果中途断缴了，是可以补续的，且不用重新计算累计缴交年限。但即便如此，也会影响到个人退休后的待遇。

相关政策规定，15 年的年限只是职工退休后，领取基本养老保险金的前提条件，间断缴费几年，基础养老保险金的计发比例就会少几个百分点，退休后享受的待遇自然也会下降。

4. 企业年金与养老金的区别

现在普遍所称的养老金是指基本养老保险，其与企业年金的主要区别就是前者是国家强制规定，后者只是国家鼓励建立。

5. 能一次性领取养老保险金的情形

（1）人员在达到退休年龄后，累计缴费不足 15 年，而且也没有将保险关系转入城乡居民养老保险，那么就可以申请终止职工基本养老保险关系。经本人书面确认后，社会保险经办机构会终止其职工基本养老保险关系，并将个人账户储存额一次性支付给本人。

（2）如果该人员丧失了中国国籍，那么他可以在离境时或者离境后书面申请终止职工基本养老保险关系。

（四）医疗保险常见问题

以下内容以北京市为例。

1. 社保定点医院变更要求①

如果属于城镇户口人员，在本市城镇企业工作，并缴纳了本市基本医疗保险费，依

---

① 北京市人力资源和社会保障局官网：《社保定点医院如何变更智能咨询》，（发表更新日期不详），http://www.beijing.gov.cn/jj/rsjrobot/。

据关于印发《北京市基本医疗保险参保人员就医管理暂行办法》的通知的规定,参保人员选择个人就医定点医疗机构满 1 年后要求变更的,可在每年 5 月提交书面申请,由用人单位汇总并填写《北京市医疗保险定点医疗机构登记表》,到所在区、县医疗保险事务经办机构办理有关手续。

2. 医保断缴处理

中断缴纳医疗保险期间,不但不能享受医疗保险待遇,而且个人累计的缴费年限会受到影响,中断缴费还有可能会造成个人不足累计年限的要求,无法按期享受医保福利。

医疗保险自停缴之日起有一般为 3 个月缓冲期,如果超过了这个期限,连续缴费年限开始重新计算。(1)补交社保要到本地的社会劳动保障局申请补交。一般情况下,普通单位只能做 3 个月的补交;(2)如果断保时间过长,由单位出具书面申请,陈述补交的事实及理由,向所属社会保险经办机构申请办理。需要准备:职工本人档案或合同书,录用审批表,或者存在事实劳动关系的有效证明等材料。最后带上公章,到当地社保局填写相关表格即可。

（五）工伤保险常见问题

1. 工伤认定的期限要求

《工伤保险条例》第十七条规定,职工发生事故伤害或者按照职业病防治法规定被诊断、鉴定为职业病,所在单位应当自事故发生之日或者被诊断、鉴定为职业病之日起 30 日内,向统筹地区社会保险行政部门提出工伤认定申请。遇有特殊情况,经报社会保险行政部门同意,申请时限可以适当延长。用人单位未按前款规定提出工伤认定申请的,工伤职工或者其近亲属、工会组织在事故发生之日或者被诊断、鉴定为职业病之日起 1 年内,可以直接向用人单位所在地统筹地区社会保险行政部门提出工伤认定申请。

2. 工伤死亡的认定标准

《工伤保险条例》第三章第十五条规定,工伤死亡的认定标准是:在工作时间和工作岗位,突发疾病死亡或者在 48 小时之内经抢救无效死亡的。

3. 因工外出的认定

(1)因工外出的区域"远近有别"。

因工外出的"外出"包括两层含义:一是指职工到本单位以外,但是还在本地范围内;二是指职工不仅离开了本单位,并且到外地去了。在第一种情况下,职工可以是受用人单位或领导指派,也可以是根据工作岗位性质要求或因职责需要自行到工作场所以外从事与工作职责有关活动。在第二种情况下,职工必须是受用人单位或领导指派的情形,如有会议通知、派工单等。

(2)因工外出的活动"公私有别"。

根据人社部和最高人民法院的有关规定,下列情形均属因工外出期间的活动:

①职工受用人单位指派或者因工作需要在工作场所以外从事与工作职责有关的活动。

②职工受用人单位指派外出学习或者开会等。

③职工因工作需要的其他外出活动。

职工因工外出期间,由于工作原因受到伤害,才可以认定工伤。这里的工作原因包括直接工作原因和间接工作原因。间接工作原因是指因工外出期间为解决必须的生理需要而受伤。

职工因工外出期间从事与工作或者与用人单位指派外出学习、开会无关的个人活动受伤,如在办私事,自行从事的餐饮、旅游观光、休闲娱乐等活动中受伤,不能认定为工伤。

(3)因工外出的时间"长短有别"。

一般情况下,因工外出期间应看作一个连续的整体。值得注意的是,《工伤保险条例》第十四条第(五)项的规定,仅适用于短期因工外出的情形。有些单位有职工长期外派,甚至长期境外工作的情况,不能机械地套用因工外出条款。对此,人社部关于执行《工伤保险条例》若干问题意见(二)规定,职工因工作原因驻外,有固定的住所、有明确的作息时间,工伤认定时按照在驻在地当地正常工作的情形处理。也就是说要按当地正常工作制度、正常上下班等情况分别认定,不能直接适用"因工外出期间"的规定。

(4)特别注意事项。

因工外出适用"工作原因"推定原则。因工外出期间情况特殊、情形复杂,没有证据否定职工因工外出期间受到的伤害与工作之间有必然联系的,在排除其他非工作原因后,应该认定为工作原因。这样规定是为了更好地保护因工外出职工的合法权益。

4. 工伤保险基金支付费用内容

根据《中华人民共和国社会保险法》第三十八条,因工伤发生的下列费用,按照国家规定从工伤保险基金中支付:

(1)治疗工伤的医疗费用和康复费用;

(2)住院伙食补助费;

(3)到统筹地区以外就医的交通食宿费;

(4)安装配置伤残辅助器具所需费用;

（5）生活不能自理的，经劳动能力鉴定委员会确认的生活护理费；

（6）一次性伤残补助金和一至四级伤残职工按月领取的伤残津贴；

（7）终止或者解除劳动合同时，应当享受的一次性医疗补助金；

（8）因工死亡的，其遗属领取的丧葬补助金、供养亲属抚恤金和因工死亡补助金；

（9）劳动能力鉴定费。

5. 工伤保险基金可先行支付情形

职工所在用人单位未依法缴纳工伤保险费，发生工伤事故的，由用人单位支付工伤保险待遇。用人单位不支付的，从工伤保险基金中先行支付，然后由用人单位偿还。用人单位不偿还的，社会保险经办机构可以依法追偿。

由于第三人的原因造成工伤，第三人不支付工伤医疗费用或者无法确定第三人的，由工伤保险基金先行支付。工伤保险基金先行支付后，有权向第三人追偿。

（六）失业保险常见问题

1. 停止享受失业保险待遇的情形

根据《北京市失业保险规定》要求，以下情形应停止享受失业保险待遇：（1）重新就业的；（2）应征服兵役的；（3）移居境外的；（4）享受基本养老保险待遇的；（5）被判刑收监执行或者被劳动教养的；（6）无正当理由，拒不接受劳动保障行政部门指定的职业介绍服务机构介绍的工作的；（7）有法律、行政法规规定的其他情形的。

2. 申领失业保险金的要求

《社会保险法》第五十条规定：用人单位应当及时为失业人员出具终止或者解除劳动关系的证明，并将失业人员的名单自终止或者解除劳动关系之日起15日内告知社会保险经办机构。失业人员应当持本单位为其出具的终止或者解除劳动关系的证明，及时到指定的公共就业服务机构办理失业登记。失业人员凭失业登记证明和个人身份证明，到社会保险经办机构办理领取失业保险金的手续。失业保险金领取期限自办理失业登记之日起计算。

（七）生育保险常见问题

1. 生育保险的转移

生育保险一般是不能转移的。同时不能转移的保险还包括工伤保险。但是养老保险和失业保险可以跨省转移，医疗保险可以转划。具体地区情况请参考当地人社局通知。

2. 全职妈妈可以报销医疗费的条件

在北京市,对于无业的全职妈妈,尚未纳入生育保险覆盖范围。虽然她们无法享受按月领生育津贴的待遇,但只要京籍无业的全职妈妈在职介、人才中心参加了医保,还是可以按规定报销生育当次的医疗费用。

在广东省,对于无业的全职妈妈,享受报销的条件为:(1)丈夫的生育保险需累计满1年;(2)妻子需要在未就业状态;(3)需在分娩、终止妊娠或者施行计划生育手术后1年内提出报销申请。

第三节 案例分析

一、劳动合同约定不缴社会保险费的合法性[①]

2018年4月,刘某等四人应聘到某公司,公司在待遇方面提出如果职工坚持要求办理社会保险的话,从职工工资中每月扣除300元。刘某等觉得还是多拿点工资好,至于办不办社会保险,也没什么关系。于是双方签订了3年的劳动合同,在合同中规定每月工资2 000元,对社会保险事宜公司不予负责。2019年12月,劳动保障部门在进行检查中发现该单位没有依法为签订劳动合同的职工办理社会保险,遂对其下达限期整改指令书,要求该公司为刘某等办理参加社会保险手续。该公司则认为,公司不负责社会保险是经双方协商同意,在劳动合同中已明确约定的。

后经劳动保障部门工作人员对其宣讲国家有关社会保险的法律法规和政策规定,双方依法修改了合同内容并为刘某等办理了参加社会保险手续。

1. 案例分析

国家制定了一系列法律法规保障劳动者依法参加社会保险。《中华人民共和国劳动法》明确规定:"用人单位和劳动者必须依法参加社会保险,缴纳社会保险费。"《社会保险费征缴暂行条例》规定:"缴费单位、缴费个人应当按时足额缴纳社会保险费。"并且明确规定了缴费单位的义务,即向当地社会保险经办机构办理社会保险登记,参加社会保险;按月向社会保险经办机构申报应缴纳的社会保险费数额并在规定的期限内缴纳,履行代扣代缴义务等。

本案例可以从以下三方面分析:

第一,根据国家法律法规的规定,社会保险是国家强制保险,为职工办理社会保险

---

① 上海开放大学:《2016年上海电视大学行政管理(本)社会保障学案例分析题汇编》(2016-01-10),https://max.book118.com/html/2016/0110/32986445.shtm。

是用人单位法定义务,因此,刘某所在单位有义务为其办理社会保险;

第二,本案中双方约定公司不负责为刘某等办理社会保险,双方虽然在自愿、协商一致的基础上,签订了劳动合同,但是由于合同中有关社会保险的约定内容违反了国家现行法律、行政法规的规定,自愿签订并不能改变其违法性质,从而导致双方合同中约定的部分条款无效。因此该条款是无效条款,对合同双方没有法律约束力;

第三,对这一违法行为应当依法予以纠正。

2. 本案例的几点启示

一是用人单位和劳动者在建立劳动关系时应当依法签订劳动合同。合同的依法订立,其一要遵循平等自愿、协商一致的原则;其二合同的内容要合法,不能与国家法律、行政法规的规定相抵触;

二是要加强社会保险有关法律法规政策的宣传,提高用人单位和职工依法参加社会保险的自觉意识;

三是劳动保障行政部门要进一步加强劳动合同鉴证工作,加强劳动合同管理,促进用人单位和职工之间签订合法有效的劳动合同,维护劳动合同双方当事人的合法权益。

二、公司社保缴纳的争议

何某五年前通过社会招聘进入本市一家公司任驾驶员,起先公司未与其签订劳动合同,一年后该公司与其签订为期 4 年的劳动合同,2019 年 10 月底何某与公司合同期满,双方终止了劳动关系。2019 年 11 月初何某到区社会保险中心查询个人社会保险账户,发现该公司只为其缴纳了 4 年社会保险费,而未为其缴纳进公司第一年的社会保险费。公司方面认为,何某刚进公司因未签合同,故未给他缴费,合同签订后公司即为其缴纳社会保险。这是几年前的事,何某才提出来,已经超过法律规定的时效。该公司这样做是否违法?

上述案例分析如下:

第一,何某进公司的第一年尽管与公司未签订合同,但他与公司存在事实劳动关系。《社会保险法》规定,用人单位在用工之日起 30 日内要为劳动者缴纳社会保险费。

第二,根据《劳动争议调解仲裁法》第二十七条,职工与用人单位终止劳动关系时,在一年时间内发现用人单位未为其缴纳刚进单位时的社会保险费,该时效符合法律规定。

综上所述,公司错误地认为四年前未为何某缴纳社会保险费已经超过法律规定的时效是缺乏依据的。公司应该为何某补缴这一年的社会保险费。

三、合同终止后的医疗期争议

老王的儿子原在本市某酒店工作，前不久，因其身患疾病，向单位提出请病假治疗。单位的部门领导在了解了情况后，"劝"老王的儿子写份辞职报告，单位多发一个月工资，等病好了再来上班。由于老王的儿子不懂政策，稀里糊涂地交了辞职报告。后经几家医院诊断，老王的儿子患上了一种慢性病，且今后对脑神经也会产生影响，医生说需要较长时间的治疗。老王在得知这一情况后，马上与他单位联系，希望能对患病的儿子通融、照顾一下。但单位以辞职报告不可更改为由，一口回绝。老王不知道单位的这种做法是否合法，老王该怎么办？

上述案例分析如下：

第一，从案例的情况来看，老王的儿子向单位递交辞职报告，是一种主动要求解除劳动合同的行为，单位一经同意，完全有理由回绝老王的儿子要求恢复劳动关系的请求。

第二，职工的患病医疗期是针对劳动合同履行期间而设定的。根据《企业职工患病或非因工负伤医疗期规定》，不同的劳动合同期限，有不同的医疗期，一般来说，医疗期最多不超过24个月。医疗期满后不能从事原工作，也不能从事用人单位另行安排的适当工作的，应当由劳动鉴定委员会参照工伤与职业病致残程度鉴定标准进行劳动能力的鉴定。被鉴定为一至四级的，应当退出劳动岗位，终止劳动关系，办理退休、退职手续，享受退休、退职待遇；被鉴定为五至十级的，医疗期内不得解除劳动合同。

第三，失业人员在领取失业保险金期间患病的，根据当地相关政策也可按规定领取医疗补助金。

这次辞职经历，对老王的儿子来讲，可谓教训深刻，代价高昂。对其他劳动者来讲，也应引以为戒。

四、关于工伤相关补助的争议

李某是本市一家外商投资企业员工，2000年1月应聘进入该企业工作，在生产车间从事操作工工作。李某与该企业签订、续订劳动合同至2004年7月中旬。2003年10月下旬，李某在工作时间因工负伤并被鉴定为七级伤残。2004年1月初李某身体恢复后来上班。2004年7月中旬李某的劳动合同期满，李某向企业提出终止劳动合同。企业为李某办理退工登记手续。之后，李某要求企业支付一次性伤残就业补助金。企业没有同意，李某经与企业交涉多次未果，于是，向劳动仲裁委员会提出仲裁申请，要求企业支付一次性伤残就业补助金。劳动仲裁委员会应该受理吗？

上述案例分析如下：

第一，劳动仲裁委员会经过审查后应予以受理。

第二，李某因工负伤并经劳动鉴定委员会鉴定大部分丧失劳动能力的，根据当地有关规定，李某与企业终止劳动合同，企业应支付李某一次性伤残就业补助金。

第三，李某与企业提出终止劳动关系，按照当地的有关规定企业应该支付李某一次性伤残就业补助金。因此，劳动仲裁委员会必定会支持李某的仲裁请求；企业收到裁决书后，应主动将一次性伤残就业补助金支付给李某。

五、有关工伤的认定的案例

（一）案例一

李某是某私营运输企业经理，赵某是该企业聘用的司机。2008年9月，李某的朋友张某请李为其运输一批货物，李某便指派赵某完成，要求越快越好，时间可以由赵某看着办。为了尽快完成李某指派的任务，赵某牺牲"十一"放假休息时间，加紧运输。10月1日晚九点多，在运输途中，由于路况不好和连日劳累，赵某不幸撞车，造成重伤。事故发生后，李某指派专人到医院照顾赵某，主动支付了所有医疗费用和赵某住院治疗期间的全部工资，还特别赠送赵某家5 000元作慰问。赵某一家对此表示感激，但由于伤势过重，出院后赵某落下了重度残疾，丧失了大部分劳动能力。2009年6月，赵某找到李某，要求为其申报工伤，享受工伤待遇，被李某拒绝，二人发生纠纷，到当地人社部门要求解决。李某提出，赵某不能算作工伤，理由有三：第一，赵某负伤时从事的工作，虽是受自己指派，但并不属于企业正常业务范围；第二，赵某负伤时间在节假日，而且是晚上，根本不在工作时间内；第三，赵某提出申请的时间已经远远超过工伤申请时效，无权再申请工伤，人社部门也不应再受理。当地人社部门经审查，很快作出认定：司机赵某的负伤为工伤，应享受工伤保险有关待遇。

上述案例分析如下：

本案例涉及职工工伤认定过程中常出现的几种错误认识。李某提出的三条理由听起来似乎有些道理，实际上是没有法律依据的。

首先，赵某负伤时从事的工作，虽不属公司的正常业务范围，并且是在节假日的晚上，但却是受李某指派才进行的。

根据《工伤保险条例》等法规规定，从事本单位日常生产、工作或者本单位负责人临时指定的工作负伤的，都应认定为工伤。

本案中赵某为张某运输的任务是作为公司负责人的李某指定的，因此，即使不属于公司正常业务范围且不在工作时间内，也不影响赵某工作的性质是为公司服务，因此负伤应属工伤。

根据《工伤保险条例》第十七条"用人单位未按前款规定提出工伤认定申请的，工伤职工或者其近亲属、工会组织在事故发生之日或者被诊断、鉴定为职业病之日起 1 年内，可以直接向用人单位所在地统筹地区社会保险行政部门提出工伤认定申请"。赵某于 2008 年 10 月负伤，所以在 2009 年 6 月提出工伤认定申请还在一年时效内。

由此可见，人社部门对本案的处理决定是正确的。

（二）案例二

某电缆公司职工唐某，2010 年 10 月在公司炼胶清理胶物时，由于违章操作，造成右手大拇指被炼胶机轧断，后经当地人社部门调查认定为因工负伤，劳动仲裁委员会按照工伤职工无过错原则，依法裁决该公司承担唐某的工伤保险待遇。

上述案例分析如下：

"蓄意违章"是专指十分恶劣的、有主观愿望和目的行为。在处理认定工伤的工作中，不能将一般的违章行为视为"蓄意违章"。

唐某在此事故中虽属违章操作，违反了该公司的规章制度，但他的行为不构成蓄意违章。因为唐某的本意并不是想自残身体，依此获得公司的赔偿，其违章操作行为仅仅属于过失行为。从法理学角度看，唐某自身并不想受伤，这种违章操作行为并非蓄意违章。因此，唐某的违章操作行为，并不影响其工伤性质的认定。

由此可见，只要不是蓄意违章，就可以认定为因工负伤，并依照工伤保险有关规定落实待遇。

第五章　住房公积金的办理

【本章学习目标】

本章主要介绍与住房公积金有关的法律法规及基本概念,住房公积金的缴费基数、缴费比例和申报缴纳等相关实务操作流程,帮助读者掌握住房公积金办理相关流程和实务操作技能。

第一节　住房公积金相关概念

一、住房公积金基本概念

(一)住房公积金的概念

(1)住房公积金是指国家机关、国有企业、城镇集体企业、外商投资企业、城镇私营企业及其他城镇企业、事业单位、民办非企业单位、社会团体及其在职职工缴存的长期住房储金。

(2)住房公积金制度是国家用法律手段、经济手段和行政手段,对住房基金进行强制储蓄,并由政府集中支配定向用于住宅建设和住宅融资的管理制度,是我国社会保障体系的重要组成部分。实行住房公积金制度对加快城镇住房制度改革、完善住房供应体系、改善中低收入家庭居住条件等方面发挥着重要作用。

(二)住房公积金的关键要点

(1)住房公积金只在城镇建立,农村不实行住房公积金制度。

(2)只有在职职工才适用住房公积金制度。住房公积金制度不适用于无工作的城镇居民、离退休职工。

(3)住房公积金由两部分组成,一部分由职工所在单位缴存,另一部分由职工个人缴存。职工个人缴存部分由单位代扣后,连同单位缴存部分一并缴存到住房公积金个人账户内。

（4）住房公积金缴存的长期性。住房公积金制度一经建立，职工在职期间就应按规定缴存，具有长期性。

（5）住房公积金是职工按规定存储起来的专项用于住房消费支出的个人住房储金，具有两个特征：一是积累性，即住房公积金虽然是职工工资的组成部分，但不以现金形式发放，并且必须存入住房公积金管理中心在受委托银行开设的专户内，实行专户管理。二是专用性，住房公积金实行专款专用，存储期间只能按规定用于购、建、搭修自住住房，或交纳房租。职工在离退休、死亡、完全丧失劳动能力并与单位终止劳动关系或户口迁出原居住城市时（参照各地具体政策），可提取本人账户内的住房公积金。

二、住房公积金的特点

（一）住房公积金的主要性质

1. 保障性
建立职工住房公积金制度，为职工较快、较好地解决住房问题提供了保障。

2. 互助性
建立住房公积金制度能够有效地建立和形成有房职工帮助无房职工的机制和渠道，而住房公积金在资金方面为无房职工提供了帮助，体现了职工住房公积金的互助性。

3. 长期性
每一个城镇在职职工自参加工作之日起至退休或者终止劳动关系的这一段时间内，都必须缴纳个人住房公积金；职工所在单位也应按规定为职工补助缴存住房公积金。

（二）住房公积金的主要特点

1. 公平性
城镇在职职工，无论其工作单位性质如何、家庭收入高低、是否已有住房，都必须按照《住房公积金管理条例》的规定缴存住房公积金，并遵循权利与义务对等原则。

2. 政策性
住房公积金本质上是一种政策性金融资金，是我国社会保障体系的重要组成部分。实行住房公积金制度对加快城镇住房制度改革、完善住房供应体系、改善中低收入家庭居住条件等方面发挥着重要的作用。

3. 福利性

除职工缴存的住房公积金外,单位也要为职工缴纳一定的金额,而且住房公积金贷款的利率低于商业性贷款。

4. 返还性

职工离休、退休,或完全丧失劳动能力并与单位终止劳动关系,户口迁出或出境定居等,缴存的住房公积金将返还职工个人。

三、公积金的组成及用途

(一)住房公积金的组成

住房公积金由两部分组成,一是职工个人每月按规定从工资中扣除缴存的部分,这部分属于职工工资,归职工个人所有;二是单位每月按规定为职工个人缴存的部分,这部分是住房实物福利分配向工资货币分配转换的部分,视同职工工资,也归职工个人所有。

缴存的公积金也是存在利息的,住房公积金自存入住房公积金账户之日起,按照国家规定的利率计息。自公积金存入账户之后,就开始按年化 1.5% 的利率计息。住房公积金结息时间是每年的 6 月 30 日,平时虽然计息,但并不结算,只有 7 月 1 日后利息才会计入本金,开始产生利息,也就是利息也会开始产生收益。

(二)住房公积金的用途

(1)用于购房,不贷款购房可一次性提取,商业贷款购房可提取用于首付,商业贷款购房可提取偿还本息,公积金(组合)贷款购房可提取偿还本息。

(2)可用于建造、翻建、大修住房,在农村集体土地上建造、翻建、大修自有住房且未使用住房贷款的,职工及配偶可申请提取建修房被批准当月之前(含当月)的住房公积金金额,且提取金额合计不超过建修房的费用。

(3)可用来租房,可支付配租或政府招租补贴的经济租赁房房租,支付市场租房房租。

(4)提取父母住房公积金购房。未使用住房贷款购买自有住房,可提取父母公积金。使用商业银行个人住房贷款购买自有住房,支付首付款后可提取父母公积金。使用个人住房公积金(组合)贷款购买自有住房,支付首付款后可提取父母公积金。

(5)以下八种情况时,可销户个人提取全部余额:离、退休的;农业户籍职工男满 60 周岁、女满 55 周岁的;到国外、港、澳、台地区定居的;完全丧失劳动能力、大部分丧失劳

动能力或重度残疾(一级或二级残疾)并与单位解除或终止劳动关系的;领取失业保险
金的;被判处刑罚、户口迁出本市、非本市户口职工与所在单位解除或终止劳动关系的;
住房公积金账户转入集中封存户满两年或与原单位终止劳动关系满两年的;到本市行
政区域外工作并在当地建立和缴存住房公积金的。

(6)纳入低保或特困范围的人员可提取使用。职工被纳入本市城镇居民最低生活
保障或特困救助范围,职工本人及配偶可申请提取住房公积金,提取金额不超过被纳入
最低生活保障范围或特困救助范围期间及之前的住房公积金金额。

(7)最受关注的是最后一种用途,即可以用来治疗重大疾病。家庭成员(包括职工
本人、配偶及未成年子女)患重大疾病或重大手术住院治疗的,职工本人及配偶可申请
提取住房公积金,申请日期应在出院之日起一年内,提取金额合计不超过住院费用个人
负担部分。

(三)住房公积金的缴存基数及缴存比例

1. 住房公积金缴存

住房公积金缴存是由职工个人公积金缴存和职工所在单位为职工公积金缴存的公
积金两部分构成,属于职工个人所有。公积金缴存,个人公积金缴存的月缴存额为职工
本人上一年度月平均工资乘以职工的公积金缴存比例;单位为职工缴存的公积金的月
缴存额为职工本人上一年度月平均工资乘以单位公积金缴存比例。

住房公积金每月缴存额=缴存基数×单位比例+缴存基数×个人比例

2. 缴存年度

每年的 7 月 1 日至次年的 6 月 30 日为一个公积金缴存年度。

3. 缴存方式

(1)直接交存转账支票、现金(须填制《现金送款簿》)方式。

(2)通过银行汇款方式。

(3)委托银行收款方式。

(4)支取住房基金方式。

4. 缴存比例

根据目前的规定,单位及个人的缴存比例可在 5%—12% 自行选择,个人缴存比例
应等于或高于单位缴存比例。依据《中央国家机关住房资金管理中心、北京住房公积
金管理中心中央国家机关分中心关于软件企业、集成电路企业和金融企业从业人员提
高住房基金缴存比例的通知》精神,凡是市科委认定的软件企业,经信息产业部授权认
定机构认定的集成电路企业和在京注册的具备独立法人资格的金融企业及经批准其他

金融企业,可为本企业员工提高缴存比例至 20%。

从 2016 年 5 月 1 日起,国务院决定阶段性降低住房公积金缴存比例,凡是住房公积金缴存比例高于 12% 的,一律进行调整,公积金缴存比例不得超 12%。各省、自治区、直辖市人民政府应当结合本地区实际情况,提出阶段性适当降低住房公积金缴存比例的具体办法,阶段性适当降低住房公积金缴存比例政策,从 2016 年 5 月 1 日起实施,暂按两年执行。

2018 年 5 月,为降低实体经济成本、减轻企业非税负担,住建部、财政部、人民银行等部门发布了《关于改进住房公积金缴存机制进一步降低企业成本的通知》。通知提出,各地区 2016 年出台的阶段性适当降低企业住房公积金缴存比例政策到期后,继续延长执行至 2020 年 4 月 30 日。各地区要对政策实施效果进行评估,并可结合当地实际进一步降低企业住房公积金缴存比例。

5. 缴存基数

缴费基数每年确定一次,且确定以后,一年内不再变动。以北京为例,《北京住房公积金缴存管理办法》第十八条规定,住房公积金的月缴存额每年核定调整一次。住房公积金的月缴存额由职工住房公积金月缴存额和单位住房公积金月缴存额两部分组成。职工住房公积金月缴存额为职工月平均工资乘以职工住房公积金缴存比例。单位住房公积金月缴存额为职工月平均工资乘以单位住房公积金缴存比例。

根据相关规定,住房公积金缴存基数应按照职工本人上一年度月平均工资确定。

月平均工资就是职工本人上年度工资收入总额的月平均数。而职工的上年度工资收入总额是指,职工在上一年的 1 月 1 日至 12 月 31 日整个日历年度内所取得的全部货币收入,包括计时工资、计件工资、奖金、津贴和补贴、加班加点工资、特殊情况下支付的工资。

新录入和调入职工住房公积金的缴费基数是职工本人当月工资总额。实行年薪制职工以职工年薪均分 12 个月后为基数计算各人和单位的住房公积金月缴存额。

随着每年单位职工的工资收入总额的变化与个人工资水平的变化,住房公积金缴费基数每年 7 月进行调整(以北京市为例)。其他各省、市、自治区、直辖市的调整时间见当地相关部门的规定,各单位薪税师要注意关注每年度的调整时间、缴费基数的变化,进行调整。

(四)住房公积金的业务办理内容

常见的公积金办理业务内容有:开户(单位、个人)、缴存(正常缴存、单个补缴、批量补缴)、支取(使用支取、销户支取)、封存/启封、转移(转入、转出)、查询/对账、贷款。

(五)住房公积金贷款

个人住房公积金贷款是政策性的住房公积金所发放的委托贷款,是指对按时向资金管理中心正常缴存住房公积金单位的在职职工,在本市购买、建造自住住房(包括二手住房)时,以其拥有的产权住房为抵押物,并由有担保能力的法人提供保证而向资金管理中心申请的贷款。该贷款可由资金管理中心委托银行发放。为进一步推动住房商品化、社会化的进程,住房公积金发放的主要对象要由住房开发公司转向普通居民。

2018 年 5 月 15 日,北京住房公积金管理中心发布《关于取消身份证明材料复印件作为住房公积金归集和贷款业务办理要件的通知》。

1. 贷款对象

(1)购买房地产企业开发的楼盘,需要购房贷款的。

(2)购买按规定可出售的公有住房,需要购房贷款的。

(3)购买房地产交易市场具有产权的二手住房,需要购房贷款的。

(4)因在本市城镇建造、翻建、大修自住住房,需要建房贷款的。

(5)为配合政府深化住房制度改革,经银行认可的其他购房贷款项目。

2. 贷款额度

按现行政策规定,基本公积金贷款每户不超过 10 万元或不超过账户储存总额的 15 倍,补充公积金贷款每户不超过 3 万元或储存余额的 2 倍。两项公积金都缴存的职工,贷款最高额不超过 13 万元,并且不超过总房价的 80%,贷款最长期限为 30 年。购买二手住房或翻建、大修住房,贷款额不超过总房价的 50%,最长期限 10 年。但主贷人的贷款年限不得超过法定退休年龄 5 年。

购买一级市场住房和自建住房的最高贷款额度为 15 万元,最高贷款比例不得超过购、建住房总价的 70%;购买二手住房最高贷款额度为 8 万元,最高贷款比例不得超过所购房屋评估价值的 50%。

(1)贷款额度的确定,按照不得高于借款人(含配偶)还款能力的系数计算,其计算公式为:

借款人夫妻双方计缴住房公积金月工资收入之和×12 个月×35%×贷款年限(如借款人配偶未正常缴交住房公积金,其公式中的工资月收入不包括配偶方)。

(2)借款人夫妻双方只有一方正常缴存住房公积金的,其贷款额度不得超过购、建房总价的 50%。

(3)每一借款人的具体贷款额度,由贷款行及房改委资金管理中心,按以上规定,结合借款人偿还贷款的能力综合确定。

3. 贷款首付

2015 年 9 月 1 日起,公积金贷款购二套房最低首付款比例可降至 20%。

　　住房城乡建设部、财政部、中国人民银行于 2015 年 8 月 31 日联合发布《关于调整住房公积金个人住房贷款购房最低首付款比例的通知》(建金〔2015〕128 号,以下简称《通知》)。为进一步完善住房公积金个人住房贷款政策,支持缴存职工合理住房需求,对拥有 1 套住房并已结清相应购房贷款的居民家庭,为改善居住条件再次申请住房公积金委托贷款购买住房的,最低首付款比例由 30% 降低至 20%。北京、上海、广州、深圳可在国家统一政策基础上,结合本地实际,自主决定申请住房公积金委托贷款购买第二套住房的最低首付款比例。《通知》自 2015 年 9 月 1 日起执行。

4. 期限利率

　　个人住房公积金贷款期限为 1—30 年(其中购买二手住房贷款期限为 1—10 年),并不得长于借款人距法定退休年龄的时间;临近退休年龄的职工,在考虑其贷款偿还能力的基础上,可适当放宽贷款年限 1—3 年。个人住房公积金贷款利率,由住房制度改革委员会根据中国人民银行有关规定执行。贷款期间遇国家法定利率调整,则贷款利率作相应调整。已发放的贷款,当年内不作调整,调整时间为下年度的元月一日,贷款期限在 1 年以内的(含 1 年),贷款利率不作调整。

5. 贷款利率

　　公积金贷款利率是 2015 年 10 月 24 日调整并实施的,5 年以上公积金贷款利率 3.25%,月利率为 3.25%/12,5 年及以下公积金贷款利率为年利率 2.75%,全国都一样。

6. 商业贷款

　　贷款利率与贷款用途、贷款性质、贷款期限、贷款政策、不同的贷款银行等相关。国家规定基准利率,各银行根据各种因素确定差别贷款利率,即在基础上上浮或下浮。

　　商业银行房贷贷款利率是根据贷款的信用情况等综合评价的,根据信用情况、抵押物、国家政策(是否首套房)等来确定贷款利率水平,如果各方面评价良好,不同银行执行的房贷利率有所差别,2011 年由于资金紧张等原因,部分银行首套房贷款利率执行基准利率的 1.1 倍或 1.05 倍。

(六)住房公积金的支取

　　所谓住房公积金提取审核,是指各地公积金管理中心(分中心、管理部)或者公积金管理中心委托的各个公积金提取业务经办银行网点,根据住房公积金的相关政策、规定和操作规范,对提取申请人的提取资格和提取行为真实性进行检验的方式,目的在于确保住房公积金资金的安全性和住房公积金的专款专用。

1. 提取条件

符合下列条件可提取住房公积金账户余额:

(1)购买、建造、翻建、大修自有住房的持有效提取凭证。

(2)离休、退休的持有效提取凭证。

(3)完全丧失劳动能力,并与单位终止劳动关系的持有效提取凭证。

(4)到国外、港、澳、台地区定居的持有效提取凭证。

(5)偿还住房贷款本息的持有效提取凭证。

(6)被纳入本市城镇居民最低生活保障范围并支付房租的持有效提取凭证。

(7)职工在职期间被判处刑罚、职工住房公积金转入集中封存户 2 年后仍未重新就业、职工户口迁出本市、非本市户口职工离开本市并与所在单位终止劳动关系的。

2. 首次提取

首次提取住房公积金需持以下相关材料:

(1)病患者有效身份证。

(2)缴存人的户口簿,已婚还需提供结婚证。

(3)家庭所有成员的收入证明原件。

(4)疾病诊断证明书原件及复印件 1 份。

(5)社保特定门诊批复原件及复印件 1 份(病患者没参医保不需提供)。

(6)医院相关治疗费用的凭证,如住院费用清单。

(7)《职工因家庭突发事件或重大疾病造成生活严重困难提取住房公积金申报表》单位盖公章。

(8)当缴存人与当事人为不同户口的直系亲属关系时,需提供公安部门出具的户籍关系证明。

3. 办理要点

(1)购买新建商品住房的,提供房屋所有权证或经房地产行政主管部门备案的购房合同和付款凭证。

(2)购买二手房的,提供经房地产行政主管部门备案的购房协议或房屋所有权证、契税完税凭证。

(3)建造、翻建住房的,提供规划部门建房、翻建批准文件、支付费用凭证。

(4)大修自住住房的,提供有资质机构出具的房屋安全鉴定证明、房屋权属证明、工程预决算及支付费用凭证。

(5)偿还住房贷款本息的,提供经房地产行政主管部门备案的购房合同、借款合同、银行出具的还款证明。

（6）租赁自住住房的，提供经房管部门登记备案的房屋租赁合同、房租发票、家庭收入证明。

（7）离休、退休的，提供本人离、退休证明或劳动人事部门出具的相关证明。

（8）出境定居的，提供户籍注销证明或出境定居的证明。

（9）死亡、被宣告死亡的，由其合法继承人或受遗赠人提供缴存人死亡证明或被宣告死亡证明、继承人或受遗赠人身份证、继承权或受遗赠权证明、公证书。

（10）享受最低生活保障的，提供民政部门发放的最低生活保障证明。

（11）完全或部分丧失劳动能力，并与单位终止劳动关系的，提供人力资源和社会保障部门出具的劳动能力鉴定证明、单位解除劳动合同证明或失业证明。

（12）市住房公积金管理中心依据相关法规规定的其他情形和材料。

相关规定详见《个人银行结算账户提取住房公积金管理办法》。

（七）住房公积金的封存、启封及转移

1. 公积金"封存"的概念

封存是指单位停止为职工汇缴公积金。没有缴纳社保的职工，离职时可凭离职证明代替社保转移参保凭证，到公积金管理部办理销户提取手续，提取的金额为职工公积金账户本息金额。

2. 住房公积金的封存

职工离职后，经专办员通过数字证书登录网上办事大厅在"公积金业务"—"封存"—"个人账户封存"中可直接为离职员工办结个人账户封存。若单位没有数字证书，经专办员可在网上申报预约公积金业务银行网点，携带材料到预约网点办理。

3. 封存公积金账户的启封

职工离职后单位经专办员会为职工办理个人账户封存，待职工入职新单位，新单位经专办员会为其办理个人账户市内转移、启封以及缴存基数调整手续，新基数确认后可正常缴存住房公积金。

4. 公积金转存的办理

职工离职后单位经专办员会为职工做个人账户封存，原单位停止为离职职工汇缴公积金。职工入职新单位后，新单位经专办员为职工办理个人账户市内转移（将职工个人公积金账户信息从原单位转至新单位，含账户余额）、个人账户启封以及缴存基数调整，基数调整后正常缴存住房公积金。

5. 启封后不能调整缴费工资

经专办员为职工办理转移、启封后可在"缴存额调整"—"缴存基数调整"中为职工调整缴存基数。一个职工在一个公积金年度内仅可调整一次缴存基数。

6. 公积金个人自行封存办理

因各种原因导致离职职工账户无法封存的,以下为各种情况下申请办理封存的流程:

(1)单位已注销的,经核实后,职工提供本人的声明和职工本人身份证原件和联名卡原件到公积金中心管理部审核。

(2)单位没有注销的,职工提供本人的声明,和原单位离职证明或新单位的接收证明或在原单位停缴一个月以上的,和职工本人身份证原件和联名卡原件到公积金中心管理部审核。

(3)如果单位仍在正常缴纳的,因职工离职需要办理销户提取业务,但是单位还未为职工做封存的情况下,不允许办理。

第二节　住房公积金实务操作要点①

一、住房公积金开户

单位办理住房公积金登记开户有四种途径。一是通过北京市企业登记 e 窗通服务平台(以下简称"e 窗通")办理;二是通过住房公积金网上业务系统办理;三是通过住房公积金柜台办理;四是通过北京市社会保险网上服务平台办理。

北京住房公积金开户网址分别为:

(1)北京住房公积金网 http://gjj.beijing.gov.cn/。

(2)北京市企业登记 e 窗通服务平台 https://ect.scjgj.beijing.gov.cn/index。

(3)北京市社会保险网上服务平台 http://fuwu.rsj.beijing.gov.cn/csibiz/home/。

(一)通过"e 窗通"办理

新设立的企业通过"e 窗通"办理企业注册,"e 窗通"会为企业同步完成住房公积金单位登记开户。如企业注册时已聘用员工,可同时为员工办理住房公积金个人开户。

1. 第一步,"e 窗通"用户注册

登录"e 窗通"首页,按照"e 窗通"服务平台提示进行注册。

---

① 以下内容以北京市为例进行介绍。

2. 第二步,选择是否同时为员工办理住房公积金个人开户

在"e窗通"的"办理业务"页面,回答问题"您当前是否需要为员工缴纳五险一金?"

选择"是",在办理住房公积金单位登记开户的同时可以为已聘用员工办理住房公积金个人开户。

选择"否,尚未聘用员工",只办理住房公积金单位登记开户。后续聘用员工后,再通过住房公积金网上业务系统或住房公积金柜台,办理聘用员工的住房公积金个人开户。

3. 第三步,录入单位登记开户信息

在"企业基本信息—人员信息"页面的"其他人员"栏目中录入"住房公积金经办人"信息。录入"姓名、证件类型、证件号码、联系方式"4项信息。

在"企业基本信息—补充信息"页面的"五险一金信息"栏目中录入住房公积金经办机构等9项信息。

如在第二步选择"否",则在录入信息完成后点击【保存】按钮,单位信息保存成功后,等待"e窗通"系统核准,转入第五步。

如在第二步选择"是",则继续录入需缴存住房公积金的职工信息,进行第四步操作。

4. 第四步,录入个人开户信息

在"聘用员工"页面逐条录入新员工的姓名、月工资收入、缴存比例等8项个人信息,点击【保存】按钮,个人信息保存成功后,等待"e窗通"系统核准。缴存比例由企业根据自身情况在5%—12%范围内自行选择。

5. 第五步,完成登记开户

"e窗通"系统核准后,住房公积金业务系统会根据企业录入的信息同步完成单位登记开户和个人账户设立。可在"e窗通"系统的"办理进度"页面查看到本单位登记开户和个人账户设立情况。

6. 第六步,使用"电子营业执照"登录住房公积金单位网上业务平台

(1)单位法定代表人使用手机通过微信或支付宝搜索安装"电子营业执照"小程序。

(2)法定代表人打开小程序后点击【下载执照】,按照提示领取电子营业执照。点击【证照管理员管理】或【办事人用照管理】,授权本单位住房公积金经办人保管、持有、使用电子营业执照。

(3)单位经办人登录北京住房公积金网(gjj.beijing.gov.cn),点击页面右侧【单位网上业务平台】,点击【住房公积金网上业务系统】,进入"北京住房公积金管理中心单位网上业务平台"。进入后点击【电子营业执照登录】,页面出现二维码。

（4）经办人打开微信或支付宝中"扫一扫"功能,扫描二维码即可登录。

注意:如登录时提示缺少"统一社会信用代码"信息的,缴存单位需到北京市市场监督管理局更换载有统一信用代码的电子营业执照,再重新登录。如登录时提示"未办理住房公积金单位登记开户的单位",需按提示步骤办理用户注册和单位登记开户。如登录时提示"单位的名称或统一社会信用代码,在电子营业执照与住房公积金系统中不一致"的,需到住房公积金柜台进行单位信息变更后,重新使用电子营业执照登录。

7. 第七步,如单位开户时未录入个人开户信息,后续首次聘用员工后,通过住房公积金网上业务系统录入聘用员工的信息（第四步已录入个人开户信息的,可直接办理首次汇缴住房公积金）

单位登录住房公积金单位网上业务平台点击左侧【公积金】,在"汇补缴"下拉菜单中选择【汇缴】,确认新增职工的首次汇缴年月。

进入汇缴操作页面,点击【编辑［××××(年)-××(月)］变更清册】,进入"××××(年)-××(月)增加汇缴（开户、启封）"页面:

（1）逐条录入增员信息。

点击【添加(增加)人员】,录入职工姓名、证件类型、证件号码信息,点击【查询】;录入缴存基数,系统会自动计算出缴存额,录入手机号码并选择其户籍所在地后,点击【确定】,该条增员信息录入完成。

按此流程继续操作增员,直至所有增员信息录入完成,点击【保存】,保存增员信息记录;增员信息确认无误后,点击【提交变更(增加)清册】,增员信息即时生效。

（2）批量导入增员信息。

如单位增员人数较多,不方便在网上逐条添加人员信息,可使用批量导入增加功能。

在"××××(年)-××(月)增加汇缴（开户、启封）"页面,点击【导出模板】,系统自动导出"汇缴增加变更清册"的模版(excel 格式),根据模版填写职工姓名、证件类型、证件号码、个人缴存基数、单位月缴存额、个人月缴存额、月缴存额合计,手机号码,根据提示录入户籍所在地编码,所有人员信息增加完毕后,保存 excel 表格;点击【导入(增加)清册】,根据保存 excel 表格的路径,"从文件导入数据"对话框,点击【提交】,完成批量导入增员信息操作,增员信息确认无误后,点击【提交变更(增加)清册】,增员信息即时生效。

注意:单位若选择"委托收款"方式缴款的,应在开户选定的托收日前一个工作日完成清册提交。

8. 第八步,首次汇缴住房公积金

单位可以采用委托收款、转账支票、银行汇款和现金四种方式完成首次汇缴住房公积金。

(1)由于缴存住房公积金是一项经常性业务,为单位便利缴存,我们建议单位采取委托收款方式办理,委托收款方式也俗称"托收"。选择委托银行收款方式缴存住房公积金的单位,在选定的托收日提前一个工作日到开户银行完成银行托收授权手续,授权之后银行可自动托收完成单位首次汇缴的住房公积金。

(2)选择"转账支票"方式缴存,携带转账支票到任意管理部及受托银行代办点现场办理。

(3)选择"银行汇款"方式缴存,单位在汇缴操作页面点击右侧的【缴款】按钮,在"缴款清册"栏目中选中需缴款的清册,然后点击【下一步】。

在"确认缴款信息"栏目下的"缴款方式"中选择【银行汇款】,"中心开户银行"中任意选择北京住房公积金管理中心的收款银行名称。选择完毕后,"中心账户名称"和"中心收款账户"自动显示数据且不能修改。然后点击页面下方的【提交】按钮,系统显示"业务办理完成"。

点击下方【打印缴款通知单】。单位在3个工作日内通过本单位开户行网银或柜台向《银行汇款缴款通知单》中显示的银行账号办理汇款,完成缴款。

(4)选择"现金"方式缴存,单位在汇缴操作页面中点击页面右侧的【缴款】按钮,在"缴款清册"栏目中选中需缴款的清册,然后点击【下一步】。

在"确认缴款信息"栏目下的"缴款方式"中选择【现金缴款】,"中心开户银行"中任意选择北京住房公积金管理中心的收款银行名称。选择完毕后,"中心账户名称"和"中心收款账户"自动显示数据且不能修改。然后点击页面下方的【提交】按钮,系统显示"业务办理完成"。

点击下方【打印缴款通知单】。单位携带现金和《现金缴款通知单》在3个工作日内到所选的收款银行任意网点现场办理现金缴款。

(二)住房公积金网上业务系统办理

1. 第一步,用户注册

(1)登录北京住房公积金网(gjj.beijing.gov.cn),点击页面右侧【单位网上业务平台】,点击【住房公积金网上业务系统】,进入"北京住房公积金管理中心单位网上业务平台"页面。

（2）新用户点击【注册】，开始注册：

①录入"单位名称"和"统一社会信用代码"。

②录入手机号码：提示"请录入单位经办人的手机号码，今后【登录】时，验证码将发送至该手机号"。

③输入短信验证码：录入随机 6 位阿拉伯数字。

④用户名：无须录入，系统自动显示为"统一社会信用代码"。

⑤设置登录密码：提示"8 位字符，由阿拉伯数字和英文字母（区分大小写）组成"。

⑥确认登录密码：再次录入相同的登录密码。

（3）点击【确认】系统提示注册完成，跳转至单位登记开户页面。

2. 第二步，填报登记信息（需要在两个页面完成录入）

（1）在单位登记页面，点击【质监校验】按钮，系统自动显示单位信息；如有未显示信息，由单位经办人补录完成。

其中联系电话（手机号）是指单位经办人手机号码，单位性质是指企业或非企业；单位所属行业是指如采矿业、制造业等 21 个类别，在下拉菜单中选择；单位隶属关系是指如中央、省、市、地区等 11 个类别，在下拉菜单中选择；单位经济类型是指如内资/国有全资、内资/集体全资等 27 个类别，在下拉菜单中选择；单位设立日期是指单位在市场监管、编办等部门获批准成立的日期。录入完成后，点击【下一页】，继续录入单位账户信息和经办人信息。

在单位账户信息、经办人信息、委托收款信息页面，依次录入资金来源、跨年清册核定月份、住房公积金经办机构、单位缴存比例、个人缴存比例。

单位性质、缴存比例、资金来源和跨年清册核定月份 4 项内容填写规则			
单位性质	资金来源	缴存比例	跨年清册核定月份
企业	单位自筹	5%—12%	7 月
非企业	单位自筹	5%—12%	1 月或 7 月
	财政拨款		1 月或 7 月
	财政统发		1 月

图 5-1　填写规则

其中资金来源、跨年清册核定月份、单位缴存比例、个人缴存比例的填写规则如图 5-1；住房公积金经办机构可依据自身情况选择。

单位账户信息录入完成后，依次录入单位经办人姓名、单位经办人证件类型、单位经办人证件号码,单位经办人固定电话及单位经办人手机号码,其中,单位经办人手机号码自动显示为单位注册时设置的手机号码。如单位有其他经办人,可继续录入,每个单位最多三个经办人。

若单位使用"委托收款"方式缴款,可在下方的"委托收款缴款"栏目内依次录入单位的付款单位名称、付款单位银行账号、付款单位开户银行名称、付款银行联行号(12位阿拉伯数字)、委托收款日(可在每月1—28日任意选择),委托收款编号无需录入,由系统自动生成。录入完成后,点击屏幕最下方【确认开户,提交审核】。

若单位不使用"委托收款"方式缴款,则可直接点击屏幕最下方【确认开户,提交审核】。

3. 第三步,关联北京市法人一证通(没有办理数字证书或不选择关联北京市法人一证通的单位,可直接打印业务回单)

如已办理数字证书的单位,将数字证书插入电脑,点击【继续关联法人一证通】,自动完成关联,跳转到打印界面。

没有办理数字证书或不选择关联北京市法人一证通的单位,点击【不,谢谢】按钮,直接跳转到打印界面。

单位如未关联北京市法人一证通,可在今后办理业务时使用电子营业执照登录,具体操作可参见"本节:通过'e窗通'办理,第六步"。

4. 第四步,打印业务回单

(1)证书关联完成后,系统跳转到打印界面。如单位有需要,可以按页面提示打印《打印登记开户回单》和《单位委托收款缴款告知单》。

(2)点击【确认】按钮,回到公积金系统主菜单。

5. 第五步,单位通过住房公积金网上业务系统录入聘用员工的信息

(1)登录住房公积金网上业务系统。

单位可以使用"电子营业执照""用户名密码"或"法人一证通"方式登录住房公积金单位网上业务平台。

(2)录入聘用员工的信息增员。

具体操作可参见"本节:通过'e窗通'办理,第七步"。

6. 第六步,首次汇缴住房公积金

具体操作可参见"本节:通过'e窗通'办理,第八步"。

(三)通过住房公积金柜台办理

1. 第一步,单位登记开户

单位经办人携带本人身份证原件及加盖单位公章和法定代表人签字(或盖章)的

《单位柜台办理住房公积金登记开户申请表》1 份(住房公积金表 202),2017 年 12 月 28 日之前注册成立的单位,还应提供载有统一信用代码的单位证件原件(如营业执照副本或电子营业执照、事业单位法人证书等)到北京住房公积金管理中心所属的任意管理部或受托银行代办点办理单位登记。

2. 第二步,填写增员信息

单位登记后,为方便单位的业务办理,推荐通过住房公积金网上业务系统办理开户即增员业务(具体操作参见"本节:通过'e 窗通'办理,第七步");如单位不方便网上办理,需要现场办理,应填写《住房公积金汇缴增员清册》(住房公积金表 205)并加盖单位公章,在柜台逐条录入增员信息。

3. 第三步,首次汇缴住房公积金

具体操作可参见"本节途径一:通过'e 窗通'办理,第八步"。

(四)通过北京市社会保险网上服务平台办理

1. 第一步,用户注册

登录北京市社会保险网上服务平台(bjrbj.gov.cn/csibiz/home/)首页,点击"办事指南—新注册单位开通网上服务"进行注册。

2. 第二步,单位登记开户

按照社会保险网上服务平台提示依次录入缴存比例、经办人姓名、经办机构、缴款方式等 15 项住房公积金登记开户信息,提交成功后,住房公积金业务系统会在第二个工作日,完成单位登记开户和住房公积金网上业务系统注册。单位登记开户完成后,住房公积金管理中心工作人员会电话指导单位开展后续业务。

3. 第三步,单位确认住房公积金缴存人员及缴存金额

若单位在办理社保登记的同时办理了员工参保登记,参保职工信息及缴费基数将于第二日推送至住房公积金业务系统,自动完成职工住房公积金账户开户。单位可通过以下方式对缴存人员及缴存金额进行再次确认。

(1)登录住房公积金网上业务系统。

单位可以使用"电子营业执照"登录住房公积金单位网上业务平台,具体操作可参见"本节:通过'e 窗通'办理,第六步"。

已办理数字证书的单位也可使用"法人一证通"登录住房公积金单位网上业务平台,具体操作如下:

单位经办人登录北京住房公积金网(gjj.beijing.gov.cn),点击页面右侧【单位网上业务平台】,点击【住房公积金网上业务系统】,进入"北京住房公积金管理中心单位网上业务平台";将数字证书插入电脑;点击【CA证书登录】;点击【已开户单位法人一证通关联】,自动完成关联;点击【登录】,登录住房公积金单位网上业务平台。

(2)录入员工的信息。

具体操作可参见"本节:通过'e窗通'办理,第七步"。

现场办理的,填写《住房公积金汇缴增员清册》(住房公积金表205)并加盖单位公章,到任意管理部及受托银行代办点现场办理。

4. 第四步,首次汇缴住房公积金

具体操作可参见"本节:通过'e窗通'办理,第八步"。

二、住房公积金信息变更

(一)住房公积金缴存人信息变更

1. 下列情况下缴存人可申请办理个人信息变更

(1)住房公积金系统中记录的个人姓名、证件类型或身份证件号码与实际不一致。

(2)住房公积金系统中记录的住房地址、住房支出金额等房屋信息与实际不一致。

(3)住房公积金系统中记录的提取限额与住房实际支出不一致。

(4)离婚后解除住房公积金系统中双方的配偶关系关联。

(5)住房公积金联名卡信息,包括:变更联名卡卡号、重置住房公积金查询密码、终止联名卡制卡流程、联名卡恢复。

(6)变更约定提取日、变更约定提取周期、停止约定提取。

(7)住房公积金系统中性别、出生年月、民族、政治面貌、户籍所在地、籍贯、婚姻状况、执业资格、参加工作时间、学历、学位、毕业学校、职业、职务、职称、户口类型、家庭月收入、家庭地址、家庭邮编、电子信箱、固定电话号码、手机号码等个人信息不正确或不完整。

2. 有两种途径可以办理个人信息变更

(1)住房公积金业务柜台办理。

上述7类信息的变更都可通过该途径办理。

①第一步,填写表格,提交资料。

申请人本人办理:提供申请人本人身份证原件,根据变更内容提供相应材料,按样表要求填写《个人信息变更申请表》(住房公积金表501),到北京住房公积金管理中心所属任意管理部或受托银行代办点办理。其中变更个人姓名或身份证件号码时,《个人信息变更申请表》应加盖单位公章或提供公安机关出具的证明材料,其他信息变更无需加盖单位公章。

单位经办人办理:经办人提供经办人身份证原件、变更人身份证原件,按样表要求填写《个人信息变更申请表》(住房公积金表501)到北京住房公积金管理中心所属任意管理部或受托银行代办点办理。《个人信息变更申请表》加盖单位公章,并由变更人本人在"个人住房信息核查授权、承诺书"申请人处签字。

②第二步,柜台审核,业务生效。

住房公积金管理中心管理部或受托银行代办点柜台人员对提交的资料进行审核,审核通过的办理变更业务。

变更前述第(1)项信息时,若发现申请人在北京地方和中共中央直属分中心同时存在缴存账户的,申请人应封存其中一个账户后再办理变更业务;变更业务完成后,申请人应通过住房公积金个人网上业务平台、北京住房公积金管理中心所属任意管理部或受托银行代办点办理账户转移业务(账户转移业务详见"住房公积金缴存人账户转移"办事指南)。

(2)住房公积金网上业务系统办理。

前述变更事项中,只有第(7)类信息变更可以通过该途径办理,但婚姻状况除外。

①第一步,登录系统。

登录北京住房公积金网(gjj.beijing.gov.cn),点击右侧【个人网上业务平台】—【个人网上业务平台(北京中心)】;点击【注册用户登录】,输入账号、密码、验证码,点击【登录】进入北京住房公积金管理中心网上业务平台。

②第二步,网上申请。

点击页面上方的【个人信息】,进入个人信息页面,在"辅助信息"部分,输入或选择变更后的信息,点击页面下方的【提交】。

③第三步,业务生效。

阅读弹出的提示后点击【确定】,系统显示"业务办理完成",变更内容即时生效。

注意:A. 修改手机号码时系统将向原手机号码发送验证码,验证无误后方可变更;B. 非注册用户应先登录北京住房公积金网(gjj.beijing.gov.cn),通过点击【个人网上业务平台】—【个人网上业务平台(北京中心)】—【注册开通】功能进行用户注册。

(二)住房公积金缴存单位信息变更操作详解

住房公积金缴存单位可变更的信息包括单位基本信息(单位名称、单位法定代表人或负责人、单位地址、联系电话等)、单位公积金账户信息(资金来源、住房公积金经办机构)、单位经办人信息(增加、删除或变更)、委托收款信息(付款单位名称、付款单位开户银行名称、付款单位银行账号、付款银行联行号、委托收款日）。统一社会信用代码为不可变更信息。

有两种途径办理：一为在住房公积金网上业务系统办理；二为至住房公积金业务柜台办理。

1. 途径一：住房公积金网上业务系统办理

（1）第一步，登录系统。

登录北京住房公积金网（gjj.beijing.gov.cn），点击页面右侧【单位网上业务平台】—【住房公积金网上业务系统】，根据单位具体情况选择不同的登录方式（CA 证书登录、用户名登录），按照页面提示输入登录信息，进入单位住房公积金账户。

（2）第二步，网上申请。

①变更单位名称。

点击页面左侧【公积金】—【单位信息管理】—【单位信息变更】，进入单位信息变更页面后，在"单位名称"后的文本框中录入新的单位名称，点击右侧的【质监校验】，如质监校验通过，变更后的信息显示为黄色；通过委托收款方式缴存住房公积金的单位，在本页面继续变更委托收款信息中的"付款单位名称"；最后点击页面下方的【提交】。

如质监校验不通过，系统提示"请先到发证机关进行变更"，不能继续操作。此时请核实录入的单位名称与单位证件上记载的单位名称是否一致；如录入错误导致不一致，修改后重复上述操作步骤；如录入名称与证件一致，则表示变更后的单位名称与质监系统中记录的单位名称不符，单位须到北京市市场监督管理局或编办等发证机关变更单位名称后，再通过住房公积金网上业务系统进行变更。

②变更单位名称以外的单位基本信息、公积金账户信息和委托收款信息。

点击页面左侧【公积金】—【单位信息管理】—【单位信息变更】，进入单位信息变更页面。点击需要变更信息右侧的【变更】，在弹出的页面中录入变更后的信息，并点击【确认】，变更后的信息显示为黄色，再点击页面下方的【提交】。

③增加单位经办人。

点击页面左侧【公积金】—【单位信息管理】—【单位信息变更】，进入单位信息变更页面。在"经办人信息二"或"经办人信息三"中点击相应信息项（姓名、证件类型、证件号码、固定电话、手机号码）右侧的【变更】，在弹出的"单位信息变更"页面录入新经办人信息，点击【确定】，新经办人信息显示为黄色。经办人信息填写完整后，点击页面下方的【提交】。

④删除单位经办人。

需要删除的经办人为系统中"经办人一"时，不能进行删除，只能进行变更。点击页面左侧【公积金】—【单位信息管理】—【单位信息变更】,进入单位信息变更页面,点击"清空经办人二信息"或"清空经办人三信息"后点击页面下方的【提交】。

⑤变更单位经办人(以新经办人信息代替原经办人信息)。

点击页面左侧【公积金】—【单位信息管理】—【单位信息变更】,进入单位信息变更页面。对需要变更的经办人,点击相应信息项(姓名、证件类型、证件号码、固定电话、手机号码)右侧的【变更】,在弹出的"单位信息变更"页面录入新经办人信息,点击【确定】,新经办人信息显示为黄色。经办人信息填写完整后,点击页面下方的【提交】。

(3)第三步,申请生效。

阅读弹出的提示后点击【确定】,系统显示"业务办理完成",变更结果即时生效。如单位需要留存变更信息回单,点击【打印变更记录单】。

2. 途径二:住房公积金业务柜台办理

(1)第一步,填写表格,提交资料。

①单位名称变更。

单位经办人提供本人身份证原件、单位名称变更的证明原件(北京市市场监督管理局出具并加盖行政许可专用章的"企业名称变更核准通知书"、单位设立批准文件等)、变更后载有统一社会信用代码的单位证件原件,填写《单位办理住房公积金信息变更登记表》(住房公积金表203),到北京住房公积金管理中心所属任意管理部或受托银行代办点办理。

②单位法定代表人变更。

单位经办人提供本人身份证原件、变更后载有统一社会信用代码的单位证件原件,填写《单位办理住房公积金信息变更登记表》(住房公积金表203),到北京住房公积金管理中心所属任意管理部或受托银行代办点办理。

③增加、删除或变更单位经办人。

新单位经办人提供本人身份证原件、填写《单位办理住房公积金信息变更登记表》(住房公积金表203),到北京住房公积金管理中心所属任意管理部或受托银行代办点办理。

④单位委托收款信息变更。

单位经办人提供本人身份证原件、填写《单位办理住房公积金信息变更登记表》(住房公积金表203),到北京住房公积金管理中心所属任意管理部或受托银行代办点办理。

⑤单位其他信息变更。

单位经办人提供本人身份证原件、填写《单位办理住房公积金信息变更登记表》

（住房公积金表203），到北京住房公积金管理中心所属任意管理部或受托银行代办点办理。

注意：《单位办理住房公积金信息变更登记表》只需在需要变更的信息项后填写变更后的信息，未变更的信息无需填写。所有变更均需在《单位办理住房公积金信息变更登记表》正面加盖公章，单位名称、单位法定代表人及单位经办人变更时，还需填写《单位办理住房公积金信息变更登记表》背面"缴存单位委托经办人办理住房公积金业务授权委托书"信息，加盖单位公章并由法定代表人签字（或盖章）。

（2）第二步，柜台审核、办理。

住房公积金管理中心管理部或受托银行代办点柜台人员对单位提交的资料进行审核、办理业务。

三、住房公积金异地转移

（一）住房公积金缴存人账户转出

员工离职后到外省市工作并已在外省市建立住房公积金的、工作调动后在中共中央直属机关分中心（以下简称"中直分中心"）、中央国家机关分中心（以下简称"国管分中心"）或北京铁路分中心（以下简称"铁路分中心"）建立住房公积金的，由申请人向当地住房公积金管理中心或中直（国管、铁路）分中心提出转入申请。当地住房公积金管理中心或中直（国管、铁路）分中心与北京住房公积金管理中心通过全国住房公积金异地转移接续平台办理转移业务，完成个人住房公积金数据及资金的转移，无需申请人到北京住房公积金管理中心办理任何手续。

注意：若当地住房公积金管理中心未按照住建部要求接入全国住房公积金异地转移接续平台，则暂时无法办理转移业务。

缴存人在异地建立住房公积金账户后可以将北京的住房公积金转移。对于住房公积金转移到外地职工需要提供调入单位接收证明、在调入地建立住房公积金证明、转入银行账号、开户行名称等资料给在北京的原工作单位住房公积金经办人处申请办理，原单位做减员封存，后至新单位接收转移。

（二）住房公积金缴存人账户转入

职工如有住房公积金账户封存在外地住房公积金管理中心或中直（国管、铁路）分中心，在北京住房公积金管理中心建立住房公积金账户后，职工可申请将已封存的住房公积金账户转入北京住房公积金管理中心。

有两种途径可以办理职工住房公积金账户转入。

1. 途径一：住房公积金网上业务系统办理

（1）第一步，登录系统。

登录北京住房公积金网（gjj.beijing.gov.cn），点击右侧【个人网上业务平台】—【个人网上业务平台（北京中心）】，点击【注册用户登录】，输入账号、密码、验证码，点击【登录】，进入北京住房公积金管理中心网上业务平台。

（2）第二步，网上申请。

点击左侧的【我要转移】—【住房公积金缴存人账户转入申请】进入新增转入申请页面，系统反显个人身份信息和公积金账户信息，申请人按要求录入转入申请信息，点击【提交】。

如需要修改页面中反显的手机号码，录入新手机号码；录入转出地住房公积金管理中心名称的关键字，在系统显示的管理中心名称中，选择转出地中心名称；录入原个人公积金账号、原单位名称。

（3）第三步，申请生效。

阅读弹出的提示后点击【确定】，系统显示"提交成功"。申请人可根据需要点击【打印转入预申请表】打印转移申请表。

（4）第四步，查询到账结果。

办理转入业务11个工作日后，申请人可登录住房公积金个人网上业务平台，点击左侧【我的账户】—【住房公积金账户信息】查询转入金额。也可持本人身份证原件到北京住房公积金管理中心所属任意管理部或受托银行代办点查询。

注意：非注册用户应先在登录页面通过【注册开通】功能进行用户注册。

2. 途径二：住房公积金业务柜台办理

（1）第一步，填写表格，提交申请。

职工本人持身份证原件或单位经办人持经办人身份证原件、填写完整并有职工签字的《北京住房公积金缴存人账户转移申请表》（住房公积金表114），到北京住房公积金管理中心所属任意管理部或受托银行代办点办理。

注意："手机号码"为可联系到申请人的有效手机号码；"现个人住房公积金账号"为申请人在北京住房公积金管理中心的个人账号（格式为"GJJ"后跟9位或17位数字，可通过北京公积金网、个人住房公积金查询功能、管理部及受托银行代办点柜台、北京公积金APP、北京公积金微信公众号、支付宝手机APP、拨打咨询热线12329等方式查询）；"现单位名称"为申请人在北京的住房公积金账户所在单位；"原单位名称"为申请人在转出中心住房公积金账户所在单位；"转出中心名称"为申请人转出住房公积金账户所属的公积金中心;"原个人住房公积金账户"为申请人在转出中心住房公积金账户对应账号;"转入中心名称"为北京住房公积金管理中心;"申请人签字"需为申请人本人签字并注明年月日。

（2）第二步,柜台办理。

住房公积金管理中心管理部或受托银行代办点柜台人员对提交的资料进行审核后办理业务,向转出地住房公积金管理中心发出转入申请。

（3）第三步,查询到账结果。

办理转入业务 11 个工作日后,申请人可登录住房公积金个人网上业务平台,点击左侧【我的账户】—【住房公积金账户信息】查询转入金额;也可持本人身份证原件到北京住房公积金管理中心所属任意管理部或受托银行代办点查询。

四、住房公积金汇缴、补缴

（一）单位为职工缴存住房公积金

单位为职工办理住房公积金缴存业务有两种途径:一是通过住房公积金网上业务系统办理;二是通过住房公积金柜台办理。

1. 途径一:住房公积金网上业务系统办理

（1）第一步,增加或减少人员（单位若当月无人员增减可忽略此步骤）。

单位登录"北京住房公积金单位网上业务平台",点击左侧【公积金】,在"汇补缴"下拉菜单中选择【汇缴】,进入汇缴操作页面。

①增加人员。

点击【编辑［××××（年）-××（月）］变更清册】,进入"××××（年）-××（月）增加汇缴（开户、启封）"页面。

A. 逐条录入增员信息:点击【添加（增加）人员】,录入职工姓名、证件类型、证件号码,点击【查询】;按整数位录入缴存基数,系统自动计算缴存额,录入手机号码并选择其户籍所在地后,点击【确定】,该条增员信息录入完成;按此流程继续操作增员,直至所有增员信息录入完成,点击【保存】,在弹出的页面中点击【确定】,保存增员信息记录;增员信息确认无误后,点击【提交变更（增加）清册】,系统提示"提交××××年-××月汇缴变更清册成功",点击【确定】,增员信息即时生效。

B. 批量导入增员信息:如单位增员人数较多,可使用批量导入增加功能。点击【导出模板】,系统自动导出"汇缴增加变更清册"的模板（Excel 格式）,根据模板填写职工姓名、证件类型、证件号码、个人缴存基数、单位月缴存额、个人月缴存额、月缴存额合计、手机号码,根据提示录入户籍所在地编码,保存 Excel 表格;点击【导入(增加)清册】,选择电脑中已编辑完成的增加人员 Excel 文件,点击【提交】,如系统提示有错误信息,可双击错误信息条目进行修改。完成增加人员批量导入后,点击页面下方【保存】,然后点击【提交变更(增加)清册】,系统提示"提交××××年-××月汇缴变更清册成功",点击【确定】。完成批量导入增员信息操作。

若增加的职工在中直分中心存在缴存账户,该职工应封存中直分中心公积金账户后,方能在北京地方办理增员;并于增员后通过住房公积金个人网上业务平台、北京住房公积金管理中心所属任意管理部或受托银行代办点办理账户转移业务(账户转移详见"住房公积金缴存人账户转移"办事指南)。

②减少人员。

点击【编辑[××××(年)-××(月)]变更清册】,进入"××××(年)-××(月)减少汇缴(封存)"页面。

A. 逐条录入减员信息:点击【添加(减少)人员】,录入职工姓名、证件类型、证件号码信息,点击【查询】后系统自动显示减员职工信息,点击【确定】,该条减员信息录入完成;按此流程继续操作减员,直至所有减员信息录入完成,点击【保存】,在弹出的页面中再次点击【确定】,保存减员信息记录;减员信息确认无误后,点击【提交变更(减少)清册】,系统会提示"提交××××年-××月减少汇缴变更清册成功",减员信息即时生效。

B. 批量导入减员信息:如单位减员人数较多,可使用批量导入减员功能。点击【导出模板】,系统自动导出"汇缴减少变更清册"的模板(Excel 格式),根据模板填写职工姓名、证件类型、证件号码、个人缴存基数、单位月缴存额、个人月缴存额、月缴存额合计,保存 Excel 表格;点击【导入(减少)清册】,选择电脑中已编辑完成的减少人员 Excel 表文件,点击【提交】,如系统提示有错误信息,可双击错误信息条目进行修改。完成减少人员批量导入后,点击页面下方【保存】,然后点击【提交变更(减少)清册】,系统会提示"提交××××年-××月减少汇缴变更清册成功",点击【确定】。完成批量导入减员信息操作。

注意:系统支持每月多次提交变更(增、减员)清册操作,操作方法相同。采用"委托收款"方式缴款的,应在托收日前一个工作日完成清册提交。

(2)第二步,为职工缴存住房公积金。

选择委托银行收款方式的,银行在选定的托收日自动托收完成单位当月的汇缴,无需到北京住房公积金管理中心所属任意管理部或受托银行代办点现场办理。

注意:部分单位在开通委托收款缴款方式时,"每月汇缴需要确认"功能选择"是"的(该功能现已取消),目前仍需每月于托收日前登录住房公积金网上业务系统确认申报。若不确认申报，系统无法在托收日完成缴款。为方便办理，建议此类单位将该功能改为选择"否"。变更后，单位无需每月确认申报：点击网上业务系统页面左侧菜单栏【公积金】，选择【单位信息管理】中的【单位信息变更】，进入单位信息变更页面，在"委托收款信息"中的【每月汇缴需要确认】中将选项"是"改为"否"，点击【确定】后点击页面下方的【提交】。阅读弹出的提示后点击【确定】，系统显示"业务办理完成"，变更结果即时生效。未选择委托银行收款方式的，可使用以下三种方式完成缴存业务：

①使用"转账支票"方式缴存。

单位经办人可携带转账支票到任意管理部或受托银行代办点现场办理。

②使用"银行汇款"方式缴存。

单位在汇缴操作页面点击右侧的【缴款】按钮，在"缴款清册"栏目中选中需缴款的清册，然后点击【下一步】；在"确认缴款信息"栏目下的"缴款方式"中选择【银行汇款】，"中心开户银行"中任意选择北京住房公积金管理中心的收款银行名称。选择完毕后，"中心账户名称"和"中心收款账户"自动显示数据且不能修改。然后点击页面下方的【提交】按钮，系统显示"业务办理完成"；点击下方【打印缴款通知单】。单位在3个工作日内通过本单位开户行网银或柜台向《银行汇款缴款通知单》中显示的银行账号办理汇款，完成缴款。

③使用"现金"方式缴存。

单位在汇缴操作页面中点击页面右侧的【缴款】按钮，在"缴款清册"栏目中选中需缴款的清册，然后点击【下一步】；在"确认缴款信息"栏目下的"缴款方式"中选择【现金缴款】，"中心开户银行"中任意选择北京住房公积金管理中心的收款银行名称。选择完毕后，"中心账户名称"和"中心收款账户"自动显示数据且不能修改。然后点击页面下方的【提交】按钮，系统显示"业务办理完成"；点击下方【打印缴款通知单】。单位携带现金和《现金缴款通知单》在3个工作日内到所选的收款银行任意网点办理现金缴款。

注意：现金缴款只能到选定的收款银行柜台存入，不能通过网银办理。例如，《现金缴款通知单》中显示的银行是交通银行，那么只能到交通银行任意网点柜台存入现金。

2. 途径二：住房公积金柜台办理

（1）第一步，增加或减少人员。

经办人携带本人身份证原件，填写《住房公积金汇缴增员清册》（住房公积金表205）或《住房公积金汇缴减员清册》（住房公积金表206）并加盖单位公章，到北京住房公积金管理中心所属任意管理部或受托银行代办点现场办理。

若增加的职工在中直分中心存在缴存账户,该职工应封存中直分中心公积金账户后,方能在北京地方办理增员;并于增员后通过住房公积金个人网上业务平台、北京住房公积金管理中心所属任意管理部或受托银行代办点办理账户转移业务(账户转移业务详见"住房公积金缴存人账户转移"办事指南)。

(2)第二步,为职工缴存住房公积金。

具体流程可参见"途径一:住房公积金网上业务系统办理,第二步"。

(二)单位为职工补缴住房公积金

单位为职工补缴住房公积金,是指单位为职工办理应缴未缴、漏缴、少缴的住房公积金,分为按月补缴、差额补缴、一次性补缴。

单位为员工补缴应该履行内部审批手续:(1)如经核实因单位原因导致的员工社保或公积金出现漏缴的情况,应补缴。(2)因员工个人原因导致的员工社保出现漏缴,员工应自行补缴;因员工个人原因导致的公积金漏缴,因公积金不具有必须连续性,所以单位可以直接从员工入职时间开始缴纳,或与员工协商解决方式。

单位未按时为部分职工缴存住房公积金的,应办理按月补缴。单位为职工办理住房公积金补缴业务有两种途径:一是通过住房公积金网上业务系统办理;二是通过住房公积金柜台办理。

1. 单位为职工按月补缴住房公积金

(1)途径一:住房公积金网上业务系统办理。

①第一步,编辑补缴清册。

单位登录"北京住房公积金单位网上业务平台";点击左侧【公积金】,在"汇补缴"下拉菜单中选择【补缴】,点击【编辑补缴清册】,进入编辑补缴清册页面。

A. 逐条录入补缴信息。

点击【添加补缴人员】,进入"录入补缴信息"页面;录入职工姓名、证件类型、证件号码信息,点击【查询】,系统自动调取该名职工的信息,根据实际情况在"补缴类型"下拉菜单,选择"按月补缴";录入补缴起始年月、补缴终止年月,系统会自动计算出补缴月数和补缴额,点击【确定】,该条补缴信息录入完成。如有多人需补缴,重复以上操作,直至所有补缴信息录入完成,点击【保存】,在弹出的页面中再次点击【确定】,保存补缴记录。

B. 批量导入补缴信息。

为方便单位一次性大量补缴,系统开通批量补缴的功能。点击【导出模板】,系统自动导出"补缴清册导入模板"(Excel 格式),单位根据模板填写职工姓名、证件类型、证件号码、补缴类型、补缴起始年月、补缴终止年月、补缴月数、补缴基数、单位月缴存额、个人月缴存额、月缴存额、补缴合计，所有人员信息录入完毕后，保存 Excel 表格；点击【导入(补缴)清册】，选择电脑中已编辑完成的补缴人员 Excel 表文件，点击【提交】，完成批量导入补缴信息操作。

②第二步，上报补缴清册。

单位完成补缴信息录入保存或批量导入提交后，点击【确认申报补缴清册】，系统提示"申报补缴清册成功"，点击【确定】。完成补缴清册上报手续。

③第三步，补缴缴款。

选择委托银行收款方式的，银行在选定的托收日自动托收完成补缴，无需到公积金柜台现场办理。

未选择委托银行收款方式的，可使用以下三种方式完成补缴业务：

A. 使用"转账支票"方式补缴：携带转账支票到任意管理部或受托银行代办点现场办理。

B. 使用"银行汇款"方式补缴：单位在补缴操作页面中点击页面右侧的【缴款】按钮，在"缴款清册"栏目中选中需补缴的清册，然后点击【下一步】；在"确认缴款信息"栏目下的"缴款方式"中选择【银行汇款】，"中心开户银行"中任意选择北京住房公积金管理中心的收款银行名称。选择完毕后，"中心账户名称"和"中心收款账户"自动显示数据且不能修改。然后点击页面下方的【提交】按钮，系统显示"提交成功"；点击下方【打印缴款通知单】。单位在 3 个工作日内通过本单位开户行网银或柜台向《银行汇款缴款通知单》中显示的银行账号办理汇款，完成缴款。

C. 使用"现金"方式补缴：单位在补缴操作页面中点击页面右侧的【缴款】按钮，在"缴款清册"栏目中选中需补缴的清册，然后点击【下一步】；在"确认缴款信息"栏目下的"缴款方式"中选择【现金缴款】，"中心开户银行"中任意选择北京住房公积金管理中心的收款银行名称。选择完毕后，"中心账户名称"和"中心收款账户"自动显示数据且不能修改。然后点击页面下方的【提交】按钮，系统显示"提交成功"；点击下方【打印缴款通知单】。单位携带现金和《现金缴款通知单》在 3 个工作日内到选定的收款银行任意网点办理现金缴款。

注意：现金缴款只能到选定的银行柜台存入，不能通过网银办理。例如：《现金缴款通知单》中显示的收款银行是交通银行，那么只能到交通银行任意网点存入现金。

(2)途径二：住房公积金柜台办理。

①第一步，填报补缴清册。

经办人携带本人身份证原件，填写《住房公积金补缴清册》(住房公积金表207)并加盖单位公章,到任意管理部或受托银行代办点现场办理。

填写补缴人员身份信息后,勾选"按月补缴",填写补缴起止年月、"补缴金额""人数合计"及"补缴金额合计"后由经办人本人签字。填写时"补缴年月"应按照住房公积金年度填写。

经办人持本人身份证原件以及《住房公积金补缴清册》(住房公积金表 207)到任意管理部或受托银行代办点现场办理。

②第二步,为职工补缴住房公积金。

选择委托银行收款方式的,在选定的托收日可自动托收完成单位的按月补缴;未选择委托银行收款方式的,具体流程可参见"单位为职工按月补缴住房公积金—途径一—第三步"。

2. 单位为职工差额补缴住房公积金

单位将职工的住房公积金缴存基数核定错误,未足额缴存住房公积金的,应办理差额补缴。

(1)途径一:住房公积金网上业务系统办理。

①第一步,调整职工缴存基数。

单位登录住房公积金网上业务系统后,点击页面左侧【公积金】,再选择"汇补缴"中的【调整缴存额】。点击【单笔调整】,在"调整缴存额"页面依次录入需调整人员的姓名、证件类型、证件号码,确认信息录入无误后,点击【查询】,在下方信息栏中按整数位录入调整后的"缴存基数",系统会自动计算出"单位月缴存额""个人月缴存额""月缴存额合计",点击【确定】后再点击【保存】,在弹出的页面中再次点击【确定】。如有多人调整可重复以上操作。全部人员调整完成后点击【提交职工信息】,系统提示"调整缴存额成功",点击【确定】。

注意:在一个公积金年度内,单位可以在跨年清册核定外,通过网上业务系统为职工调整一次缴存基数。

②第二步,编辑补缴清册。

具体流程可参见"单位为职工按月补缴住房公积金—途径一—第一步",选择"补缴类型"时应选择"差额补缴"。

③第三步,上报补缴清册。

单位完成补缴信息录入保存或批量导入提交后,点击【确认申报补缴清册】,完成补缴清册上报手续。

④第四步,补缴缴款。

选择委托银行收款方式的,银行在选定的托收日自动托收完成补缴;未选择委托银行收款方式的,具体流程可参见"单位为职工按月补缴住房公积金—途径——第三步"。

(2)途径二:住房公积金柜台办理。

①第一步,填报补缴清册。

单位经办人填写《住房公积金补缴清册》(住房公积金表207)。表格正面填写补缴人员身份信息后,勾选"差额补缴",填写补缴起止年月、"调整后的缴存基数""补缴金额""人数合计"及"补缴金额合计"后由经办人本人签字。表格背面"勾选'差额补缴'需调整职工本年度住房公积金缴存基数的,需填写内容"栏由经办人填写完整后签字,正反面均需加盖单位公章。

经办人持本人身份证原件以及《住房公积金补缴清册》(住房公积金表207)到任意管理部或受托银行代办点现场办理。

②第二步,为职工补缴住房公积金。

选择委托银行收款方式的,在选定的托收日可自动托收完成单位的差额补缴;未选择委托银行收款方式的,具体流程可参见"单位为职工按月补缴住房公积金—途径一—第三步"。

3. 单位为职工一次性补缴住房公积金

(1)第一步,填报补缴人员。

由于公积金执法为职工追回的款项或因违规提取责令职工退回的款项,应办理一次性补缴。单位经办人可携带本人身份证原件,填写《住房公积金补缴清册》(住房公积金表207)加盖单位公章,填写补缴人员身份信息后,勾选"一次性补缴",填写"补缴金额""人数合计"及"补缴金额合计"后由经办人本人签字。一次性补缴只能在住房公积金柜台办理。

(2)第二步,为职工补缴住房公积金。

选择委托银行收款方式的,在选定的托收日可自动托收完成单位的一次性补缴;未选择委托银行收款方式的,具体流程可参见"单位为职工按月补缴住房公积金—途径一—第三步"。

五、住房公积金缓缴

生产经营困难的企业,经职工代表大会或工会同意,没有职工代表大会或工会的,经2/3以上职工同意,可以申请降低缴存比例至1%—4%,或申请缓缴。单位申请降低缴存比例或缓缴住房公积金有两种途径:一是通过住房公积金网上业务系统申请;二是通过住房公积金柜台申请。通过上述两种方式提交申请后,均需到柜台进行审批。

(一)住房公积金网上业务系统申请,柜台审批

1. 第一步,登录

单位登录"北京住房公积金单位网上业务平台";点击左侧【公积金】,点击【申请降低缴存比例】或【申请缓缴】,核实本单位信息后,点击【生成申请材料】,生成并打印《单位住房公积金降低缴存比例、缓缴申请表》(住房公积金表211)和《单位住房公积金降低缴存比例、缓缴清册》(住房公积金表212)各1份。

2. 第二步,签字盖章后上传申请材料、上传电子影像

将打印出的上述表格加盖单位公章并由法定代表人签字(或盖章),如单位没有职工代表大会或工会的,应由2/3以上职工在《单位住房公积金降低缴存比例、缓缴清册》(住房公积金表212)中签字,同意单位申请降低缴存比例或申请缓缴。

点击【上传申请材料】,将已签字盖章的上述表格的电子影像材料按路径导入后,点击【提交】申请。待后台审核。可在"历史申请记录"中查看审批进度。

3. 第三步,管理部初审

管理部对单位网上申请的降低缴存比例或缓缴事项进行初审。初审后,单位通过网上业务系统查看审核进度。

4. 第四步,现场核验

初审通过的,单位经办人持本人身份证原件、与上传影像一致的材料原件到单位所登记的管理部办理现场审核,领取审批文件。

(二)住房公积金柜台办理

1. 第一步,填写表格

单位经办人填写《单位住房公积金降低缴存比例、缓缴申请表》(住房公积金表211)和《单位住房公积金降低缴存比例、缓缴清册》(住房公积金表212),加盖单位公章和法定代表人签字(或盖章)。

如单位没有职工代表大会或工会的,应由2/3以上职工在《单位住房公积金降低缴存比例、缓缴清册》(住房公积金表212)中签字,同意单位申请降低缴存比例或申请缓缴。

2. 第二步,备齐材料到公积金中心管理部办理

单位经办人持本人身份证原件和以上表格,到单位所登记的公积金中心管理部办理现场审核,受理部门10个工作日内作出审批决定。

注意:

(1)申请经审批后生效,有效期到下一年6月底。到期如需延长,请于下一年5月

之前提交申请。

（2）受托办理住房公积金归集业务银行代办点不办理此项业务。

六、住房公积金提取

（一）购买北京市行政区域内商品住房申请提取住房公积金操作详解

北京住房公积金缴存人购买北京市新建商品住房的期房和现房、自住型商品住房或共有产权住房的期房和现房、存量商品住房（也称二手房）的，可申请提取本人及配偶名下住房公积金。

1. 购房人申请提取本人住房公积金

（1）途径一：通过住房公积金网上业务系统申请，网上办结。

①第一步，登录系统。

登录北京住房公积金网（gjj.beijing.gov.cn），点击首页右侧【个人网上业务平台】，选择【个人网上业务平台（北京中心）】，点击【注册用户登录】，输入账号、密码和验证码登录北京住房公积金个人网上业务平台办理业务（未注册的用户可在登录页面办理注册开通）。

注意：个人注册仅支持已办理住房公积金联名卡的缴存人。操作步骤：点击登录页面的【注册开通】，根据系统提示，填写校验个人信息，阅读并勾选确认《综合服务渠道个人用户注册协议》，填写联名卡验证信息，设置交易密码和登录密码，完成注册。

②第二步，选择提取事项，录入提取信息。

点击页面左侧【我要提取】—【提取住房公积金】—【提取申请】，在新事项申请列表中点击【购买北京市行政区域内商品住房申请提取住房公积金】，进入事项申请页面，在"基本信息"栏目下系统自动反显用户基本信息，"婚姻状况"为"未说明的婚姻状况"的，需选择一个有效状态。"婚姻状况"选择"已婚"后，点击【婚姻信息修改】按钮后，系统通过北京市民政系统进行校验，有记录的，选择一条记录，系统自动回填；无记录的，录入相关信息，并上传"结婚证"影像。在"房屋相关信息"栏目下，选择"是否有网签"信息项，根据是否网签选项不同，分为两种情况。

A．"是否有网签"项选择"是"时，选择"房屋所有人"和"所购房屋类型"，选择所购房屋类别，包括：存量住房、商品住房期房、商品住房现房、自住型商品住房或共有产权住房期房、自住型商品住房或共有产权住房现房。录入网签合同编号、网签查询密码后，鼠标单击页面空白处。查询成功后系统反显信息；未查询到购房信息的，需修改网签信息重新查询或在"是否有网签"项选择"否"，并录入相关信息办理申请；

B."是否有网签"项选择"否"时,选择"房屋所有人"和"所购房屋类型",录入所购住房建筑面积、住房出售人或开发商名称、出售人证件号码(选填)、购房金额、所购住房坐落、申请人及配偶名下房屋所有权证号或不动产权证号,并上传房屋所有权证或不动产权证、购房发票或契税票原件影像。

在"提取人账户相关信息"栏目下,填写"本次提取金额",选择【收款人联名卡银行】,系统自动反显相应的联名卡卡号。

③第三步,个人授权、承诺。

阅读并勾选确认《个人信息核查授权、承诺书》,点击【提交】,系统显示提交成功。

④第四步,提交申请,打印回单。

在提交成功页面,如需留存申请回单,点击【打印回单】,打印《北京住房公积金管理中心业务凭证回单》,如需查询业务办理机构,点击【经办网点】,点击【确定】,提取申请完成。

注意:申请事项提交成功后,申请人可点击页面左侧【我要提取】—【已申请提取事项记录】,在页面"已申请提取事项记录"栏中,"申请进度"展示该事项审核状态,点击【查看明细】,可以查询已申请事项详情,点击【打印回单】,可以补打《北京住房公积金管理中心业务凭证回单》。

⑤第五步,查看进度。

登录【个人网上业务平台】,点击页面左侧【我要提取】—【提取住房公积金】—【已申请提取事项记录】,查看申请进度。

"申请进度"为"审核已通过"的,提取资金将划入申请人住房公积金联名卡账户。

注意:

A."申请进度"为"审核未通过"的,可在"备注信息"栏查看不通过的原因;

B."申请进度"为"补充申请材料"的,可在"备注信息"栏查看需补充的材料及原因。鼠标左键双击该事项记录,可在补充上传影像后,重新提交;

C."申请进度"为"待审核""审核中"的,为未完成审核,请稍后再次查看状态。审核通过后,系统将自动更新申请进度。

(2)途径二:通过住房公积金业务柜台办理。

①第一步,提供材料。

申请人因购买北京市行政区域内商品住房提取住房公积金的,需提供申请人本人身份证原件、网签合同编号和密码;如无法提供网签合同编号和密码,需提供房屋所有权证号或不动产权证号、销售不动产统一发票或契税完税凭证原件。购房人姓名为提取人配偶的,还需提供结婚证原件。

若申请人原在中直分中心缴存住房公积金,并办理过同套住房的提取,转移至北京地方后申请继续提取同套房屋剩余限额的,需提供申请人本人身份证原件,无需提供其他材料。申请成功后,申请人在中直分中心的提取额度清零。

②第二步,柜台办理。

本人办理的,由本人携带上述材料,选择任意管理部及受托银行代办点办理。

经办人办理的,经办人携带经办人身份证原件、申请人填写的《申请提取住房公积金个人授权、承诺书》1 份及上述材料,选择任意管理部及受托银行代办点办理。

注意:中直分中心、国管分中心、铁路分中心缴存的缴存人按照所在分中心规定办理。登录北京住房公积金网(gjj.beijing.gov.cn)点击【经办网点】可查询分中心及经办网点地址。

2. 夫妻一方提取后,配偶因同一住房申请提取住房公积金

若夫妻双方均在北京地方缴存住房公积金,配偶方需提供本人身份证原件、结婚证原件。

若申请人配偶在中直分中心建立公积金,且在中直分中心办理过同套住房公积金提取,申请人在北京地方申请提取时,共享配偶方在中直分中心剩余提取额度的,需提供本人身份证原件、结婚证原件。申请人提取额度为配偶方剩余额度的一半,配偶方在中直分中心的提取额度同时减半。

本人办理的,由本人携带上述材料,选择任意管理部及受托银行代办点办理。

经办人办理的,经办人携带经办人身份证原件、申请人填写的《申请提取住房公积金个人授权、承诺书》1 份及上述材料,选择任意管理部及受托银行代办点办理。

3. 缴存人因同一套住房曾办理过购房提取,中断后可再次申请提取

北京住房公积金缴存人因同一套住房曾办理过购房提取,提取金额未达到购房款总额的,中断后可再次申请提取。

本人办理的,携带身份证原件选择公积金中心任意管理部及受托银行代办点办理。

经办人办理的,经办人携带经办人身份证原件、申请人身份证原件、申请人填写的《申请提取住房公积金个人授权、承诺书》1 份,选择公积金中心任意管理部及受托银行代办点办理。

注意:中直分中心、国管分中心、铁路分中心缴存的缴存人按所在分中心规定办理。登录北京住房公积金网(gjj.beijing.gov.cn),点击【经办网点】可查询分中心及经办网点地址。

（二）购买北京市行政区域内经济适用住房、限价商品住房申请提取住房公积金操作详解

北京住房公积金缴存人因购买北京市行政区域内经济适用住房、限价商品住房，可申请提取本人及配偶名下住房公积金。

1. 购房人申请提取本人住房公积金

（1）途径一：通过住房公积金网上业务系统申请，网上办结。

①第一步，登录系统。

登录北京住房公积金网（gjj.beijing.gov.cn），点击首页右侧【个人网上业务平台】，选择【个人网上业务平台（北京中心）】，点击【注册用户登录】，输入账号、密码和验证码登录北京住房公积金个人网上业务平台办理业务（未注册的用户可在登录页面办理注册开通）。

注意：个人注册仅支持已办理住房公积金联名卡的缴存人。操作步骤：点击登录页面的【注册开通】，根据系统提示，填写校验个人信息，阅读并勾选确认《综合服务渠道个人用户注册协议》，填写联名卡验证信息，设置交易密码和登录密码，完成注册。

②第二步，选择提取事项，录入提取信息。

点击页面左侧【我要提取】—【提取住房公积金】—【提取申请】，在新事项申请列表中点击【购买北京市行政区域内经济适用住房、限价商品住房申请提取住房公积金】，进入事项申请页面，在"基本信息"栏目下系统自动反显用户基本信息，"申请人户口所在区"为下拉菜单选项，按实际填写。"婚姻状况"为"未说明婚姻状况"的，需选择一个有效状态。"婚姻状况"选择"已婚"后，点击【婚姻信息修改】按钮后，系统通过北京市民政系统进行校验。有记录的，选择一条记录，系统自动回填；无记录的，录入相关信息，并上传"结婚证"影像。在"房屋相关信息"栏目下，选择所购房屋类别，包括：经济适用房、经济适用房支付首付款、限价商品房、限价商品房支付首付款。

房屋类型选择"经济适用房"或"限价商品房"的，选择"是否有网签"信息项，根据是否网签选项不同，分为两种情况：

A. "是否有网签"项选择"是"时，选择"房屋所有人"为本人或配偶，录入网签合同编号、网签查询密码后，鼠标单击页面空白处。查询成功后系统反显信息；未查询到购房信息的，需修改网签信息重新查询或在"是否有网签"项选择"否"，并录入相关信息办理申请。

B. "是否有网签"项选择"否"时，选择"房屋所有人"为本人或配偶，录入相应的购房信息。必录信息为：所购住房建筑面积、住房出售或开发商名称（选填）、购房金额、

所购住房坐落、申请人及配偶名下房屋所有权证号或不动产权证号,并上传房屋所有权证或不动产权证、购房发票或契税票原件影像。

　　房屋类型选择"经济适用房支付首付款"或"限价商品住房支付首付款"的必录信息为:房屋所有人、所购住房建筑面积、住房出售人或开发商名称(选填)、所购住房坐落、项目名称,并上传《选房确认单》原件影像。

　　③第三步,个人授权、承诺。

　　阅读并勾选确认《个人信息核查授权、承诺书》,点击【提交】,系统显示提交成功。

　　④第四步,提交申请,打印回单。

　　在提交成功页面,如需留存申请回单,点击【打印回单】,打印《北京住房公积金管理中心业务凭证回单》,如需查询业务办理机构,点击【经办网点】,点击【确定】,提取申请完成。

　　注意:申请事项提交成功后,申请人可点击页面左侧【我要提取已申请提取事项记录】,在页面"已申请提取事项记录"栏中,"申请进度"展示该事项审核状态;点击【查看明细】,可以查询已申请事项详情;点击【打印回单】,可以补打《北京住房公积金管理中心业务凭证回单》。

　　⑤第五步,查看进度。

　　A. "申请进度"为"审核已通过"的,提取资金将划入申请人住房公积金联名卡账户。

　　B. "申请进度"为"审核未通过"的,可在"备注信息"栏查看不通过原因。

　　C. "申请进度"为"补充申请材料"的,可在"备注信息"栏查看需补充的材料及原因。鼠标左键双击该事项记录,可在补充上传影像后,重新提交。

　　D. "申请进度"为"待审核""审核中"的,为未完成审核,请稍后再次查看状态。审核通过后,系统将自动更新申请进度。

　　(2)途径二:通过住房公积金业务柜台办理。

　　①第一步,提供材料。

　　申请人因购买北京市行政区域内经济适用住房、限价商品住房提取住房公积金的,提供申请人本人身份证原件、网签合同编号和密码,需提供房屋所有权证号或不动产权证号、销售不动产统一发票或契税完税凭证原件。购房人姓名为提取人配偶的,还需提供结婚证原件。

　　若申请人原在中直分中心缴存住房公积金,并办理过同套住房的公积金提取,转移至北京地方后申请继续提取同套房屋剩余限额的,需提供申请人本人身份证原件,无需提供其他材料。申请成功后,申请人在中直分中心的提取额度清零。

②第二步,柜台办理。

本人办理的,由本人携带上述材料,选择公积金中心任意管理部及受托银行代办点办理。

经办人办理的,经办人携带经办人身份证原件、申请人填写的《申请提取住房公积金个人授权、承诺书》1 份及上述材料,选择公积金中心任意管理部及受托银行代办点办理。

注意:中直分中心、国管分中心、铁路分中心缴存的缴存人按照所在分中心规定办理。登录北京住房公积金网(gjj.beijing.gov.cn),点击【经办网点】可查询分中心及经办网点地址。

2. 夫妻一方提取后,配偶因同一住房申请提取住房公积金

若夫妻双方均在北京地方缴存住房公积金,配偶方需提供本人身份证原件、结婚证原件。

若申请人配偶在中直分中心建立公积金,且在中直分中心办理过同套住房公积金提取,申请人在北京地方申请提取时,共享配偶方在中直分中心剩余提取额度的,需提供本人身份证原件、结婚证原件。申请人提取额度为配偶方剩余额度的一半,配偶方在中直分中心的提取额度同时减半。

本人办理的,由本人携带上述材料,选择公积金中心任意管理部及受托银行代办点办理。

经办人办理的,经办人携带经办人身份证原件、申请人填写的《申请提取住房公积金个人授权、承诺书》1 份及上述材料,选择任意的管理部及受托银行代办点办理。

3. 缴存人因同一套住房曾办理过购房提取,中断后可再次申请提取

北京住房公积金缴存人因同一套住房曾办理过购房提取,提取金额未达到购房款总额,中断后可再次申请提取。

本人办理的,由本人携带身份证原件选择公积金中心任意管理部及受托银行代办点办理。

经办人办理的,经办人携带经办人身份证原件、申请人身份证原件、申请人填写的《申请提取住房公积金个人授权、承诺书》1 份,选择公积金中心任意管理部及受托银行代办点办理。

注意:中直分中心、国管分中心、北京铁路分中心的缴存人按照所在分中心规定办理。登录北京住房公积金网(gjj.beijing.gov.cn),点击【经办网点】可查询分中心及经办网点地址。

（三）购买北京市行政区域内公有住房、集资合作建房申请提取住房公积金操作详解

北京住房公积金缴存人因购买北京市行政区域内公有住房、集资合作建房，可申请提取本人及配偶名下住房公积金。

1. 购房人申请提取本人住房公积金

（1）途径一：通过住房公积金网上业务系统申请，到住房公积金柜台办理。

①第一步，登录系统。

登录北京住房公积金网（gjj.beijing.gov.cn），点击首页右侧【个人网上业务平台】，选择【个人网上业务平台（北京中心）】，点击【注册用户登录】，输入账号、密码和验证码登录北京住房公积金个人网上业务平台办理业务（未注册的用户可在登录页面办理注册开通）。

注意：个人注册仅支持已办理住房公积金联名卡的缴存人。操作步骤：点击登录页面的【注册开通】，根据系统提示，填写校验个人信息，阅读并勾选确认《综合服务渠道个人用户注册协议》，填写联名卡验证信息，设置交易密码和登录密码，完成注册。

②第二步，选择提取事项，录入提取信息。

点击页面左侧【我要提取】—【提取住房公积金】—【提取申请】，在新事项申请列表中点击【购买北京市行政区域内公有住房、集资合作建房申请提取住房公积金】，进入事项申请页面。

在"基本信息"栏目下系统自动反显用户基本信息，"婚姻状况"为"未说明婚姻状况"的，需强制选择一个状态。"婚姻状况"选择"已婚"后，点击"婚姻信息修改"按钮后，系统通过北京市民政系统进行校验。有记录的，选择一条记录系统自动回填；无记录的，录入相关信息，并上传"结婚证"影像。

在"房屋相关信息"栏目下，选择"所购房屋类别"和"房屋产权人"，点击页面空白处，查询成功后系统反显信息；未查询到房屋相关信息的，需录入所购住房建筑面积、所购住房坐落、购房金额、售房单位名称，已取得房屋所有权证或不动产权证的，应在表内注明房屋所有权证或不动产权证号。上传"购房收据/购房发票"和"不动产权证/购房合同"影像。

在"提取人账户相关信息"栏目下，填写"本次提取金额"，选择【收款人联名卡银行】，系统自动反显相应的联名卡卡号。

③第三步，个人授权、承诺。

阅读并勾选确认《个人信息核查授权、承诺书》，点击【提交】，系统显示提交成功。

④第四步,提交申请,打印回单。

在提交成功页面,点击【打印回单】,打印《北京住房公积金管理中心业务凭证回单》,如需查询业务办理机构,点击【经办网点】,点击【确定】,提取申请完成。

注意:申请事项提交成功后,申请人可点击页面左侧【我要提取】—【提取公积金】—【提取申请】,在页面下方"网上可提取事项记录"栏中,点击【查看明细】,可以查询已申请事项详情,点击【打印回单】,可以补打《北京住房公积金管理中心业务凭证回单》。

⑤第五步,住房公积金柜台审核办理。

本人办理:申请人本人携带《北京住房公积金管理中心业务凭证回单》1份、申请人本人身份证原件、购房收据或购房发票原件、房屋所有权证或不动产权证原件(购房合同原件),选择任意的管理部及受托银行代办点现场办理。

经办人办理:经办人携带经办人本人身份证及上述材料选择任意管理部及受托银行代办点办理。

(2)途径二:通过住房公积金业务柜台办理。

①第一步,提供材料。

申请人因购买北京市行政区域内公有住房、集资合作建房提取住房公积金的,需提供申请人本人身份证原件,房改售房或集资合作建房单位给申请人开具的收取售房款的收据原件(只能提供收据复印件的,需售房单位在收据复印件上盖章)。收据遗失的,由售房单位出具收到购房人支付售房款具体数额的说明;单位不出具说明的,将依据成本价购买公有住宅楼房的房价款计算公式核算。购房人姓名为提取人配偶的,还需提供结婚证原件。

若申请人原在中直分中心缴存住房公积金,并办理过同套住房公积金的提取,转移至北京地方后申请继续提取同套房屋剩余限额的,需提供申请人本人身份证原件,无需提供其他材料。申请成功后,申请人在中直分中心的提取额度清零。

②第二步,柜台办理。

本人办理:本人携带本人身份证原件及上述材料,选择任意的管理部及受托银行代办点办理。

经办人办理:经办人携带经办人身份证原件、申请人填写《申请提取住房公积金个人授权、承诺书》1份,及上述材料选择任意的管理部及受托银行代办点办理。

注意:中直分中心、国管分中心、北京铁路分中心缴存的缴存人按照所在分中心规定办理。登录北京住房公积金网(gjj.beijing.gov.cn)点击【经办网点】可查询分中心及经办网点地址。

2. 夫妻一方提取后,配偶因同一住房申请提取住房公积金

若夫妻双方均在北京地方缴存住房公积金,配偶方需提供本人身份证原件、结婚证原件。

若申请人配偶在中直分中心建立公积金,且在中直分中心办理过同套住房公积金提取,申请人在北京地方申请提取时,共享配偶方在中直分中心剩余提取额度的,提供本人身份证原件、结婚证原件。申请人提取额度为配偶方剩余额度的一半,配偶方在中直分中心的提取额度同时减半。

本人办理的,由本人携带相关材料,选择任意管理部及受托银行代办点办理。

经办人办理的,经办人携带经办人身份证原件、申请人填写的《申请提取住房公积金个人授权、承诺书》1 份及上述材料,选择任意管理部及受托银行代办点办理。

3. 缴存人因同一套住房曾办理过购房提取,中断后可再次申请提取

北京住房公积金缴存人因同一套住房曾办理过购房提取,提取金额未达到购房款总额,中断后可再次申请提取。

本人办理的,由本人携带身份证原件及相关材料选择任意管理部及受托银行代办点办理。

经办人办理的,经办人携带经办人身份证原件、申请人身份证原件、申请人填写的《申请提取住房公积金个人授权、承诺书》1 份,选择任意管理部及受托银行代办点办理。

注意:中直分中心、国管分中心、铁路分中心的缴存人按所在分中心规定办理。登录北京住房公积金网(gjj.beijing.gov.cn),点击【经办网点】可查询分中心及经办网点地址。

（四）使用北京住房公积金管理中心贷款购买住房申请提取住房公积金操作详解

北京住房公积金缴存人使用北京住房公积金管理中心贷款(含住房公积金与商业银行的组合贷款)购买住房,可申请提取本人及配偶名下住房公积金。

1. 购房人申请提取本人住房公积金

(1)途径一:通过住房公积金网上业务系统申请,网上办结。

①第一步,登录系统。

登录北京住房公积金网(gjj.beijing.gov.cn),点击首页右侧【个人网上业务平台】,选择【个人网上业务平台(北京中心)】,点击【注册用户登录】,输入账号、密码和验证码登录北京住房公积金个人网上业务平台办理业务(未注册的用户可在登录页面办理注册开通）。

注意:个人注册仅支持已办理住房公积金联名卡的缴存人。操作步骤:点击登录页面的【注册开通】,根据系统提示,填写校验个人信息,阅读并勾选确认《综合服务渠道个人用户注册协议》,填写联名卡验证信息,设置交易密码和登录密码,完成注册。

②第二步,选择提取事项,录入提取信息。

点击页面左侧【我要提取】—【提取住房公积金】—【提取申请】,在新事项申请列表中点击【使用北京住房公积金管理中心贷款购买住房申请提取住房公积金】,进入事项申请页面,在"基本信息"栏目下系统自动反显用户基本信息,"婚姻状况"为"未说明婚姻状况"的,需选择一个有效状态。"婚姻状况"选择"已婚"后,点击【婚姻信息修改】按钮后,系统通过北京市民政系统进行校验。有记录的,选择一条记录,系统自动回填;无记录的,录入相关信息,并上传"结婚证"影像。"房屋所有人"选择本人或配偶。

在"公积金贷款信息"栏目下,系统自动反显房屋所有人的公积金贷款信息,申请人可点击选择;如有多条的,可选择一条。未查询到贷款信息的,公积金贷款信息栏显示:没有查询到结果。申请人需确认是否有北京公积金贷款,贷款信息是否准确无误,如有疑问请联系放款机构。

在"提取人账户相关信息"栏目下,填写"本次提取金额",选择【收款人联名卡银行】,系统自动反显相应的联名卡卡号。

③第三步,个人授权、承诺。

阅读并勾选确认《个人信息核查授权、承诺书》,点击【提交】,系统显示提交成功。

④第四步,提交申请,打印回单。

在提交成功页面,如需留存申请回单,点击【打印回单】,打印《北京住房公积金管理中心业务凭证回单》,如需查询业务办理机构,点击【经办网点】,点击【确定】,提取申请完成。

注意:申请事项提交成功后,申请人可点击页面左侧【我要提取】—【已申请提取事项记录】,在页面"已申请提取事项记录"栏中,"申请进度"展示该事项审核状态,点击【查看明细】,可以查询已申请事项详情,点击【打印回单】,可以补打《北京住房公积金管理中心业务凭证回单》。

⑤第五步,查看进度。

A."申请进度"为"审核已通过"的,提取资金将划入申请人住房公积金联名卡账户;

B."申请进度"为"审核未通过"的,可在"备注信息"栏查看不通过原因;

C."申请进度"为"补充申请材料"的,可在"备注信息"栏查看需补充的材料及原因。鼠标左键双击该事项记录,可在补充上传影像后,重新提交;

D."申请进度"为"待审核""审核中"的,系统未完成审核,请稍后再次查看状态。审核通过后,系统将自动更新申请进度。

(2)途径二:通过住房公积金业务柜台办理。

①第一步,提供材料。

申请人因使用北京住房公积金管理中心贷款(含住房公积金与商业银行的组合贷款)购买住房申请提取住房公积金的,需提供申请人本人身份证原件。购房人姓名为提取人配偶的,还需提供结婚证原件。

②第二步,柜台办理。

本人办理的,由本人携带相关材料,选择任意管理部及受托银行代办点办理。

经办人办理的,经办人携带经办人身份证原件、申请人填写的《申请提取住房公积金个人授权、承诺书》1份及上述材料,选择任意管理部及受托银行代办点办理。

注意:中直分中心、国管分中心、铁路分中心缴存的缴存人按照所在分中心规定办理。登录北京住房公积金网(gjj.beijing.gov.cn),点击【经办网点】可查询分中心及经办网点地址。

2. 夫妻一方提取后,配偶因同一住房申请提取住房公积金

若夫妻双方均在北京地方缴存住房公积金,配偶方需提供本人身份证原件、结婚证原件。

若申请人配偶在中直分中心建立公积金,且在中直分中心办理过同套住房公积金提取,申请人在北京地方申请提取时,共享配偶方在中直分中心剩余提取额度的,需提供本人身份证原件、结婚证原件。申请人提取额度为配偶方剩余额度的一半,配偶方在中直分中心的提取额度同时减半。

本人办理的,由本人携带相关上述材料,选择任意管理部及受托银行代办点办理。

经办人办理的,经办人携带经办人身份证原件、申请人填写的《申请提取住房公积金个人授权、承诺书》1份及上述材料,选择任意管理部及受托银行代办点办理。

3. 缴存人因同一套住房曾办理过购房提取,中断后可再次申请提取

北京住房公积金缴存人因同一套住房曾办理过购房提取,提取金额未达到购房款总额,中断后可再次申请提取。

本人办理的,由本人携带身份证原件及相关材料选择任意管理部及受托银行代办点办理。

经办人办理的,经办人携带经办人身份证原件、申请人身份证原件、申请人填写的

《申请提取住房公积金个人授权、承诺书》1 份,选择任意管理部及受托银行代办点办理。

注意:中直分中心、国管分中心、铁路分中心的缴存人按所在分中心规定办理。登录北京住房公积金网(gjj.beijing.gov.cn),点击【经办网点】可查询分中心及经办网点地址。

(五)购买北京市行政区域内危改、拆迁、征收回迁房申请提取住房公积金操作详解

北京住房公积金缴存人因购买北京市行政区域内危改、拆迁、征收回迁房,可申请提取本人及配偶名下住房公积金。

1. 购房人申请提取本人住房公积金

(1)途径一:通过住房公积金网上业务系统申请,到住房公积金柜台办理。

①第一步,登录系统。

登录北京住房公积金网(gjj.beijing.gov.cn),点击首页右侧【个人网上业务平台】,选择【个人网上业务平台(北京中心)】,点击【注册用户登录】,输入账号、密码和验证码登录北京住房公积金个人网上业务平台办理业务(未注册的用户可在登录页面办理注册开通)。

注意:个人注册仅支持已办理住房公积金联名卡的缴存人。操作步骤:点击登录页面的【注册开通】,根据系统提示,填写校验个人信息,阅读并勾选确认《综合服务渠道个人用户注册协议》,填写联名卡验证信息,设置公积金交易密码和登录密码,完成注册。

②第二步,选择提取事项,录入提取信息,上传申请材料。

点击页面左侧【我要提取】—【提取住房公积金】—【提取申请】,在新事项申请列表中点击【购买北京行政区域内危改、拆迁、征收回迁房申请提取住房公积金】,进入事项申请页面。

在"基本信息"栏目下系统自动反显用户基本信息,"婚姻状况"为"未说明婚姻状况"的,需选择一个有效状态。"婚姻状况"选择"已婚"后,点击"婚姻信息修改"按钮后,系统通过北京市民政系统进行校验。有记录的,选择一条记录,系统自动回填;无记录的,录入相关信息,并上传"结婚证"影像。

在"房屋相关信息"栏目下,所购住房坐落、所购住房建筑面积、购房人实际缴纳的购房金额为必录入项,并上传"拆迁或征收回迁协议",协议中未注明购房人实际缴纳的房价款金额的,需要上传"迁房统一发票或收据"影像。已取得房屋所有权证或不动

产权证的,应在表内注明房屋所有权证或不动产权证号,并上传"不动产权证或房产证"。

在"提取人账户相关信息"栏目下,填写"本次提取金额",选择【收款人联名卡银行】,系统自动反显相应的联名卡卡号。

③第三步,个人授权、承诺。

阅读并勾选确认《个人信息核查授权、承诺书》,点击【提交】,系统显示提交成功。

④第四步,提交申请,打印回单。

在提交成功页面,点击【打印回单】,打印《北京住房公积金管理中心业务凭证回单》,如需查询业务办理机构,点击【经办网点】,点击【确定】,提取申请完成。

注意:申请事项提交成功后,申请人可点击页面左侧【我要提取】—【已申请提取事项记录】,在页面"已申请提取事项记录"栏中,"申请进度"展示该事项审核状态,点击【查看明细】,可以查询已申请事项详情,点击【打印回单】,可以补打《北京住房公积金管理中心业务凭证回单》。

⑤第五步,住房公积金柜台审核。

申请人持打印的《北京住房公积金管理中心业务凭证回单》1 份、本人身份证、拆迁或征收回迁协议原件(协议中未注明购房人实际缴纳的房价款金额的,还需携带迁房统一发票或收据原件),到公积金柜台现场办理。审核通过后,提取资金将划入申请人住房公积金联名卡账户。

由经办人办理的,需经办人携带上述材料及经办人身份证原件办理。

注意:A. 请仔细阅读业务回单信息;B. 购房人姓名为提取人配偶的,还需提供结婚证原件。

(2)途径二:通过住房公积金业务柜台办理。

①第一步,提供材料。

申请人因购买北京市行政区域内危改、拆迁、征收回迁房申请提取住房公积金的,需提供申请人本人身份证原件,拆迁或征收回迁协议原件,协议中未注明的实际缴纳房款金额的,需提供购买回迁房的销售不动产统一发票或收据原件。购房人姓名为提取人配偶的,还需提供结婚证原件。

若申请人原在中直分中心缴存住房公积金,并办理过同套住房的公积金提取,转移至北京地方后申请继续提取同套房屋剩余限额的,需提供申请人本人身份证原件,无需提供其他材料。申请成功后,申请人在中直分中心的提取额度清零。

②第二步,住房公积金柜台审核办理。

本人办理的,由本人携带上述材料,选择任意管理部及受托银行代办点办理。

经办人办理的,经办人携带经办人身份证原件、申请人填写的《申请提取住房公积金个人授权、承诺书》1 份及上述材料,选择任意管理部及受托银行代办点办理。

注意:中直分中心、国管分中心、铁路分中心缴存的缴存人按照所在分中心规定办理。登录北京住房公积金网(gjj.beijing.gov.cn),点击【经办网点】可查询分中心及经办网点地址。

2. 夫妻一方提取后,配偶因同一住房申请提取住房公积金

若夫妻双方均在北京地方缴存住房公积金,提供身份证原件、结婚证原件。

若申请人配偶在中直分中心建立公积金,且在中直分中心办理过同套住房公积金提取,申请人在北京地方申请提取时,共享配偶方在中直分中心剩余提取额度的,提供本人身份证原件、结婚证原件。申请人提取额度为配偶方剩余额度的一半,配偶方在中直分中心的提取额度同时减半。

将上述两种情况所需材料准备齐全后,本人办理的,由本人携带上述材料,选择任意管理部及受托银行代办点办理。

经办人办理的,经办人携带经办人身份证原件、申请人填写的《申请提取住房公积金个人授权、承诺书》1 份及上述材料,选择任意管理部及受托银行代办点办理。

3. 缴存人因同一套住房曾办理过购房提取,中断后可再次申请提取

北京住房公积金缴存人因同一套住房曾办理过购房提取,提取金额未达到购房款总额,中断后可再次申请提取。

本人办理的,由本人携带身份证原件选择任意管理部及受托银行代办点办理。

经办人办理的,经办人携带经办人身份证原件、申请人身份证原件、申请人填写的《申请提取住房公积金个人授权、承诺书》1 份,选择任意管理部及受托银行代办点办理。

注意:中直分中心、国管分中心、铁路分中心缴存的缴存人按所在分中心规定办理。登录北京住房公积金网(gjj.beijing.gov.cn),点击【经办网点】可查询分中心及经办网点地址。

(六)购买北京市行政区域外住房申请提取住房公积金操作详解

购买北京市行政区域外的住房,缴存职工及配偶应无北京市行政区域内购房提取记录,并满足以下条件之一的可以申请提取住房公积金:(1)购买本人及配偶身份证、户口簿所在省内住房;(2)缴存人及配偶在京无房,购买天津、河北省内等住房。

1. 购房人申请提取本人住房公积金

(1)途径一:通过住房公积金网上业务系统申请,经办人到住房公积金柜台办理。

①第一步,登录系统。

登录北京住房公积金网(gjj.beijing.gov.cn),点击首页右侧【个人网上业务平台】,选择【个人网上业务平台(北京中心)】,点击【注册用户登录】,输入账号、密码和验证码登录北京住房公积金个人网上业务平台办理业务(未注册的用户可在登录页面办理注册开通)。

注意:个人注册仅支持已办理住房公积金联名卡的缴存人。操作步骤:点击登录页面的【注册开通】,根据系统提示,填写校验个人信息,阅读并勾选确认《综合服务渠道个人用户注册协议》,填写联名卡验证信息,设置交易密码和登录密码,完成注册。

②第二步,选择提取事项,录入提取信息。

点击页面左侧【我要提取】—【提取住房公积金】—【提取申请】,在新事项申请列表中点击【购买北京市行政外住房申请提取住房公积金】,进入事项申请页面。

A. 录入基本信息。

系统自动反显用户部分信息,需录入身份证签发机关,点击【上传身份证】,从本地上传身份证照片。用户可自行修改婚姻状况,当婚姻状况为“未说明婚姻状况”时,用户需根据实际情况选择婚姻状况。当婚姻状况选择“已婚”的,需录入登记证号、配偶户籍和配偶身份证签发机关,点击【上传配偶身份证】,从本地上传配偶方身份证照片,点击【婚姻信息修改】。民政能反显记录的,选择一条记录,系统自动反显出配偶方姓名、证件类型、证件号码,无需上传结婚证影像;民政不能反显记录的,需录入配偶方相关信息,点击【上传结婚证】,从本地上传结婚证照片。

如房屋地址所选的省/市与本人及配偶的身份证签发机关所在地省/市均不一致的,还需上传户口簿照片。

B. 录入房屋相关信息。

已签订网签合同的,勾选“购房合同”选项,网签合同编号、网签查询密码、房屋所有人、住房出售人或开发商名称、所购住房建筑面积、所购住房坐落(省/市)、所购住房地址和购房金额为必录信息项。点击【上传购房合同】和【上传购房发票或契税票】,从本地上传相关文件照片。

未签订网签合同的,勾选“房屋产权证或不动产权证”选项,申请人及配偶名下房屋所有权证号或不动产权证号、房屋所有人、住房出售人或开发商名称、所购住房建筑面积、所购住房坐落(省/市)、所购住房地址和购房金额为必录信息项。点击【上传房产证或不动产权证】和【上传购房发票或契税票】,从本地上传相关文件照片。

注意:“网签合同编号和密码”是指申请人在房屋所在地住房和城乡建设委员会网站签约系统中备案的购房合同编号和密码。

C. 录入提取人账户信息。

录入本次提取金额,选择【收款人联名卡银行】后,系统自动反显相应的联名卡卡号。

③第三步,个人授权、承诺。

阅读并勾选《个人信息核查授权、承诺书》,点击【提交】,系统显示提交成功。

④第四步,提交申请,打印回单。

在提交成功页面,点击【打印回单】,打印《北京住房公积金管理中心业务凭证回单》,如需查询业务办理机构,点击【经办网点】,点击【确定】,提取申请完成。

注意:申请事项提交成功后,申请人可点击页面左侧【我要提取】—【提取公积金】—【提取申请】,在页面下方"网上可提取事项记录"栏中,点击【查看明细】,可以查询已申请事项详情,点击【打印回单】,可以补打《北京住房公积金管理中心业务凭证回单》。

⑤第五步,住房公积金柜台现场办理。

经办人持本人身份证,携带《北京住房公积金管理中心业务凭证回单》1 份、申请人身份证原件、购房合同原件、销售不动产统一发票或契税完税凭证(二手房)原件、房屋所有权证或不动产权证原件(已取得上述两项权证之一的需提供),申请人户口本原件(购房地址所在的省与身份证不符的需提供),购房人姓名为提取人配偶的,还需提供结婚证原件,选择任意的管理部及受托银行代办点现场办理。

注意:请仔细阅读系统提示信息,以免遗漏相关提取材料。

(2)途径二:通过住房公积金业务柜台办理。

①第一步,填写表格。

本人填写《申请提取住房公积金个人授权、承诺书》。

注意:"联名卡开户银行及联名卡卡号"需为申请人本人的有效住房公积金联名卡。若申请人原在中直分中心缴存住房公积金时已办理过公积金联名卡的,可以继续使用。如需办理约定提取,请填写约定提取信息,选择约定提取周期。"申请人签字"需为本人签字并注明年月日。

②第二步,提供材料。

购买北京市行政区域之外住房的,需提供申请人身份证原件、购房合同原件、销售不动产统一发票或契税完税凭证(二手房)原件、房屋所有权证或不动产权证原件(已取得上述两项权证之一的需提供)、户口本原件(购房地址所在的省与身份证不符的需提供)。购房人姓名为提取人配偶的,还需提供结婚证原件。

若申请人原在中直分中心缴存住房公积金,并办理过同套住房公积金的提取,转移至北京地方后申请继续提取同套房屋剩余限额的,提供申请人填写的《申请提取住房公积金个人授权、承诺书》1 份,以及申请人本人身份证原件,无需提供其他材料。申请成功后,申请人在中直分中心的提取额度清零。

③第三步,住房公积金柜台审核办理。

由经办人携带经办人身份证原件、申请人填写的《申请提取住房公积金个人授权、承诺书》1 份及上述材料选择任意管理部及受托银行代办点办理。

注意:中直分中心、国管分中心、铁路分中心缴存的缴存人按所在分中心规定办理。登录北京住房公积金网(gjj.beijing.gov.cn),点击【经办网点】可查询分中心及经办网点地址。

2. 夫妻一方提取后,配偶因同一住房申请提取住房公积金

若夫妻双方均在北京地方缴存住房公积金,配偶方需提供本人身份证原件、结婚证原件。

若申请人配偶在中直分中心建立公积金,且在中直分中心办理过同套住房公积金提取,申请人在北京地方申请提取时,共享配偶方在中直分中心剩余提取额度的,需提供本人身份证原件、结婚证原件。申请人提取额度为配偶方剩余额度的一半,配偶方在中直分中心的提取额度同时减半。

将上述两种情况所需材料准备齐全后,本人办理的,由本人携带本人身份证原件及上述材料,选择任意管理部及受托银行代办点办理。

经办人办理的,经办人携带经办人身份证原件、申请人填写的《申请提取住房公积金个人授权、承诺书》1 份及上述材料,选择任意管理部及受托银行代办点办理。

3. 缴存人因同一套住房曾办理过购房提取,中断后可再次申请提取

北京住房公积金缴存人因同一套住房曾办理过购房提取,提取金额未达到购房款总额,中断后可再次申请提取。

本人办理的,由本人携带身份证原件选择任意管理部及受托银行代办点办理。

经办人办理的,经办人携带经办人身份证原件、申请人身份证原件、申请人填写的《申请提取住房公积金个人授权、承诺书》1 份,选择任意管理部及受托银行代办点办理。

(七)使用商业银行贷款及使用异地公积金贷款购买北京市行政区域外住房申请提取住房公积金操作详解

使用商业银行贷款及使用异地住房公积金贷款购买北京市行政区域外的住房,缴存职工及配偶应无北京市行政区域内购房提取记录,并满足以下条件之一的可以申请提取:(1)购买本人及配偶身份证、户口簿所在省内住房;(2)缴存人及配偶在京无房,购买天津、河北省内等住房。

1. 购房人申请提取本人住房公积金

(1)途径一:通过住房公积金网上业务系统申请,经办人到住房公积金柜台办理。

①第一步,登录系统。

登录北京住房公积金网(gjj.beijing.gov.cn),点击首页右侧【个人网上业务平台】,选择【个人网上业务平台(北京中心)】,点击【注册用户登录】,输入账号、密码和验证码登录北京住房公积金个人网上业务平台办理业务(未注册的用户可在登录页面办理注册开通)。

注意:个人注册仅支持已办理住房公积金联名卡的缴存人。操作步骤:点击登录页面的【注册开通】,根据系统提示,填写校验个人信息,阅读并勾选确认《综合服务渠道个人用户注册协议》,填写联名卡验证信息,设置交易密码和登录密码,完成注册。

②第二步,选择提取事项,录入提取信息。

点击页面左侧【我要提取】—【提取住房公积金】—【提取申请】,在新事项申请列表中点击【使用商业银行贷款及使用异地住房公积金贷款购买北京市行政区域外住房申请提取住房公积金】,进入事项申请页面,在"基本信息"栏目下系统自动反显用户基本信息,"户籍"一栏为系统反显,"身份证签发机关(省/市)"按身份证正面签发机关的省/市填写,需要上传身份证影像,"婚姻状况"为"未说明的婚姻状况"的,需强制选择一个状态。"婚姻状况"选择"已婚"后,点击【婚姻信息修改】按钮后,系统通过北京市民政系统进行校验。有记录的,选择一条记录,系统自动回填;无记录的,录入相关信息,并上传"结婚证"影像。"配偶户籍"按照户口簿记载的户籍填写,"配偶身份证签发机关(省/市)"同申请人一致,"所购房屋坐落(省/市)"与配偶身份证签发机关(省/市)一致的,需上传配偶身份证影像。

注意:A."户籍"信息若与实际不符,可点击网页上方【个人信息】—【户籍所在地】进行修改。B."所购房屋坐落(省/市)"与本人及配偶的身份证签发机关所在地省/市均不一致的,还需上传本人或配偶户口簿照片。

在"房屋相关信息"栏目下,录入"房屋所有人""借款合同编号""放款时间""所购房屋坐落""所购住房地址""还款周期""贷款金额""购房金额"。需要上传借款合同原件、销售不动产统一发票或契税完税凭证原件影像。

注意:"借款合同编号""放款时间""还款周期"按照借款人与商业银行或异地公积金中心签订的贷款合同内容填写。

在"提取人账户相关信息"栏目下,填写"本次提取金额",选择"收款人联名卡银行"，系统自动反显相应的联名卡卡号。

③第三步，个人授权、承诺。

阅读并勾选《个人信息核查授权、承诺书》，点击【提交】，系统显示提交成功。

④第四步，提交申请，打印回单。

在提交成功页面，点击【打印回单】，打印《北京住房公积金管理中心业务凭证回单》，如需查询业务办理机构，点击【经办网点】，点击【确定】，提取申请完成。

注意：申请事项提交成功后，申请人可点击页面左侧【我要提取】—【已申请提取事项记录】，在页面"已申请提取事项记录"栏中，"申请进度"展示该事项审核状态，点击【查看明细】，可以查询已申请事项详情，点击【打印回单】，可以补打《北京住房公积金管理中心业务凭证回单》。

⑤第五步，住房公积金柜台现场办理。

经办人持本人身份证，携带《北京住房公积金管理中心业务凭证回单》1 份、申请人身份证原件、购房合同原件、销售不动产统一发票或契税完税凭证（二手房）原件、房屋所有权证或不动产权证原件（已取得上述两项权证之一的需提供）、申请人户口本原件（购房地址所在的省与身份证不符的需提供）。购房人姓名为提取人配偶的，还需提供结婚证原件，选择任意管理部及受托银行代办点现场办理。

注意：请仔细阅读系统提示信息，以免遗漏相关提取材料。

（2）途径二：通过住房公积金业务柜台办理。

①第一步，填写表格。

本人填写《申请提取住房公积金个人授权、承诺书》。

注意："联名卡开户银行及联名卡卡号"需为申请人本人的有效住房公积金联名卡。若申请人原在中直分中心缴存住房公积金时已办理过公积金联名卡的，可以继续使用。如需办理约定提取，请填写约定提取信息，选择约定提取周期。"申请人签字"需为本人签字并注明年月日。

②第二步，提供材料。

使用商业银行贷款及使用异地住房公积金贷款购买北京市行政区域外的住房而提取住房公积金的，需提供申请人本人身份证原件、借款合同原件、销售不动产统一发票或契税完税凭证原件、户口本原件（购房地址所在的省与身份证不符的需提供）。借款人姓名为提取人配偶的，还需提供结婚证原件。

若申请人原在中直分中心缴存住房公积金，并办理过同套住房的提取，转移至北京地方后申请继续提取同套房屋剩余限额的，需提供填写完整的《申请提取住房公积金个人授权、承诺书》1 份，以及申请人本人身份证原件，无需提供其他材料。申请成功后,申请人在中直分中心的提取额度清零。

③第三步,住房公积金柜台审核办理。

由经办人携带经办人身份证原件、申请人填写的《申请提取住房公积金个人授权、承诺书》1份及上述材料选择任意管理部及受托银行代办点办理。

注意:中直分中心、国管分中心、铁路分中心缴存的缴存人按所在分中心规定办理。登录北京住房公积金网(gjj.beijing.gov.cn),点击【经办网点】可查询分中心及经办网点地址。

2. 夫妻一方提取后,配偶因同一住房申请提取住房公积金

若夫妻双方均在北京地方缴存住房公积金,配偶方需提供本人身份证原件、结婚证原件。

若申请人配偶在中直分中心建立公积金,且在中直分中心办理过同套住房公积金提取,申请人在北京地方申请提取时,共享配偶方在中直分中心剩余提取额度的,需提供本人身份证原件、结婚证原件。申请人提取额度为配偶方剩余额度的一半,配偶方在中直分中心的提取额度同时减半。

将上述两种情况所需材料准备齐全后,本人办理的,由本人携带上述材料,选择任意管理部及受托银行代办点办理。

经办人办理的,经办人携带经办人身份证原件、申请人填写的《申请提取住房公积金个人授权、承诺书》1份及上述材料,选择任意管理部及受托银行代办点办理。

3. 缴存人因同一套住房曾办理过购房提取,中断后可再次申请提取

北京住房公积金缴存人因同一套住房曾办理过购房提取,提取金额未达到购房款总额,中断后可再次申请提取。

本人办理的,由本人携带身份证原件选择任意管理部及受托银行代办点办理。

经办人办理的,经办人携带经办人身份证原件、申请人身份证原件、申请人填写的《申请提取住房公积金个人授权、承诺书》1份,选择任意管理部及受托银行代办点办理。

(八)租房申请提取住房公积金操作详解

北京住房公积金缴存人在北京市行政区域内无自有住房且租房居住的,可申请提取本人及配偶名下住房公积金。租房提取期限为1年,满1年的,应重新申请。

1. 无自有住房(每月提取1 500元)方式申请提取住房公积金

(1)途径一:通过住房公积金网上业务系统申请,网上办结。

①第一步,登录系统。

登录北京住房公积金网(gjj.beijing.gov.cn),点击首页右侧【个人网上业务平台】,选择【个人网上业务平台(北京中心)】,点击【注册用户登录】,输入账号、密码和验证码登录北京住房公积金个人网上业务平台办理业务(未注册的用户可在登录页面办理注册开通)。

注意:个人注册仅支持已办理住房公积金联名卡的缴存人。操作步骤:点击登录页面的【注册开通】,根据系统提示,填写校验个人信息,阅读并勾选确认《综合服务渠道个人用户注册协议》,填写联名卡验证信息,设置交易密码和登录密码,完成注册。

②第二步,选择提取事项,录入提取信息。

点击页面左侧【我要提取】—【提取住房公积金】—【提取申请】,在新事项申请列表中点击【租房申请提取住房公积金】,进入事项申请页面,在"基本信息"栏目下系统自动反显用户基本信息,选择【租房类型】为"无自有住房(每月提取 1 500 元)"。"婚姻状况"为"未说明的婚姻状况"的,需选择一个有效状态。"婚姻状况"选择"已婚"后,点击【婚姻信息修改】按钮后,系统通过北京市民政系统进行校验。有记录的,选择一条记录,系统自动回填;无记录的,录入相关信息,并上传"结婚证"影像。在"房屋相关信息"栏目下,内容均置灰,无需填写。在"提取人账户相关信息"栏目下,填写"本次提取金额",选择"收款人联名卡银行",系统自动反显相应的联名卡卡号。

③第三步,个人授权、承诺。

阅读并勾选《个人信息核查授权、承诺书》,点击【提交】,系统显示提交成功。

④第四步,提交申请,打印回单。

在提交成功页面,如需留存申请回单,点击【打印回单】,打印《北京住房公积金管理中心业务凭证回单》,如需查询业务办理机构,点击【经办网点】,点击【确定】,提取申请完成。

注意:申请事项提交成功后,申请人可点击页面左侧【我要提取】—【已申请提取事项记录】,在页面"已申请提取事项记录"栏中,"申请进度"展示该事项审核状态,点击【查看明细】,可以查询已申请事项详情,点击【打印回单】,可以补打《北京住房公积金管理中心业务凭证回单》。

⑤第五步,查看进度。

A."申请进度"为"审核已通过"的,提取资金将划入申请人住房公积金联名卡账户;

B."申请进度"为"审核未通过"的,可在"备注信息"栏查看不通过原因;

C."申请进度"为"补充申请材料"的,可在"备注信息"栏查看需补充的材料及原因。鼠标左键双击该事项记录,可在补充上传影像后,重新提交;

D. "申请进度"为"待审核""审核中"的,系统未完成审核,请稍后再次查看状态。审核通过后,系统将自动更新申请进度。

(2)途径二:通过住房公积金业务柜台办理。

①第一步,提供材料。

申请人因在北京市行政区域内无自有住房,租住住房但无法提供租房合同和租房发票的,自批准之日起按每月1 500元标准每季度提取一次,需提供申请人本人身份证原件。

②第二步,住房公积金柜台审核办理。

本人办理的,由本人携带相关材料选择任意管理部及受托银行代办点办理。

经办人办理的,经办人携带经办人身份证原件、申请人填写的《申请提取住房公积金个人授权、承诺书》1份及相关材料,选择任意管理部及受托银行代办点办理。

注意:中直分中心、国管分中心、铁路分中心缴存的缴存人按所在分中心规定办理。登录北京住房公积金网(gjj.beijing.gov.cn),点击【经办网点】可查询分中心及经办网点地址。

2. 租赁公租房方式申请提取住房公积金

租赁公租房方式申请提取住房公积金的办理途径、办理流程与上述"无自有住房(每月提取1 500元)方式申请提取住房公积金"基本一致,在"基本信息"栏目下只需将"租房类型"选择为"公租房"。在"房屋相关信息"栏目下,依次填写承租人、备案编号(选填)、月租金、租赁开始时间、租赁终止时间、租房支出(发票金额)、租赁房屋地址。需上传公租房合同原件、公租房发票原件影像。

选择通过住房公积金柜台办理时,申请人在北京市行政区域内租住公租房的,需提供申请人本人身份证原件、供租房合同、发票原件,按照实际房租支出全额提取。

注意:租赁开始时间、租赁终止时间以开具的租房发票对应的租赁月份为准。

3. 无自有住房(租住商品房合同、发票)方式申请提取住房公积金

无自有住房(租住商品房合同、发票)方式申请提取住房公积金的办理途径、办理流程与上述"无自有住房(每月提取1 500元)方式申请提取住房公积金"基本一致,在"基本信息"栏目下只需将【租房类型】选择为"无自有住房(租住商品房合同、发票)"。填写内容与上述"公租房"提取要求一致,需上传租住商品住房合同原件、租房发票原件影像。

选择通过住房公积金柜台办理时,申请人在北京市行政区域内无自有住房租住商品房的,需提供申请人本人身份证原件、租住商品住房合同、租房发票原件,自批准之日起每季度提取一次,月提取金额既不得超过本人住房公积金月缴存额也不得超过月租金。

注意:租赁开始时间、租赁终止时间以开具的租房发票对应的租赁月份为准。

4. 夫妻一方租房提取后,配偶因同一租房事项申请提取住房公积金

若夫妻一方租房提取后,配偶因同一租房事项申请提取住房公积金,配偶方需提供本人身份证原件、结婚证原件,由配偶本人或将填写完整的《申请提取住房公积金个人授权、承诺书》交由配偶方经办人,由经办人携带经办人身份证原件及上述材料,选择任意管理部及受托银行代办点办理。

5. 原有租房提取事项中断后再次办理提取住房公积金

本人办理的,由本人携带身份证原件选择任意管理部及受托银行代办点办理。

经办人办理的,经办人携带经办人身份证原件、申请人身份证原件及填写的《申请提取住房公积金个人授权、承诺书》1份,选择任意管理部及受托银行代办点办理。

(九)大修、翻建、自建北京市行政区域内自住住房申请提取住房公积金操作详解

北京住房公积金缴存人在北京市行政区域内大修、翻建、自建自住住房的,可申请提取本人及配偶名下住房公积金。

1. 购房人申请提取本人住房公积金

(1)途径一:通过住房公积金网上业务系统申请,到住房公积金柜台办理。

①第一步,登录系统。

登录北京住房公积金网(gjj.beijing.gov.cn),点击首页右侧【个人网上业务平台】,选择【个人网上业务平台(北京中心)】,点击【注册用户登录】,输入账号、密码和验证码登录北京住房公积金个人网上业务平台办理业务(未注册的用户可在登录页面办理注册开通)。

注意:个人注册仅支持已办理住房公积金联名卡的缴存人。操作步骤:点击登录页面的【注册开通】,根据系统提示,填写校验个人信息,阅读并勾选确认《综合服务渠道个人用户注册协议》,填写联名卡验证信息,设置公积金交易密码和登录密码,完成注册。

②第二步,选择提取事项,录入提取信息,上传申请材料。

点击页面左侧【我要提取】—【提取住房公积金】—【提取申请】,在新事项申请列表中点击【大修、翻建、自建北京市行政区域内自住住房申请提取住房公积金】,进入事项申请页面。

在"基本信息"栏目下系统自动反显用户基本信息,"婚姻状况"为"未说明婚姻状

况"的,需强制选择一个状态。"婚姻状况"选择"已婚"后,点击【婚姻信息修改】按钮后,系统通过北京市民政系统进行校验。有记录的,选择一条记录,系统自动回填;无记录的,录入相关信息,并上传"结婚证"影像。

"房屋相关信息"栏目下,录入房屋产权人、住房建筑面积、住房坐落、购买建筑材料的发票号、发票密码和大修、翻建、自建支出金额,已取得房屋所有权证或不动产权证的,需录入相应的权证号码,并上传购房材料发票和房屋所在地的国土规划部门批准文件或乡镇人民政府批准的文件。

在"提取人账户相关信息"栏目下,填写"本次提取金额",选择"收款人联名卡银行",系统自动反显相应的联名卡卡号。

③第三步,个人授权、承诺。

阅读并勾选《个人信息核查授权、承诺书》,点击【提交】,系统显示提交成功。

④第四步,提交申请,打印回单。

在提交成功页面,点击【打印回单】,打印《北京住房公积金管理中心业务凭证回单》,如需查询业务办理机构,点击【经办网点】,点击【确定】,提取申请完成。

注意:申请事项提交成功后,申请人可点击页面左侧【我要提取】—【已申请提取事项记录】,在页面"已申请提取事项记录"栏中,"申请进度"展示该事项审核状态,点击【查看明细】,可以查询已申请事项详情,点击【打印回单】,可以补打《北京住房公积金管理中心业务凭证回单》。

⑤第五步,柜台办理。

本人办理的,持《北京住房公积金管理中心业务凭证回单》1份,身份证原件,房屋所在地的规划国土部门批准大修、翻建、自建的文件或乡镇人民政府批准的文件原件,购买材料的明细发票或分摊到个人的费用发票原件选择任意管理部及受托银行代办点办理。

经办人办理的,经办人携带经办人本人身份证及上述材料选择任意管理部及受托银行代办点办理。

注意:请仔细阅读系统提示信息,以免遗漏相关提取材料。购房人姓名为提取人配偶的,还需提供结婚证原件。

(2)途径二:通过住房公积金业务柜台办理。

①第一步,提供材料。

所需材料为:申请人身份证原件,房屋所在地的规划国土部门批准大修、翻建、自建的文件或乡镇人民政府批准的文件原件,购买材料的明细发票或分摊到个人的费用发票原件。产权人姓名为提取人配偶的,还需提供结婚证原件。

若申请人原在中直分中心缴存住房公积金,并办理过同套住房公积金的提取,转移至北京地方后申请继续提取同套房屋剩余限额的,需提供申请人本人身份证原件,无需提供其他材料。申请成功后,申请人在中直分中心的提取额度清零。

②第二步,柜台办理。

本人办理的,由本人携带相关材料,选择任意管理部及受托银行代办点办理。

经办人办理的,经办人携带经办人身份证原件、申请人填写的《申请提取住房公积金个人授权、承诺书》1 份及上述材料,选择任意管理部及受托银行代办点办理。

注意:中直分中心、国管分中心、铁路分中心缴存的缴存人按所在分中心规定办理。登录北京住房公积金网(gjj.beijing.gov.cn),点击【经办网点】可查询分中心及经办网点地址。

2. 夫妻一方提取后,配偶因同一住房申请提取住房公积金

若夫妻双方均在北京地方缴存住房公积金,需提供身份证原件、结婚证原件。

若申请人配偶在中直分中心建立公积金,且在中直分中心办理过同套住房公积金提取,申请人在北京地方申请提取时,共享配偶方在中直分中心剩余提取额度的,需提供本人身份证原件、结婚证原件。申请人提取额度为配偶方剩余额度的一半,配偶方在中直分中心的提取额度同时减半。

将上述两种情况所需材料准备齐全后,本人办理的,由本人携带相关材料,选择任意管理部及受托银行代办点办理。

经办人办理的,经办人携带经办人身份证原件、申请人填写的《申请提取住房公积金个人授权、承诺书》1 份及上述材料,选择任意管理部及受托银行代办点办理。

3. 缴存人因同一套住房曾办理过购房提取,中断后可再次申请提取

北京住房公积金缴存人因同一套住房曾办理过购房提取,提取金额未达到购房款总额,中断后可再次申请提取。

本人办理的,由本人携带身份证原件选择任意管理部及受托银行代办点办理。

经办人办理的,经办人携带经办人身份证原件、申请人身份证原件、申请人填写的《申请提取住房公积金个人授权、承诺书》1 份,选择任意管理部及受托银行代办点办理。

（十）职工退休销户申请提取住房公积金操作详解

北京住房公积金缴存人达到国家法定退休年龄或已领取基本养老金且不再缴存住房公积金的,可在单位已办理住房公积金个人账户封存手续的情况下,申请销户,提取住房公积金。办理途径有两种,一是通过住房公积金网上业务系统申请,网上办结;二是通过住房公积金业务柜台办理。

1. 途径一:通过住房公积金网上业务系统申请,网上办结

(1)第一步,登录系统。

登录北京住房公积金网(gjj.beijing.gov.cn),点击首页右侧【个人网上业务平台】,选择【个人网上业务平台(北京中心)】,点击【注册用户登录】,输入账号、密码和验证码登录北京住房公积金个人网上业务平台办理业务(未注册的用户可在登录页面办理注册开通)。

注意:个人注册仅支持已办理住房公积金联名卡的缴存人。操作步骤:点击登录页面的【注册开通】,根据系统提示,填写校验个人信息,阅读并勾选确认《综合服务渠道个人用户注册协议》,填写联名卡验证信息,设置交易密码和登录密码,完成注册。

(2)第二步,选择提取事项,录入提取信息。

点击页面左侧【我要提取】—【提取住房公积金】—【提取申请】,在新事项申请列表中点击【职工退休销户申请提取住房公积金】,进入事项申请页面,在"基本信息"栏目下系统自动反显用户基本信息。住房公积金缴存人未达到男年满60周岁、女年满55周岁条件的还需提供相关退休材料,并点击右侧"上传相关退休材料"。在"提取人账户相关信息"栏目下,"提取本金""提取利息""本息合计"三项为自动反显。选择"收款人户名",系统自动反显相应的联名卡卡号;选择"收款联名卡或储蓄卡银行",系统出现下拉菜单,选择银行并输入卡号,可将提取资金打入申请人的非联名卡号中;选择"联行号查询"可精确或模糊查询到所选银行卡发卡行的联行号码。

注意:A. "缴存状态"必须为"封存"方可办理销户提取业务;B. 相关退休材料一般为:退休证、企业职工退休和基本养老金审批核定表等。

(3)第三步,个人授权、承诺。

阅读并勾选《个人信息核查授权、承诺书》,点击【提交】,系统显示提交成功。

(4)第四步,提交申请,打印回单。

在提交成功页面,如需留存申请回单,点击【打印回单】,打印《北京住房公积金管理中心业务凭证回单》,如需查询业务办理机构,点击【经办网点】,点击【确定】,提取申请完成。

注意:申请事项提交成功后,申请人可点击页面左侧【我要提取】—【提取住房公积金】—【已申请提取事项记录】,在页面"已申请提取事项记录"栏中,"申请进度"展示该事项审核状态,点击【查看明细】,可以查询已申请事项详情,点击【打印回单】,可以补打《北京住房公积金管理中心业务凭证回单》。

（5）第五步，查看进度。

A."申请进度"为"审核已通过"的，提取资金将划入申请人指定银行账户；

B."申请进度"为"审核未通过"的，可在"备注信息"栏查看不通过原因；

C."申请进度"为"补充申请材料"的，可在"备注信息"栏查看需补充的材料及原因。鼠标左键双击该事项记录，可在补充上传影像后，重新提交；

D."申请进度"为"待审核""审核中"的，系统未完成审核，请稍后再次查看状态。审核通过后，系统将自动更新申请进度。

2. 途径二：通过住房公积金业务柜台办理

（1）第一步，提供材料。

职工达到国家法定退休年龄或已领取基本养老金且不再缴存住房公积金的，在办理住房公积金销户提取时，需提供申请人本人身份证原件。住房公积金缴存人未达到男年满60周岁、女年满55周岁条件的还需提供相关退休材料（如退休证或企业职工退休和基本养老金审批核定表等）。

（2）第二步，住房公积金柜台审核办理。

本人办理的，由本人携带相关材料，选择任意管理部及受托银行代办点办理。

经办人办理的，申请人本人填写《申请提取住房公积金个人授权、承诺书》1份交由经办人，由经办人携带经办人身份证原件及相关材料，选择任意管理部及受托银行代办点办理。

（十一）继承人、受遗赠人申请提取住房公积金操作详解

北京住房公积金缴存人死亡，在单位已办理住房公积金个人账户封存手续的情况下，继承人或受遗赠人可申请提取住房公积金。办理途径有两种，一是通过住房公积金网上业务系统申请，网上办结；二是通过住房公积金业务柜台办理。

1. 途径一：通过住房公积金网上业务系统申请，到住房公积金柜台办理

（1）第一步，登录系统。

继承人或受遗赠人为住房公积金网上业务系统注册用户的，可登录北京住房公积金网（gjj.beijing.gov.cn），点击首页右侧【个人网上业务平台】，选择【个人网上业务平台（北京中心）】，点击【注册用户登录】，输入账号、密码和验证码登录北京住房公积金个人网上业务平台办理业务（未注册的用户可在登录页面办理注册开通）。

注意：个人注册仅支持已办理住房公积金联名卡的缴存人。操作步骤：点击登录页面的【注册开通】，根据系统提示，填写校验个人信息，阅读并勾选确认《综合服务渠道个人用户注册协议》，填写联名卡验证信息，设置公积金交易密码和登录密码，完成

注册。

（2）第二步，选择提取事项，录入提取信息。

点击页面左侧【我要提取】—【提取住房公积金】—【提取申请】，在新事项申请列表中点击【继承人、受遗赠人申请提取住房公积金】，进入事项申请页面。

在"已故人信息"栏目下，录入已故住房公积金缴存人姓名、证件类型、证件号码后，系统自动反显已故缴存人相关信息。需上传已故人的"死亡证明"或"户口注销证明"的影像信息。

在"继承人或受遗赠人信息"栏目下，选择与已故缴存人的关系，具体包括：配偶、子女、父母、兄弟姐妹、祖父母、外祖父母和其他。同时需上传相关"公证书"或"人民法院判决书、调解书"的影像信息。

在"收款人账户信息"栏目下，选择"收款人户名"，系统自动反显相应的联名卡卡号。点击【联行号查询】，选择相应的联名卡的开户银行；选择"收款联名卡或储蓄卡银行"，系统出现下拉菜单，选择银行并输入卡号，也可将提取资金打入继承人或受遗赠人的非联名卡号中；选择"联行号查询"可精确或模糊查询到所选银行卡发卡行的联行号码。

（3）第三步，个人授权、承诺。

阅读并勾选确认《个人信息核查授权、承诺书》，点击【提交】，系统显示提交成功。

（4）第四步，提交申请，打印回单。

在提交成功页面，点击【打印回单】，打印《北京住房公积金管理中心业务凭证回单》，如需查询业务办理机构，点击【经办网点】，点击【确定】，提取申请完成。

注意：申请事项提交成功后，申请人可点击页面左侧【我要提取】—【提取公积金】—【提取申请】，在页面下方"网上可提取事项记录"栏中，点击【查看明细】，可以查询已申请事项详情。点击【打印回单】，可以补打《北京住房公积金管理中心业务凭证回单》。

（5）第五步，住房公积金柜台审核办理。

受益人本人办理的，本人持《北京住房公积金管理中心业务凭证回单》1份、申请人身份证原件、已故人的死亡证明或户口注销证明原件、确认继承人权利的公证书或人民法院判决或调解文件原件选择任意管理部及受托银行代办点现场办理。多个受益人的应同时到场，或委托一个受益人办理。

经办人办理的，经办人携带经办人本人身份证及上述材料选择任意管理部及受托银行代办点办理。

2. 途径二：通过住房公积金业务柜台办理

（1）第一步，填写表格。

按照样表填写《申请提取住房公积金个人授权、承诺书》。

（2）第二步，提供材料。

需提供《申请提取住房公积金个人授权、承诺书》、被继承人的死亡证明或户口注销证明原件、确认继承人权利的公证书或人民法院判决或调解文件原件、继承人或受遗赠人身份证原件。

注意：一个继承人或受遗赠人填写 1 份《申请提取住房公积金个人授权、承诺书》。

（3）第三步，住房公积金柜台审核办理。

本人办理的，继承或受遗赠申请人本人携带身份证原件及上述材料选择任意管理部及受托银行代办点现场办理。

经办人办理的，经办人携带经办人身份证原件、继承或受遗赠申请人填写的《申请提取住房公积金个人授权、承诺书》1 份及上述材料，选择任意管理部及受托银行代办点办理。

注意：中直分中心、国管分中心、铁路分中心缴存的缴存人按照所在分中心规定办理。登录北京住房公积金网（gjj.beijing.gov.cn），点击【经办网点】可查询分中心及经办网点地址。

（十二）婚姻变动的住房公积金缴存人分割提取原配偶住房公积金操作详解

北京住房公积金缴存人因婚姻变动分割提取原配偶住房公积金的，按照法院判决或双方协议提取对方账户中的住房公积金。

1. 途径一：通过住房公积金网上业务系统申请，到住房公积金柜台办理

（1）第一步，登录系统。

登录北京住房公积金网（gjj.beijing.gov.cn），点击首页右侧【个人网上业务平台】，选择【个人网上业务平台（北京中心）】，点击【注册用户登录】，输入账号、密码和验证码登录北京住房公积金个人网上业务平台办理业务（未注册的用户可在登录页面办理注册开通）。

注意：个人注册仅支持已办理住房公积金联名卡的缴存人。操作步骤：点击登录页面的【注册开通】，根据系统提示，填写校验个人信息，阅读并勾选确认《综合服务渠道个人用户注册协议》，填写联名卡验证信息，设置交易密码和登录密码，完成注册。

（2）第二步，选择提取事项，录入提取信息。

点击页面左侧【我要提取】—【提取住房公积金】—【提取申请】，在新事项申请列表中点击【婚姻变动的住房公积金缴存人分割提取原配偶住房公积金】，进入事项申请页面。

在"基本信息"栏目下系统自动反显用户基本信息，点击【民政校验】，系统通过北京市民政系统进行校验。有记录的，选择一条记录，系统自动回填；无记录的，录入相关信息。

在"离婚分割账户相关信息"栏目下，选择分割依据，包括"经法院判决离婚"和"协议离婚"，并录入分割金额。分割依据选择"经法院判决离婚"的，需上传"法院判决书"和"法院协助执行通知书"；选择"协议离婚"的，需上传"离婚证"和"离婚协议书"。

（3）第三步，个人授权、承诺。

阅读并勾选确认《个人信息核查授权、承诺书》，点击【提交】，系统显示提交成功。

（4）第四步，提交申请，打印回单。

在提交成功页面，点击【打印回单】，打印《北京住房公积金管理中心业务凭证回单》，如需查询业务办理机构，点击【经办网点】，点击【确定】，提取申请完成。

注意：申请事项提交成功后，申请人可点击页面左侧【我要提取】—【提取公积金】—【提取申请】，在页面下方"网上可提取事项记录"栏中，点击【查看明细】，可以查询已申请事项详情，点击【打印回单】，可以补打《北京住房公积金管理中心业务凭证回单》。

（5）第五步，住房公积金柜台审核办理。

本人办理的，申请人本人需携带《北京住房公积金管理中心业务凭证回单》1份、申请人本人身份证原件、离婚证和离婚协议书原件（双方协议离婚的）或人民法院作出的判决书原件及人民法院协助执行通知书原件（法院判决离婚的），选择任意管理部及受托银行代办点现场办理。

经办人办理的，经办人携带经办人本人身份证及上述材料选择任意管理部及受托银行代办点办理。

2. 途径二：通过住房公积金业务柜台办理

（1）第一步，提供材料。

婚姻变动的住房公积金缴存人分割提取原配偶住房公积金申请表的，需提供申请人本人身份证原件、人民法院作出的判决书原件及人民法院协助执行通知书原件（法院判决离婚的）、离婚证原件（双方协议离婚的）、离婚协议书原件（双方协议离婚的）。

（2）第二步，柜台办理。

本人办理的，本人携带相关材料，选择任意管理部及受托银行代办点办理。

经办人办理的，经办人携带经办人身份证原件、申请人填写《申请提取住房公积金个人授权、承诺书》1 份及上述材料选择任意管理部及受托银行代办点办理。

注意：中直分中心、国管分中心、铁路分中心缴存的缴存人按照所在分中心规定办理。登录北京住房公积金网（gjj.beijing.gov.cn），点击【经办网点】可查询分中心及经办网点地址。

（十三）非本市户籍人员与单位解除劳动关系，销户提取住房公积金操作详解

北京住房公积金缴存人为非本市户籍人员，其与单位解除劳动关系，且未在当地建立住房公积金的缴存人，男年满 55 周岁、女年满 50 周岁，可在单位已办理住房公积金个人账户封存手续的情况下，申请销户提取住房公积金。办理途径有两种，一是通过住房公积金网上业务系统申请，网上办结；二是通过住房公积金业务柜台办理。

1. 途径一：通过住房公积金网上业务系统申请，到住房公积金柜台办理

（1）第一步，登录系统。

登录北京住房公积金网（gjj.beijing.gov.cn），点击首页右侧【个人网上业务平台】，选择【个人网上业务平台（北京中心）】，点击【注册用户登录】，输入账号、密码和验证码登录北京住房公积金个人网上业务平台办理业务（未注册的用户可在登录页面办理注册开通）。

注意：个人注册仅支持已办理住房公积金联名卡的缴存人。操作步骤：点击登录页面的【注册开通】，根据系统提示，填写校验个人信息，阅读并勾选确认《综合服务渠道个人用户注册协议》，填写联名卡验证信息，设置交易密码和登录密码，完成注册。

（2）第二步，选择提取事项，录入提取信息。

点击页面左侧【我要提取】—【提取住房公积金】—【提取申请】，在新事项申请列表中点击【非本市户籍人员与单位解除劳动关系销户提取住房公积金】，进入事项申请页面，在"基本信息"栏目下系统自动反显用户基本信息，"身份证签发机关"按照身份证正面签发机关填写，"户籍"一栏为系统反显，"与单位解除劳动关系时间"按实际离职时间填写。需上传身份证原件影像；如身份证无法确认为非本市户籍的，还需上传户口簿原件影像。

注意：A."缴存状态"必须为"封存"方可办理销户提取业务；B."户籍"信息若与实际不符，可点击网页上方【个人信息】—【户籍所在地】进行修改。

在"提取人账户相关信息"栏目下,填写"本次提取金额",选择"收款人联名卡银行",系统自动反显相应的联名卡卡号。

(3)第三步,个人授权、承诺。

阅读并勾选确认《个人信息核查授权、承诺书》,点击【提交】,系统显示提交成功。

(4)第四步,提交申请,打印回单。

在提交成功页面,如需留存申请回单,点击【打印回单】,打印《北京住房公积金管理中心业务凭证回单》,如需查询业务办理机构,点击【经办网点】,点击【确定】,提取申请完成。

注意:申请事项提交成功后,申请人可点击页面左侧【我要提取】—【已申请提取事项记录】,在页面"已申请提取事项记录"栏中,"申请进度"展示该事项审核状态,点击【查看明细】,可以查询已申请事项详情,点击【打印回单】,可以补打《北京住房公积金管理中心业务凭证回单》。

(5)第五步,住房公积金柜台现场办理。

本人办理的,申请人本人需携带《北京住房公积金管理中心业务凭证回单》1份、申请人身份证原件、申请人户口本原件(如身份证无法确认为非本市户籍的需提供),选择任意管理部及受托银行代办点现场办理。

经办人办理的,经办人携带经办人身份证原件及本人办理时所需材料选择任意管理部及受托银行代办点办理。

注意:请仔细阅读系统提示信息,以免遗漏相关提取材料。

2. 途径二:通过住房公积金业务柜台办理

(1)第一步,提供材料。

非本市户籍人员与单位解除劳动关系,提取住房公积金的,需提供申请人身份证原件、户口本原件(如身份证无法确认为非本市户籍的需提供)。

(2)第二步,住房公积金柜台审核办理。

本人办理的,申请人本人携带相关材料选择任意管理部及受托银行代办点现场办理。

经办人办理的,经办人携带经办人身份证原件、申请人填写的《申请提取住房公积金个人授权、承诺书》1份及上述材料,选择任意的管理部及受托银行代办点办理。

注意:中直分中心、国管分中心、铁路分中心缴存的缴存人按照所在分中心规定办理。登录北京住房公积金网(gjj.beijing.gov.cn),点击【经办网点】可查询分中心及经办网点地址。

（十四）出境定居户口注销申请提取住房公积金操作详解

北京住房公积金缴存人出境定居户口注销的,可在单位已办理住房公积金个人账户封存手续的情况下,申请销户提取住房公积金。办理途径有两种,一是通过住房公积金网上业务系统申请,网上办结;二是通过住房公积金业务柜台办理。

1. 途径一:通过住房公积金网上业务系统申请,网上办结

（1）第一步,登录系统。

登录北京住房公积金网(gjj.beijing.gov.cn),点击首页右侧【个人网上业务平台】,选择【个人网上业务平台(北京中心)】,点击【注册用户登录】,输入账号、密码和验证码登录北京住房公积金个人网上业务平台办理业务(未注册的用户可在登录页面办理注册开通)。

注意:个人注册仅支持已办理住房公积金联名卡的缴存人。操作步骤:点击登录页面的【注册开通】,根据系统提示,填写校验个人信息,阅读并勾选确认《综合服务渠道个人用户注册协议》,填写联名卡验证信息,设置交易密码和登录密码,完成注册。

（2）第二步,选择提取事项,录入提取信息。

点击页面左侧【我要提取】—【提取公积金】—【提取申请】,在新事项申请列表中点击【出境定居户口注销申请提取住房公积金】,进入事项申请页面,系统自动反显用户基本信息,选择【收款人联名卡银行】,系统自动反显相应的联名卡卡号,并上传"户口注销证明"。

注意:"缴存状态"必须为"封存"方可办理销户提取业务。

（3）第三步,个人授权、承诺。

阅读并勾选确认《个人信息核查授权、承诺书》,点击【提交】,系统显示提交成功。

（4）第四步,提交申请,打印回单。

在提交成功页面,如需留存申请回单,点击【打印回单】,打印《北京住房公积金管理中心业务凭证回单》;如需查询业务办理机构,点击【经办网点】,点击【确定】,提取申请完成。

注意:申请事项提交成功后,申请人可点击页面左侧【我要提取】—【已申请提取事项记录】,在页面"已申请提取事项记录"栏中,"申请进度"展示该事项审核状态,点击【查看明细】,可以查询已申请事项详情,点击【打印回单】,可以补打《北京住房公积金管理中心业务凭证回单》。

（5）第五步,查看进度。

A."申请进度"为"审核已通过"的,提取资金将划入申请人住房公积金联名卡账户；

B."申请进度"为"审核未通过"的,可在"备注信息"栏查看不通过原因；

C."申请进度"为"补充申请材料"的,可在"备注信息"栏查看需补充的材料及原因。鼠标左键双击该事项记录,可在补充上传影像后,重新提交；

D."申请进度"为"待审核""审核中"的,系统未完成审核,请稍后再次查看状态。审核通过后,系统将自动更新申请进度。

2. 途径二:通过住房公积金业务柜台办理

(1)第一步,提供材料。

北京住房公积金缴存人因出境定居户口注销的提取住房公积金的,需提供户口注销证明原件。

(2)第二步,住房公积金柜台审核办理。

本人办理的,由本人携带相关材料,选择任意管理部及受托银行代办点办理。

经办人办理的,经办人携带经办人身份证原件、申请人填写的《申请提取住房公积金个人授权、承诺书》1份及上述材料,选择任意管理部及受托银行代办点办理。

注意:中直分中心、国管分中心、铁路分中心缴存的缴存人按照所在分中心规定办理。登录北京住房公积金网(gjj.beijing.gov.cn),点击【经办网点】可查询分中心及经办网点地址。

(十五)外籍、港澳台人员与单位解除劳动关系申请提取住房公积金操作详解

北京住房公积金缴存人为外籍、港澳台在京工作人员与单位解除劳动关系的,在单位已办理住房公积金个人账户封存手续的情况下,可申请销户提取住房公积金。办理途径有两种,一是通过住房公积金网上业务系统申请,网上办结,二是通过住房公积金业务柜台办理。

1. 途径一:通过住房公积金网上业务系统申请,网上办结

(1)第一步,登录系统。

登录北京住房公积金网(gjj.beijing.gov.cn),点击首页右侧【个人网上业务平台】,选择【个人网上业务平台(北京中心)】,点击【注册用户登录】,输入账号、密码和验证码登录北京住房公积金个人网上业务平台办理业务(未注册的用户可在登录页面办理注册开通)。

注意:个人注册仅支持已办理住房公积金联名卡的缴存人。操作步骤:点击登录页面的【注册开通】,根据系统提示,填写校验个人信息,阅读并勾选确认《综合服务渠道个人用户注册协议》,填写联名卡验证信息,设置交易密码和登录密码,完成注册。

(2)第二步,选择提取事项,录入提取信息。

点击页面左侧【我要提取】—【提取公积金】—【提取申请】,在新事项申请列表中点击【外籍、港澳台人员与单位解除劳动关系申请提取住房公积金】,进入事项申请页面。

在"基本信息"栏目下系统自动反显用户基本信息,选择户籍,包括:外籍和香港、澳门、台湾,并上传"证件"。

在"提取人账户相关信息"栏目下,选择"收款人联名卡银行",系统自动反显相应的联名卡卡号。

注意:"缴存状态"必须为"封存"方可办理销户提取业务。

(3)第三步,个人授权、承诺。

阅读并勾选确认《个人信息核查授权、承诺书》,点击【提交】,系统显示提交成功。

(4)第四步,提交申请,打印回单。

在提交成功页面,如需留存申请回单,点击【打印回单】,打印《北京住房公积金管理中心业务凭证回单》,如需查询业务办理机构,点击【经办网点】,点击【确定】,提取申请完成。

注意:申请事项提交成功后,申请人可点击页面左侧【我要提取】—【已申请提取事项记录】,在页面"已申请提取事项记录"栏中,"申请进度"展示该事项审核状态,点击【查看明细】,可以查询已申请事项详情,点击【打印回单】,可以补打《北京住房公积金管理中心业务凭证回单》。

(5)第五步,查看进度。

A."申请进度"为"审核已通过"的,提取资金将划入申请人住房公积金联名卡账户;

B."申请进度"为"审核未通过"的,可在"备注信息"栏查看不通过原因;

C."申请进度"为"补充申请材料"的,可在"备注信息"栏查看需补充的材料及原因。鼠标左键双击该事项记录,可在补充上传影像后,重新提交;

D."申请进度"为"待审核""审核中"的,系统未完成审核,请稍后再次查看状态。审核通过后,系统将自动更新申请进度。

2. 途径二:通过住房公积金业务柜台直接办理

(1)第一步,提供材料。

北京住房公积金缴存人为外籍、港澳台在京工作人员与单位解除劳动关系提取住房公积金的,需提供护照原件或港澳居民来往内地通行证或台湾居民来往大陆通行证原件。

（2）第二步，住房公积金柜台审核办理。

本人办理的，由本人携带相关材料，选择任意管理部及受托银行代办点办理。

经办人办理的，经办人携带经办人身份证原件、申请人填写的《申请提取住房公积金个人授权、承诺书》1 份及上述材料，选择任意管理部及受托银行代办点办理。

注意：中直分中心、国管分中心、铁路分中心缴存的缴存人按照所在分中心规定办理。登录北京住房公积金网（gjj.beijing.gov.cn），点击【经办网点】可查询分中心及经办网点地址。

（十六）完全丧失劳动能力与单位解除劳动关系申请提取住房公积金操作详解

北京住房公积金缴存人完全丧失劳动能力与单位解除劳动关系的，在单位已办理住房公积金个人账户封存手续的情况下，可销户申请提取住房公积金。办理途径有两种，一是通过住房公积金网上业务系统申请，网上办结；二是通过住房公积金业务柜台办理。

1. 途径一：通过住房公积金网上业务系统申请，网上办结

（1）第一步，登录系统。

登录北京住房公积金网（gjj.beijing.gov.cn），点击首页右侧【个人网上业务平台】，选择【个人网上业务平台（北京中心）】，点击【注册用户登录】，输入账号、密码和验证码登录北京住房公积金个人网上业务平台办理业务（未注册的用户可在登录页面办理注册开通）。

注意：个人注册仅支持已办理住房公积金联名卡的缴存人。操作步骤：点击登录页面的【注册开通】，根据系统提示，填写校验个人信息，阅读并勾选确认《综合服务渠道个人用户注册协议》，填写联名卡验证信息，设置交易密码和登录密码，完成注册。

（2）第二步，选择提取事项，录入提取信息。

点击页面左侧【我要提取】—【提取公积金】—【提取申请】，在新事项申请列表中点击【完全丧失劳动能力与单位解除劳动关系申请提取住房公积金】，进入事项申请页面。

在"基本信息"栏目下系统自动反显用户基本信息，并上传"丧失劳动能力鉴定报告"。

在"提取人账户相关信息"栏目下，选择"收款人联名卡银行"，系统自动反显相应的联名卡卡号。

注意："缴存状态"必须为"封存"方可办理销户提取业务。

（3）第三步，个人授权、承诺。

阅读并勾选确认《个人信息核查授权、承诺书》，点击【提交】，系统显示提交成功。

（4）第四步，提交申请，打印回单。

在提交成功页面，如需留存申请回单，点击【打印回单】，打印《北京住房公积金管理中心业务凭证回单》，如需查询业务办理机构，点击【经办网点】，点击【确定】，提取申请完成。

注意：申请事项提交成功后，申请人可点击页面左侧【我要提取】—【已申请提取事项记录】，在页面"已申请提取事项记录"栏中，"申请进度"展示该事项审核状态，点击【查看明细】，可以查询已申请事项详情，点击【打印回单】，可以补打《北京住房公积金管理中心业务凭证回单》。

（5）第五步，查看进度。

A."申请进度"为"审核已通过"的，提取资金将划入申请人住房公积金联名卡账户；

B."申请进度"为"审核未通过"的，可在"备注信息"栏查看未通过原因；

C."申请进度"为"补充申请材料"的，可在"备注信息"栏查看需补充的材料及原因。鼠标左键双击该事项记录，可在补充上传影像后，重新提交；

D."申请进度"为"待审核""审核中"的，系统未完成审核，请稍后再次查看状态。审核通过后，系统将自动更新申请进度。

2. 途径二：通过住房公积金业务柜台直接办理。

（1）第一步，提供材料。

北京住房公积金缴存人完全丧失劳动能力与单位解除劳动关系提取住房公积金的，需提供申请人本人身份证原件、劳动部门出具的丧失劳动能力鉴定报告原件。

（2）第二步，住房公积金柜台审核办理。

本人办理的，由本人携带相关材料，选择任意管理部及受托银行代办点办理。

经办人办理的，经办人携带经办人身份证原件、申请人填写的《申请提取住房公积金个人授权、承诺书》1 份及上述材料，选择任意管理部及受托银行代办点办理。

注意：中直分中心、国管分中心、铁路分中心缴存的缴存人按照所在分中心规定办理。登录北京住房公积金网（gjj.beijing.gov.cn），点击【经办网点】可查询分中心及经办网点地址。

（十七）在职期间判处死刑、判处无期徒刑或有期徒刑刑期期满时达到国家法定退休年龄，申请提取住房公积金操作详解

北京住房公积金缴存人在职期间被判处死刑、判处无期徒刑或有期徒刑刑期期满

时达到国家法定退休年龄的人员,在单位已办理住房公积金个人账户封存手续的情况下,可申请销户提取住房公积金。办理途径有两种,一是通过住房公积金网上业务系统申请,网上办结;二是通过住房公积金业务柜台办理。

1. 途径一:通过住房公积金网上业务系统申请,网上办结

(1)第一步,登录系统。

登录北京住房公积金网(gjj.beijing.gov.cn),点击首页右侧【个人网上业务平台】,选择【个人网上业务平台(北京中心)】,点击【注册用户登录】,输入账号、密码和验证码登录北京住房公积金个人网上业务平台办理业务(未注册的用户可在登录页面办理注册开通)。

注意:个人注册仅支持已办理住房公积金联名卡的缴存人。操作步骤:点击登录页面的【注册开通】,根据系统提示,填写校验个人信息,阅读并勾选确认《综合服务渠道个人用户注册协议》,填写联名卡验证信息,设置交易密码和登录密码,完成注册。

(2)第二步,选择提取事项,录入提取信息。

点击页面左侧【我要提取】—【提取公积金】—【提取申请】,在新事项申请列表中点击【在职期间判处死刑、判处无期徒刑或有期徒刑刑期期满时达到国家法定退休年龄申请提取住房公积金】,进入事项申请页面。

在"基本信息"栏目下系统自动反显用户基本信息,并上传"人民法院判决书"。

在"提取人账户相关信息"栏目下,选择"收款人联名卡银行",系统自动反显相应的联名卡卡号。

注意:"缴存状态"必须为"封存"方可办理销户提取业务。

(3)第三步,个人授权、承诺。

阅读并勾选确认《个人信息核查授权、承诺书》,点击【提交】,系统显示提交成功。

(4)第四步,提交申请,打印回单。

在提交成功页面,如需留存申请回单,点击【打印回单】,打印《北京住房公积金管理中心业务凭证回单》,如需查询业务办理机构,点击【经办网点】,点击【确定】,提取申请完成。

注意:申请事项提交成功后,申请人可点击页面左侧【我要提取】—【已申请提取事项记录】,在页面"已申请提取事项记录"栏中,"申请进度"展示该事项审核状态,点击【查看明细】,可以查询已申请事项详情,点击【打印回单】,可以补打《北京住房公积金管理中心业务凭证回单》。

(5)第五步,查看进度。

A."申请进度"为"审核已通过"的,提取资金将划入申请人住房公积金联名卡账户；

B."申请进度"为"审核未通过"的,可在"备注信息"栏查看未通过原因；

C."申请进度"为"补充申请材料"的,可在"备注信息"栏查看需补充的材料及原因。鼠标左键双击该事项记录,可在补充上传影像后,重新提交；

D."申请进度"为"待审核""审核中"的,系统未完成审核,请稍后再次查看状态。审核通过后,系统将自动更新申请进度。

2. 途径二:通过住房公积金业务柜台直接办理

(1)第一步,提供材料。

缴存人在职期间被判处死刑、判处无期徒刑或有期徒刑刑期期满时达到国家法定退休年龄的人员申请提取住房公积金的,需提供申请人本人身份证原件、人民法院判决书原件。

(2)第二步,住房公积金柜台审核办理。

本人办理的,由本人携带相关材料,选择任意管理部及受托银行代办点办理。

经办人办理的,经办人携带经办人身份证原件、申请人填写的《申请提取住房公积金个人授权、承诺书》1 份及上述材料,选择任意管理部及受托银行代办点办理。

注意:中直分中心、国管分中心、铁路分中心缴存的缴存人按照所在分中心规定办理。登录北京住房公积金网(gjj.beijing.gov.cn),点击【经办网点】可查询分中心及经办网点地址。

七、住房公积金的税务处理

(一)住房公积金涉及个人所得税的处理

根据《财政部国家税务总局关于基本养老保险费基本医疗保险费失业保险费住房公积金有关个人所得税政策的通知》文件的规定,根据《住房公积金管理条例》《建设部、财政部、中国人民银行关于住房公积金管理若干具体问题的指导意见》等规定精神,单位和个人分别在不超过职工本人上一年度月平均工资12%的幅度内缴存住房公积金,实际缴存的住房公积金,允许在个人应纳税所得额中扣除。超过个人应负担的公积金比例,不能在个人所得税税前扣除。企业为员工补缴当年的住房公积金,需分摊到以前各月份,重新计算以前各月份个人所得税,对于多缴纳的税款,可以向主管税务机关申请退税手续。

个人提取住房公积金时不需要缴纳个人所得税。

（二）住房公积金涉及所得税税前扣除处理

根据《企业所得税法实施条例》第三十五条规定：企业依照国务院有关主管部门或者省级人民政府规定的范围和标准为职工缴纳的基本养老保险费、基本医疗保险费、失业保险费、工伤保险费、生育保险费等基本社会保险费和住房公积金，准予扣除。

企业为投资者或者职工支付的补充养老保险费、补充医疗保险费，在国务院财政、税务主管部门规定的范围和标准内准予扣除。

《实施条例》第四十条、四十一条、四十二条所称的"工资薪金总额"，是指企业实际发放的工资薪金总和，不包括企业的职工福利费、职工教育经费、工会经费以及养老保险费、医疗保险费、失业保险费、工伤保险费、生育保险费等社会保险费和住房公积金。税法上规定的社会保险费和住房公积金既不属于工资薪金总额，也不属于福利费范围，应在所得税税前据实列支。

八、公积金行业分类代码表

为了方便单位经办人员办理相关业务的操作，以表 5-1 说明行业分类代码，供大家查阅使用。

表 5-1　　　　　　　　　　　　行业分类代码表

行业代码	行业分类	行业代码	行业分类	行业代码	行业分类
A	农、林、牧、渔业	D	电力、燃气及水的生产和供应业	N	水利、环境和公共设施管理业
A01	农业	D44	电力、热力的生产和供应业	N79	水利管理业
A02	林业	D45	燃气生产和供应业	N80	环境管理业
A03	畜牧业	D46	水的生产和供应业	N81	公共设施管理业
A04	渔业	E	建筑业	O	居民服务和其他服务业
A05	农、林、牧、渔服务业	E47	房屋和土木工程建筑业	O82	居民服务业
B	采矿业	E48	建筑安装业	O83	其他服务业
B06	煤炭开采和洗选业	E49	建筑装饰业	P	教育
B07	石油和天然气开采业	E50	其他建筑业	P84	教育
B08	黑色金属矿采选业	F	交通运输、仓储和邮政业	Q	卫生、社会保障和社会福利业
B09	有色金属矿采选业	F51	铁路运输业	Q85	卫生
B10	非金属矿采选业	F52	道路运输业	Q86	社会保障业

行业代码	行业分类	行业代码	行业分类	行业代码	行业分类
B11	其他采矿业	F53	城市公共交通业	Q87	社会福利业
C	制造业	F54	水上运输业	R	文化、体育和娱乐业
C13	农副食品加工业	F55	航空运输业	R88	新闻出版业
C14	食品制造业	F56	管道运输业	R89	广播、电视、电影和音像业
C15	饮料制造业	F57	装卸搬运和其他运输服务业	R90	文化艺术业
C16	烟草制品业	F58	仓储业	R91	体育
C17	纺织业	F59	邮政业	R92	娱乐业
C18	纺织服装、鞋、帽制造业	G	信息传输、计算机服务和软件业	S	公共管理和社会组织
C19	皮革、毛皮、羽毛（绒）及其制品业	G60	电信和其他信息传输服务业	S93	中国共产党机关
C20	木材加工及木竹藤棕草制品业	G61	计算机服务业	S94	国家机构
C21	家具制造业	G62	软件业	S95	人民政协和民主党派
C22	造纸及纸制品业	H	批发和零售业	S96	群众团体、社会团体和宗教组织
C23	印刷业和记录媒介的复制	H63	批发业	S97	基层群众自治组织
C24	文教体育用品制造业	H65	零售业	T	国际组织
C25	石油加工、炼焦及核燃料加工业	I	住宿和餐饮业	T98	国际组织
C26	化学原料及化学制品制造业	I66	住宿业		
C27	医药制造业	I67	餐饮业		
C28	化学纤维制造业	J	金融业		
C29	橡胶制品业	J68	银行业		
C30	塑料制品业	J69	证券业		
C31	非金属矿物制品业	J70	保险业		
C32	黑色金属冶炼及压延加工业	J71	其他金融活动		
C33	有色金属冶炼及压延加工业	K	房地产业		
C34	金属制品业	K72	房地产业		
C35	通用设备制造业	L	租赁和商务服务业		
C36	专用设备制造业	L73	租赁业		

续表

行业代码	行业分类	行业代码	行业分类	行业代码	行业分类
C37	交通运输设备制造业	L74	商务服务业		
C39	电气机械及器材制造业	M	科学研究、技术服务和地质勘查业		
C40	通信设备、计算机及其他电子设备	M75	研究与试验发展		
C41	仪器仪表及文化、办公用机械制造	M76	专业技术服务业		
C42	工艺品及其他制造业	M77	科技交流和推广服务业		
C43	废弃资源和废旧材料回收加工业	M78	地质勘查业		

第六章　个人所得税计算

【本章学习目标】

通过本章节的学习,可帮助读者了解到在工资核算过程中,用人单位对支付给职工的工资及劳务所得,企业有义务进行代扣代缴个人所得税;帮助读者熟悉个人所得税的征税对象的确定;帮助读者个人工资所得的个人所得税应纳税所得额的确定;掌握个人所得税专项扣除的信息录入和个人所得税的计算。

第一节　个人所得税概述

一、个人所得税的概念

个人所得税是以个人(含个体工商户、个人独资企业、合伙企业中的个人投资者、承租承包者个人)取得的各项应税所得为征税对象所征收的一种税。

作为征税对象的个人所得,有狭义和广义之分。狭义的个人所得,仅限于每年经常、反复发生的所得。广义的个人所得,是指个人在一定期间内,通过各种方式所获得的一切利益,而不论这种利益是偶然的,还是临时的;是货币、有价证券,还是实物。目前,包括我国在内的世界各国所实行的个人所得税,大多以广义解释的个人所得税概念为基础。

二、个人所得税的特点

个人所得税是世界各国普遍征收的一个税种,我国个人所得税主要有以下特点。

（一）实行混合征收

世界各国的个人所得税制大体可分为三种类型:分类所得税制、综合所得税制和混合所得税制。这三种税制各有所长,各国可根据本国具体情况选择运用。我国在 2018 年 12 月 31 日前个人所得税采用的是分类所得税制,即将个人取得的各种所得划分为

11 类,分别适用不同的费用减除规定、税率和计税方法。实行分类课征制度,可以广泛采用源泉扣缴办法,加强源泉控管,简化纳税手续,方便征纳双方。同时,还可以对不同所得实行不同的征税方法,便于体现国家的政策。自 2019 年 1 月 1 日起,我国个人所得税采用混合征收,即对工资薪金所得、劳务报酬所得、稿酬所得和特许权使用费所得采用综合征收,除这些之外的其他各项所得采用分类征收。

(二)超额累进税率与比例税率并用

分类所得税制一般采用比例税率,综合所得税制通常采用超额累进税率。比例税率计算简便,便于实行源泉扣缴;超额累进税率可以合理调节收入分配,体现公平。我国现行个人所得税根据各类个人所得的不同性质和特点,将这两种形式的税率综合运用于个人所得税制。其中,对工资薪金所得、劳务报酬所得、稿酬所得和特许权使用费所得、经营所得使用超额累进税率,实现量能负担。其他各项应税所得采用比例税率。

(三)费用扣除额较宽

各国的个人所得税均有费用扣除的规定,只是扣除的方法及额度不尽相同。我国本着费用扣除从宽、从简的原则,费用扣除采用定额扣除、定率扣除和核算扣除等方法。对工资薪金所得、劳务报酬所得、稿酬所得、特许权使用费所得适用的减除费用标准为每月 5 000 元的基本费用,在此基础上再扣除专项扣除费用和专项附加扣除费用,取得中低水平所得的个人大多数不用负担个人所得税;对其他各项应税所得采用定额和定率相结合的扣除方法。

(四)计算较复杂

我国个人所得税自 2019 年 1 月 1 日起采用混合征收模式,对综合所得和经营所得的费用扣除既采取总额扣除法,又采取分类分项的多种扣除方法。如专项附加扣除在同一个家庭中还要分为不同的纳税主体分别扣除,在按月或按次预缴的基础上,年终一般要进行汇算清缴,增加了税款的计算复杂程度和税务机关征收管理的难度。

(五)采取源泉扣缴和个人申报两种征纳方法

我国《个人所得税法》规定,对纳税人的应纳税额分别采取由扣缴义务人源泉扣缴和纳税人自行申报两种方法。对凡是可以在应税所得的支付环节扣缴个人所得税的,均由扣缴义务人履行代扣代缴义务;对于没有扣缴义务人的取得工资薪金所得、劳务报酬所得、稿酬所得和特许权使用费综合所得的,由纳税人自行申报纳税和年终汇算清缴;此外,对其他不便于扣缴税款的,亦规定由纳税人自行申报纳税。此外,我国个人所得税目前是以个人作为纳税单位,不实行家庭(夫妻联合)申报纳税。

三、个人所得税征税对象

个人所得税的征税对象是个人取得的应税所得。《个人所得税法》列举的应征税的个人所得共有 9 项,《个人所得税法实施条例》①及相关法规具体规定了各项个人所得的征税范围。

(一)工资薪金所得

工资薪金所得,是指个人因任职或者受雇而取得的工资、薪金、奖金、年终加薪、劳动分红、津贴、补贴以及与任职或者受雇有关的其他所得。

(1)一般来说,工资、薪金所得属于非独立个人劳动所得。所谓非独立个人劳动,是指个人所从事的是由他人指定、安排并接受管理的劳动、工作,或服务于公司、工厂、行政、事业单位(私营企业主除外)。非独立劳动者从上述单位取得的劳动报酬,以工资、薪金的形式体现。在这类报酬中,工资和薪金的收入主体略有差异。通常情况下,把直接从事生产、经营或服务的劳动者(工人)的收入称为工资,而将从事社会公职或管理活动的劳动者(公职人员)的收入称为薪金。但实际立法过程中,各国都从简便易行的角度考虑,将工资、薪金合并为一个项目计征个人所得税。

除工资薪金以外,奖金、年终加薪、劳动分红、津贴、补贴也被确定为工资薪金范畴。其中,年终加薪、劳动分红不分种类和取得情况,一律按工资薪金所得课税;津贴、补贴等则有例外。

(2)根据我国目前个人收入的构成情况,规定对于一些不属于工资、薪金性质的补贴、津贴或者不属于纳税人本人工资薪金所得项目的收入,不予征税。这些项目包括:

①独生子女补贴;

②执行公务员工资制度未纳入基本工资总额的补贴、津贴差额和家属成员的副食品补贴;

③托儿补助费;

④差旅费津贴和误餐补助。其中,误餐补助是指按照财政部门规定,个人因公在城区、郊区工作,不能在工作单位或返回就餐,根据实际误餐顿数,按规定的标准领取的误

---

①　国务院:《个人所得税法实施条例的公告》(国令〔2018〕707 号)(2018-12-18),http://www.chinatax.gov.cn/chinatax/n810219/n810744/n3752930/n3752974/c3963364/content.html。

餐费。单位以误餐补助名义发给职工的补助、津贴不包括在内。

奖金是指所有具有工资性质的奖金,均需并入纳税所得。涉及免税奖金的范围在税法中另有规定。

(3)退休人员再任职取得的收入,在减除按税法规定的费用扣除标准后,按"工资薪金所得"应税项目缴纳个人所得税。

(4)出租汽车经营单位对出租车驾驶员采取单车承包或承租方式运营,出租车驾驶员从事客货营运取得的收入,按"工资薪金所得"项目计征个人所得税。

(二)劳务报酬所得

劳务报酬所得,是指个人从事设计、装潢、安装、制图、化验、测试、医疗、法律、会计、咨询、讲学、新闻、广播、翻译、审稿、书画、雕刻、影视、录音、录像、演出、表演、广告、展览、技术服务、介绍服务、经纪服务、代办服务以及其他劳务报酬的所得。

上述各项所得一般属于个人独立从事自由职业取得的所得或属于独立个人劳动所得。是否存在雇佣与被雇佣关系,是判断一种收入是属于劳务报酬所得,还是属于工资薪金所得的重要标准。劳务报酬所得是个人独立从事某种技艺,独立提供某种劳务而取得的所得;工资薪金所得则是个人从事非独立劳动,从所在单位领取的报酬。后者存在雇佣与被雇佣的关系,而前者则不存在这种关系。如果从事某项劳务活动取得的报酬是以工资薪金形式体现的,如演员从剧团领取工资,教师从学校领取工资,就属于工资薪金所得项目,而不属于劳务报酬所得范围。如果从事某项劳务活动取得的报酬不是来自聘用、雇佣或工作的单位,如演员自己"走穴"或与他人组合"走穴"演出取得的报酬,教师受聘为各类学习班、培训班授课取得的课酬,就属于劳务报酬所得的范围。

(三)稿酬所得

稿酬所得是指个人因其作品以图书、报刊形式出版、发表而取得的所得。这里所说的作品,包括文学作品、书画作品、摄影作品,以及其他作品。作者去世后,财产继承人取得的遗作稿酬,亦应征收个人所得税。

稿酬所得具有特许权使用费、劳务报酬等的性质。在原个人所得税和个人收入调节税中,曾把稿酬所得列入特许权使用费所得或投稿、翻译所得。修订后的《个人所得税法》仍将稿酬所得单列为一个独立征税项目,不仅因为稿酬所得有着不完全等同于特许权使用费所得和一般劳务报酬所得的特点,而且,对稿酬所得单列征税,有利于单独制定征税办法。

（四）特许权使用费所得

特许权使用费所得是指个人提供专利权、商标权、著作权、非专利技术以及其他特许权的使用权取得的所得。特许权主要涉及以下四种：

1. 专利权

专利权是指由国家专利主管机关依法授予专利申请人在一定的时期内对某项发明创造享有的专有利用的权利，它是工业产权的一部分，具有专有性（独占性）、地域性、时间性。

2. 商标权

商标权是指商标注册人依法律规定而取得的对其注册商标在核定商品上的独占使用权。商标权也是一种工业产权，可以依法取得、转让、许可使用、继承、丧失、请求排除侵害。

3. 著作权

著作权即版权，是指作者对其创作的文学科学和艺术作品依法享有的某些特殊权利。著作权是公民的一项民事权利，既具有民法中的人身权性质，也具有民法中的财产权性质，主要包括发表权、署名权、修改权、保护权、使用权和获得报酬权。

4. 非专利技术

非专利技术即专利技术以外的专有技术。这类技术大多尚处于保密状态，仅为特定人知晓并占有。

（五）经营所得

1. 个体工商户的生产、经营所得

具体包括：

（1）个体工商户从事工业、手工业、建筑业、交通运输业、商业、饮食业、服务业、维修业以及其他行业生产、经营取得的所得；

（2）个人经政府有关部门批准，取得营业执照，从事办学、医疗、咨询以及其他有偿服务活动取得的所得；

（3）上述个体工商户和个人取得的与生产、经营有关的各项应税所得；

（4）其他个人从事个体工商业生产、经营取得的所得。

2. 个人独资企业和合伙企业的生产、经营所得

个人独资企业、合伙企业的个人投资者以企业资金为本人、家庭成员及其相关人员支付与企业生产经营无关的消费性支出及购买汽车、住房等财产性支出，视为企业对个人投资者利润分配,并入投资者个人的生产经营所得,依照"个体工商户的生产、经营所得"项目计征个人所得税。

3. 对企事业单位的承包经营、承租经营所得

对企事业单位的承包经营、承租经营所得,是指个人承包经营、承租经营以及转包、转租取得的所得,还包括个人按月或者按次取得的工资薪金性质的所得。个人对企事业单位的承包经营承租经营形式较多,分配方式也不尽相同,大体上可以分为两类:

(1)个人对企事业单位承包、承租经营后,工商登记改变为个体工商户的。这类承包、承租经营所得,实际上属于个体工商户的生产、经营所得,应按"个体工商户的生产、经营所得"项目征收个人所得税,不再征收企业所得税。

(2)个人对企事业单位承包、承租经营后工商登记仍为企业的,不论其分配方式如何,均应先按照企业所得税的有关规定缴纳企业所得税,然后根据承包、承租经营者按合同(协议)规定取得的所得,依照《个人所得税法》的有关规定缴纳个人所得税。

4. 个人从事其他生产、经营活动取得的所得

个体工商户和从事生产、经营的个人,取得与生产、经营活动无关的其他各项应税所得,应分别按照有关规定,计算征收个人所得税。

(六)利息、股息、红利所得

利息、股息、红利所得是指个人拥有债权、股权而取得的利息、股息、红利所得。其中:利息一般是指存款、贷款和债券的利息。股息、红利是指个人拥有股权取得的公司、企业派息分红。按照一定的比率派发的每股息金,称为股息;根据公司、企业应分配的、超过股息部分的利润,按股派发的红股,称为红利。

如对外投资取得的股息所得,应按"利息、股息、红利所得"税目的规定单独计征个人所得税。同样地,个人独资企业对外投资分回的利息或者股息、红利,不并入企业的收入,而应单独作为投资者个人取得的利息、股息、红利所得,按"利息、股息、红利所得"应税项目计算缴纳个人所得税。以合伙企业名义对外投资分回利息或股息、红利的,应按比例确定各个投资者的利息、股息、红利所得,分别按"利息、股息、红利所得"应税项目计算缴纳个人所得税。

(七)财产租赁所得

财产租赁所得是指个人出租建筑物、土地使用权、机器设备、车船以及其他财产取得所得。

个人取得的财产转租收入,属于"财产租赁所得"的征税范围。在确定纳税义务人时,应以产权凭证为依据,对无产权凭证的,由主管税务机关根据实际情况确定;产权所有人死亡,在未办理产权继承手续期间,该财产出租而有租金收入的,以领取租金的个人为纳税义务人。

(八)财产转让所得

财产转让所得,是指个人转让有价证券、股权、建筑物、土地使用权、机器设备、汽车以及其他财产取得的所得。

在现实生活中,个人进行的财产转让主要是个人财产所有权的转让。财产转让实际上是一种买卖行为,当事人双方通过签订、履行财产转让合同,形成财产买卖的法律关系,使出让财产的个人从对方取得价款(收入)或其他经济利益。

(九)偶然所得

偶然所得是指个人得奖、中奖、中彩以及其他偶然性质的所得。其中,得奖是指参加各种有奖竞赛活动,取得名次获得的奖金;中奖、中彩是指参加各种有奖活动,如有奖销售、有奖储蓄或购买彩票,经过规定程序,抽中、摇中号码而取得的奖金。对个人购买社会福利有奖募捐奖券一次中奖收入不超过 10 000 元的,暂免征收个人所得税,超过10 000 元的,按全额征税。

企业对累积消费达到一定额度的顾客,给予额外抽奖机会,个人的获奖所得,按照"偶然所得"项目,全额适用20%的税率计算缴纳个人所得税。

居民个人取得上述第一项至第四项所得(以下称综合所得)按纳税年度合并计算个人所得税;非居民个人取得上述第一项至第四项所得,按月或者按次分项计算个人所得税。纳税人取得上述第六项至第九项所得,依照规定分别计算个人所得税。

四、纳税人

个人所得税的纳税人是指在中国境内有住所,或者虽无住所但在境内居住累计满183 天,以及无住所又不居住或居住不满 183 天但从中国境内取得所得的个人,包括中国公民、个体工商户、外籍个人,以及香港、澳门、台湾同胞等。我国对居民个人和非居民个人的划分采用了住所标准和居住时间标准。

在中国境内有住所,或者无住所而一个纳税年度内在中国境内居住累计满 183 天的个人,为居民个人。居民个人从中国境内和境外取得的所得,依照规定缴纳个人所得税。

在中国境内无住所又不居住,或者无住所而一个纳税年度内在中国境内居住累计不满 183 天的个人,为非居民个人。非居民个人从中国境内取得的所得,依照本法规定缴纳个人所得税。

纳税年度自公历 1 月 1 日起至 12 月 31 日止。

五、个人所得税税率

(一)税率设计的原则

对个人所得征税涉及面广、政策性强,在设计税率时,需要全面衡量,通盘考虑,科学设计。其中,主要体现了以下原则:

1. 税负从轻

现阶段我国大多数个人的所得来源比较单一,主要依靠工资薪金所得,而且总体收入水平不高,生活费用支出占个人收入的比重还比较大,因此,在设计税率时,应体现税负从轻原则。特别是工资薪金所得适用的累进税率,其起点税率不能过高,要保证中等收入水平的纳税人负担较少的税额。

2. 区别对待、分类调节

个人所得的形式多种多样,大体可以分为四类:①工资或薪金类所得;②生产经营所得;③劳务、特许权使用、财产租赁或转让类所得;④利息、股息、红利类所得。

上述四类所得的收入性质和纳税能力各不相同。第一类所得属于非独立个人劳动所得,其中的相当部分需要用于生活支出。由于每个人的基本生计费用大体相同,因此收入越高扣除基本生计费用后的余额也越多,应采用超额累进税率进行调节。第二类所得涉及生产经营规模及效益问题,本应比照对企业利润征税的办法处理,但由于个体业主的生产经营及获利情况相差悬殊,所以也采用了超额累进税率进行调节。第三类所得多为一次性所得,且涉及的成本、费用与净所得的比例较为均衡,故采取比例税率征收的办法。第四类所得属于纯投资性所得,除不应扣除任何费用外,还应实行超额累进调节的办法。但出于简化计税方法考虑,采取了按比例税率征收的办法。

3. 体现国家政策

征收个人所得税最重要的目的,是调节社会收入分配,尤其是要调节过高收入,鼓励劳动所得。这项原则不仅体现在分类设计税率、分项制定征税办法方面,还体现在对不同的所得项目或同一所得项目中不同来源的收入,分别采取减征和加成征税的办法,以体现国家税收的鼓励、调节政策。

(二)适用税率

个人所得税区分不同个人所得项目,规定了超额累进税率和比例税率两种形式。

(1)综合所得(工资薪金所得、劳务报酬所得、稿酬所得、特许权使用费所得),适用3%—45%的七级超额累进税率(见表6-1、表6-2);

(2)经营所得(个体工商户的生产、经营所得、对企事业单位的承包经营、承租经营所得、个人独资企业和合伙企业的生产经营所得),适用5%—35%的五级超额累进税率(见表6-3);

(3)财产租赁所得,财产转让所得,利息、股息、红利所得,偶然所得适用20%的比例;

(4)居民劳务报酬所得预扣预缴,适用20%—40%的三级超额累进税率(见表6-4)。

表6-1   **个人所得税税率表**

(适用居民个人综合所得个税申报)

级次	全年应纳税所得额(含税)	税率%	速算扣除数
1	不超过36 000元的部分	3	0
2	超过36 000元至144 000元的部分	10	2 520
3	超过144 000元至300 000元的部分	20	16 920
4	超过300 000元至420 000元的部分	25	31 920
5	超过420 000元至660 000元的部分	30	52 920
6	超过660 000元至960 000元的部分	35	85 920
7	超过960 000元的部分	45	181 920

表6-2   **个人所得税税率表**

(居民个人的综合所得按月计算)

(非居民个人工资薪金所得、劳务报酬所得、稿酬所得、特许权使用费所得)

级次	月应纳税所得额(含税)	税率%	速算扣除数
1	超过3 000元至12 000元的部分	10	210
2	超过25 000元至35 000元的部分	25	2 660
3	超过35 000元至55 000元的部分	30	4 410
4	超过55 000元至80 000元的部分	35	7 160
5	超过80 000元的部分	45	15 160

表 6-3 个人所得税税率表

（适用个人经营所得个税申报）

级次	全年应纳税所得额（含税）	税率%	速算扣除数
1	不超过30 000元的部分	5	0
2	超过30 000元至90 000元的部分	10	1 500
3	超过90 000元至300 000元的部分	20	10 500
4	超过300 000元至500 000元的部分	30	40 500
5	超过500 000元的部分	35	65 500

表 6-4 个人所得税税率表

（适用居民个人劳务报酬预扣预缴）

级次	预扣预缴应纳税所得额	税率%	速算扣除数
1	不超过 20 000 元的部分	20	0
2	超过 20 000 元至 50 000 元的部分	30	2 000
3	超过 50 000 元的部分	40	7 000

六、应纳税所得额的确定

（一）应纳税所得额的一般规定

个人所得税的应纳税所得额是个人取得的各项收入减去税法规定的扣除项目或扣除金额之后的余额。正确计算应纳税所得额是依法征收个人所得税的基础和前提。

1. 收入的形式

个人取得的收入一般是货币形式。除现金外,纳税人的所得为实物的,应当按照所取得的凭证上注明的价格计算应纳税所得额;无凭证的实物或者凭证上所注明的价格明显偏低的,参照市场价格核定应纳税所得额;纳税人的所得为有价证券的,根据票面价格和市场价格核定应纳税所得额;所得为其他形式的经济利益的,参照市场价格核定应纳税所得额。

2. 费用扣除的方法

在计算应纳税所得额时除特殊项目外,一般允许从个人的应税收入中减去税法规定的扣除项目或扣除金额,包括为取得收入所支出的必要的成本或费用。因为个人在取得收入过程中,大多需要支付一些必要的成本或费用。从世界各国征收个人所得税的实践来看,一般都允许纳税人从其收入、所得总额中扣除必要的费用,仅就扣除费用后的余额征税。由于各国具体情况不同,其扣除项目、扣除标准及扣除方法也不尽一致。

我国现行的个人所得税采取分项确定、分类扣除,根据其所得的不同情况分别实行定额、定率和会计核算三种扣除办法,具体如下:

(1)对综合所得(工资、薪金所得,劳务报酬所得稿酬所得,特许权使用费所得)涉及的个人生计费用,采取定额和定率扣除的办法;

(2)对经营所得(个体工商户的生产、经营所得和对企事业单位的承包经营、承租经营所得)及财产转让所得,涉及生产、经营有关成本或费用的支出,采取会计核算办法扣除有关成本、费用或规定的必要费用;

(3)对财产租赁所得,因涉及既要按一定比例合理扣除费用,又要避免扩大征税范围等两个需同时兼顾的因素,故采取定额和定率两种扣除办法;

(4)利息、股息、红利所得和偶然所得,因不涉及必要费用的支付,所以规定不得扣除任何费用。

(二)应纳税所得额的特殊规定

(1)个人将其所得通过中国境内的社会团体、国家机关向教育和其他社会公益事业以及遭受严重自然灾害地区、贫困地区的捐赠,捐赠额未超过纳税人申报的应纳税所得额30%的部分,可以从应纳税所得额中扣除,超过部分不得扣除。

个人捐赠住房作为公共租赁住房,符合税收法律法规规定的,对其公益性捐赠支出未超过其申报的应纳税所得额30%的部分,准予从其应纳税所得额中扣除。

(2)从2000年开始,财政部、国家税务总局陆续放宽公益救济性捐赠限额,出台了全额税前扣除的规定,允许个人通过非营利性的社会团体和政府部门,对下列机构的捐赠准予在个人所得税税前100%(全额)扣除:

①对红十字事业的捐赠;

②对福利性、非营利性老年服务机构的捐赠;

③对公益性青少年活动场所的捐赠;

④对农村义务教育的捐赠;

⑤对教育事业的捐赠;

⑥对中国医药卫生事业发展基金会的捐赠;

⑦对中国教育发展基金会的捐赠;

⑧对中国老龄事业发展基金会等8家单位的捐赠;

⑨对中华快车基金会等 5 家单位的捐赠；

⑩向地震灾区的捐赠。

七、个人所得税减免税优惠

个人所得税既是一种分配手段，也是体现国家政策的重要工具。为了鼓励科学发明，支持社会福利、慈善事业和照顾某些纳税人的实际困难，《个人所得税法》对有关所得项目有免税、减税的优惠规定。

（一）免税项目

根据《个人所得税法》和相关法规及政策，对下列各项个人所得，免征个人所得税：

（1）省级人民政府、国务院部委和中国人民解放军军以上单位，以及外国组织、国际组织颁发的科学、教育、技术、文化、卫生、体育、环境保护等方面的奖金；

（2）国债和国家发行的金融债券利息。其中，国债利息是指个人持有中华人民共和国财政部发行的债券而取得的利息；国家发行的金融债券利息，是指个人持有国务院批准发行的金融债券而取得的利息所得；

（3）个人取得的教育储蓄存款利息；

（4）按照国家统一规定发给的补贴津贴。这是指按照国务院规定发给的政府特殊津贴、院士津贴、资深院士津贴和国务院规定免纳个人所得税的补贴、津贴；

（5）福利费、抚恤金、救济金。其中，福利费是指根据国家有关规定，从企业、事业单位国家机关、社会团体提留的福利费或者从工会经费中支付给个人的生活补助费；抚恤金是指国家机关、企事业单位、集体经济组织对死者家属或伤残职工发给的费用；救济金是指国家民政部门支付给个人的生活困难补助费；

（6）保险赔款；

（7）军人的转业费、复员费、退役金；

（8）按照国家统一规定发给干部、职工的安家费、退职费、退休工资、离休工资、离休生活补助费。其中，退职费是指符合《国务院关于工人退休、退职的暂行办法》规定的退职条件，并按该办法规定的退职费标准所领取的退职费。

离退休人员除按规定领取离退休工资或养老金外，另从原任职单位取得的各类补贴、奖金、实物，不属于免税的退休工资、离休工资、离休生活补助费，应按"工资薪金所得"应税项目的规定缴纳个人所得税。

（9）依照我国有关法律规定应予免税的各国驻华使馆、领事馆的外交代表、领事官员和其他人员的所得；

（10）中国政府参加的国际公约、签订的协议中规定免税的所得；

（11）经国务院财政部门批准免税的所得。

（二）减税项目

有下列情形之一的，可以减征个人所得税，具体幅度和期限，由省、自治区、直辖市人民政府规定，并报同级人民代表大会常务委员会备案。

（1）残疾、孤老人员和烈属的所得；

（2）因严重自然灾害造成重大损失的；

（3）其他经国务院财政部门批准减税的。

对残疾人个人取得的劳动所得适用减税规定，具体所得项目为：工资、薪金所得，个体工商户的生产经营所得，对企事业单位的承包和承租经营所得，劳务报酬所得，稿酬所得和特许权使用费所得。

（三）暂免征税项目

根据《财政部、国家税务总局关于个人所得税若干政策问题的通知》和有关文件的规定，对下列所得暂免征收个人所得税：

（1）外籍个人以非现金形式或实报实销形式取得的住房补贴、伙食补贴、搬迁费、洗衣费；

（2）外籍个人按合理标准取得的境内、境外出差补贴；

（3）外籍个人取得的探亲费、语言训练费、子女教育费等，经当地税务机关审核批准为合理的部分；

（4）外籍个人从外商投资企业取得的股息、红利所得；

（5）符合条件的外籍专家取得的工资、薪金所得，可免征个人所得税；

（6）个人举报协查各种违法、犯罪行为而获得的奖金；

（7）个人办理代扣代缴手续，按规定取得的扣缴手续费；

（8）个人转让自用达 5 年以上，并且是唯一的家庭生活用房取得的所得；

（9）对个人购买福利彩票、赈灾彩票、体育彩票，一次中奖收入在 10 000 元以下（含）的暂免征收个人所得税，超过 10 000 元的，全额征收个人所得税；

（10）达到离休、退休年龄，但确因工作需要，适当延长离休、退休年龄的高级专家（指享受国家发放的政府特殊津贴的专家、学者），其在延长离休、退休期间的工资薪金所得，视同离休、退休工资免征个人所得税；

（11）符合条件的社会保险和住房公积金；

（12）个人领取原提存的住房公积金、医疗保险金、基本养老保险金，以及具备《失业保险条例》规定条件的失业人员领取的失业保险金，免予征收个人所得税；

（13）按照国家或省级地方政府规定的比例缴付的住房公积金、医疗保险金、基本养老保险金、失业保险金存入银行个人账户所取得的利息所得，免予征收个人所得税；

（14）生育妇女按照县级以上人民政府根据国家有关规定制定的生育保险办法，取得的生育津贴、生育医疗费或其他属于生育保险性质的津贴、补贴，免予征收个人所得税。

八、个人所得税征收管理

（一）单位代扣代缴

1. 扣缴义务人

税法规定，个人所得税以所得人为纳税人，以支付所得的单位或者个人为扣缴义务人。纳税人有中国公民身份号码的，以中国公民身份号码为纳税人识别号；纳税人没有中国公民身份号码的，由税务机关赋予其纳税人识别号。扣缴义务人扣缴税款时，纳税人应当向扣缴义务人提供纳税人识别号。

2. 扣缴义务人的法定义务

扣缴义务人在向个人支付应纳税所得（包括现金支付、汇拨支付、转账支付、有价证券、实物以及其他形式支付）时，不论纳税人是否属于本单位人员，均应代扣代缴其应纳的个人所得税税款。扣缴义务人依法履行代扣代缴税款义务，纳税人不得拒绝。

扣缴义务人应设立代扣代缴税款账簿，正确反映个人所得税的扣缴情况，并如实填写《扣缴个人所得税报告表》及其他有关资料。扣缴义务人每月扣缴的税款，应当在次月 15 日内缴入国库，并向主管税务机关报送《扣缴个人所得税报告表》，代扣代收税款凭证和包括每一纳税人姓名、单位、职务、收入、税款等内容的支付个人收入明细表，以及税务机关要求报送的其他有关资料。

3. 法律责任

（1）扣缴义务人应扣未扣、应收而未收税款的，由税务机关向纳税人追缴税款，按照《税收征收管理法》的规定，对扣缴义务人处应扣未扣、应收未收税款50%以上3倍以下的罚款；纳税人、扣缴义务人逃避、拒绝或者以其他方式阻挠税务机关检查的，由税务机关责令改正，可以处 10 000 元以下的罚款；情节严重的，处 10 000 元以上 50 000 元以下的罚款。

（2）扣缴义务人的法人代表（或单位主要负责人）、财会部门的负责人及具体办理代扣代缴税款的有关人员，共同对依法履行代扣代缴义务负法律责任。根据税法规定，扣缴义务人有偷税或者抗税行为的,除依法追缴税款、处以罚款(罚金)外,对情节严重的,还应追究直接责任人的刑事责任。

(3)代扣代缴税款的手续费。

税务机关应根据扣缴义务人所扣缴的税款,付给2%的手续费,由扣缴义务人用于代扣代缴费用开支和奖励代扣代缴工作做得较好的办税人员。

(二)自行申报纳税

1. 申报纳税的所得项目

税法规定,有下列情形之一的,纳税人应当依法办理纳税申报:

(1)取得综合所得需要办理汇算清缴;

(2)取得应税所得没有扣缴义务人;

(3)取得应税所得,扣缴义务人未扣缴税款;

(4)取得境外所得;

(5)因移居境外注销中国户籍;

(6)非居民个人在中国境内从两处以上取得工资薪金所得;

(7)国务院规定的其他情形。

扣缴义务人应当按照国家规定办理全员全额扣缴申报,并向纳税人提供其个人所得和已扣缴税款等信息。

2. 申报纳税地点

申报纳税地点一般应为收入来源地的税务机关。但是纳税人在两处或两处以上取得工资、薪金所得的,可选择并固定在一地税务机关申报纳税;从境外取得所得的,应向境内户籍所在地或经常居住地税务机关申报纳税。

3. 申报纳税期限

(1)居民个人取得综合所得,按年计算个人所得税;有扣缴义务人的,由扣缴义务人按月或者按次预扣预缴税款;需要办理汇算清缴的,应当在取得所得的次年3月1日至6月30日内办理汇算清缴。

居民个人向扣缴义务人提供专项附加扣除信息的,扣缴义务人按月预扣预缴税款时应当按照规定予以扣除,不得拒绝。

非居民个人取得工资、薪金所得,劳务报酬所得,稿酬所得和特许权使用费所得,有扣缴义务人的,由扣缴义务人按月或者按次代扣代缴税款,不办理汇算清缴。

(2)纳税人取得经营所得,按年计算个人所得税,由纳税人在月度或者季度终了后15日内向税务机关报送纳税申报表,并预缴税款;在取得所得的次年3月31日前办理汇算清缴。

纳税人取得利息、股息、红利所得,财产租赁所得,财产转让所得和偶然所得,按月或者按次计算个人所得税。有扣缴义务人的,由扣缴义务人按月或者按次代扣代缴税款。

(3)纳税人取得应税所得没有扣缴义务人的,应当在取得所得的次月 15 日内向税务机关报送纳税申报表,并缴纳税款。

(4)纳税人取得应税所得,扣缴义务人未扣缴税款的,纳税人应当在取得所得的次年 6 月 30 前,缴纳税款;税务机关通知限期缴纳的,纳税人应当按照期限缴纳税款。

(5)居民个人从中国境外取得所得的,应当在取得所得的次年 3 月 1 日至 6 月 30 日内申报纳税。

(6)非居民个人在中国境内从两处以上取得工资、薪金所得的,应当在取得所得的次月 15 日内申报纳税。

(7)纳税人因移居境外注销中国户籍的,应当在注销中国户籍前办理税款清算。

(8)扣缴义务人每月或者每次预扣、代扣的税款,应当在次月 15 日内缴入国库,并向税务机关报送扣缴个人所得税申报表。

纳税人办理汇算清缴退税或者扣缴义务人为纳税人办理汇算清缴退税的,税务机关审核后,按照国库管理的有关规定办理退税。

4. 申报纳税方式

个人所得税的申报纳税方式主要有三种,即由本人直接申报纳税,委托他人代为申报纳税,以及采用邮寄方式在规定的申报期内申报纳税。其中,采取邮寄申报纳税的,以寄出地的邮戳日期为实际申报日期。

第二节　个人所得税应纳税额的计算

由于个人所得税采取分项计税的办法,每项个人收入的扣除范围和扣除标准不尽相同,应纳所得税额的计算方法存在差异,下面分别介绍应纳税所得额的确定和计算方法。

一、居民个人综合所得的计算

居民个人取得综合所得,按年计算个人所得税;有扣缴义务人的,由扣缴义务人按月或者按次预扣预缴税款;需要办理汇算清缴的应当在取得所得的次年 3 月 1 日至 6 月 30 日内办理汇算清缴。

居民个人的综合所得,以每一纳税年度的收入额减除基本费用 60 000 元以及专项扣除、专项附加扣除和依法确定的其他扣除后的余额为应纳税所得额。计算公式为:

综合所得=纳税年度的综合收入额-基本费用 60 000 元-专项扣除-专项附加扣除-其他扣除

专项扣除、专项附加扣除和依法确定的其他扣除,以居民个人一个纳税年度的应纳税所得额为限额;一个纳税年度扣除不完的,不结转以后年度扣除。

劳务报酬所得、稿酬所得、特许权使用费所得,属于一次性收入的,以取得该项收入为一次;属于同一项目连续性收入的,以一个月内取得的收入为一次。

其他扣除,包括个人缴付符合国家规定的企业年金、职业年金,个人购买符合国家规定的商业健康保险、税收递延型商业养老保险的支出,以及国务院规定可以扣除的其他项目。

(一)专项附加扣除①

专项附加扣除是指个人所得税法规定的子女教育、继续教育、大病医疗、住房贷款利息或者住房租金、赡养老人 6 项专项附加扣除。

1. 子女教育专项附加扣除

(1)纳税人的子女接受全日制学历教育的相关支出,按照每个子女每月 1 000 元的标准定额扣除。

学历教育包括义务教育(小学、初中教育)、高中阶段教育(普通高中、中等职业、技工教育)、高等教育(大学专科、大学本科、硕士研究生、博士研究生教育)。

年满 3 岁至小学入学前处于学前教育阶段的子女,按上述的规定执行。

(2)父母可以选择由其中一方按扣除标准的 100%扣除,也可以选择由双方分别按扣除标准的 50%扣除,具体扣除方式在一个纳税年度内不能变更。

(3)纳税人子女在中国境外接受教育的,纳税人应当留存境外学校录取通知书、留学签证等相关教育的证明资料备查。

2. 继续教育专项附加扣除

(1)纳税人在中国境内接受学历(学位)继续教育的支出,在学历(学位)教育期间按照每月 400 元定额扣除。同一学历(学位)继续教育的扣除期限不能超过 48 个月。纳税人接受技能人员职业资格继续教育、专业技术人员职业资格继续教育的支出,在取

---

① 国务院:《个人所得税专项附加扣除暂行办法》(国发〔2018〕41 号)(2018-12-13),http://www.chinatax.gov.cn/chinatax/n810341/c101340/c101301/c101302/c5002020/content.html。

得相关证书的当年,按照3600元定额扣除。

(2)个人接受本科及以下学历(学位)继续教育,符合规定扣除条件的,可以选择由其父母扣除,也可以选择由本人扣除。

(3)纳税人接受技能人员职业资格继续教育、专业技术人员职业资格继续教育的,应当留存相关证书等资料备查。

3. 大病医疗专项附加扣除

(1)在一个纳税年度内,纳税人发生的与基本医保相关的医药费用支出,扣除医保报销后个人负担(指医保目录范围内的自付部分)累计超过15 000元的部分,由纳税人在办理年度汇算清缴时,在80 000元限额内据实扣除。

(2)纳税人发生的医药费用支出,可以选择由本人或者其配偶扣除;未成年子女发生的医药费用支出可以选择由其父母一方扣除。

纳税人及其配偶、未成年子女发生的医药费用支出,按规定分别计算扣除。

(3)纳税人应当留存医药服务收费及医保报销相关票据原件(或者复印件)等资料备查。医疗保障部门应当向患者提供在医疗保障信息系统记录的本人年度医药费用信息查询服务。

4. 住房贷款利息专项附加扣除

(1)纳税人本人或者配偶单独或者共同使用商业银行或者住房公积金个人住房贷款为本人或者其配偶购买中国境内住房,发生的首套住房贷款利息支出,在实际发生贷款利息的年度,按照每月1 000元的标准定额扣除,扣除期限最长不超过240个月。纳税人只能享受一次首套住房贷款的利息扣除。

上述所称"首套住房贷款"是指购买住房享受首套住房贷款利率的住房贷款。

(2)经夫妻双方约定,可以选择由其中一方扣除,具体扣除方式在一个纳税年度内不能变更。

夫妻双方婚前分别购买住房发生的首套住房贷款,其贷款利息支出,婚后可以选择其中一套购买的住房,由购买方按扣除标准的100%扣除,也可以由夫妻双方对各自购买的住房分别按扣除标准的50%扣除,具体扣除方式在一个纳税年度内不能变更。

(3)纳税人应当留存住房贷款合同、贷款还款支出凭证备查。

5. 住房租金专项附加扣除

(1)纳税人在主要工作城市没有自有住房而发生的住房租金支出,可以按照以下标准定额扣除:

①直辖市、省会(首府)城市、计划单列市以及国务院确定的其他城市,扣除标准为每月1 500元;

②除上述①所列城市以外,市辖区户籍人口超过 100 万的城市,扣除标准为每月 1 100 元;市辖区户籍人口不超过 100 万的城市,扣除标准为每月 800 元。

纳税人的配偶在纳税人的主要工作城市有自有住房的,视同纳税人在主要工作城市有自有住房。

市辖区户籍人口,以国家统计局公布的数据为准。

(2)主要工作城市是指纳税人任职受雇的直辖市、计划单列市、副省级城市、地级市(地区、州、盟)全部行政区域范围;纳税人无任职受雇单位的,为受理其综合所得汇算清缴的税务机关所在城市。

夫妻双方主要工作城市相同的,只能由一方扣除住房租金支出。

(3)住房租金支出由签订租赁住房合同的承租人扣除。

(4)纳税人及其配偶在一个纳税年度内不能同时分别享受住房贷款利息和住房租金专项附加扣除。

(5)纳税人应当留存住房租赁合同、协议等有关资料备查。

6. 赡养老人专项附加扣除

(1)纳税人赡养一位及以上被赡养人的赡养支出,统一按照以下标准定额扣除:

①纳税人为独生子女的,按照每月 2 000 元的标准定额扣除;

②纳税人为非独生子女的,由其与兄弟姐妹分摊每月 2 000 元的扣除额度,每人分摊的额度不能超过每月 1 000 元。可以由赡养人均摊或者约定分摊,也可以由被赡养人指定分摊。约定或者指定分摊的须签订书面分摊协议,指定分摊优先于约定分摊。具体分摊方式和额度在一个纳税年度内不能变更。

(2)被赡养人是指年满 60 岁的父母,以及子女均已去世的年满 60 岁的祖父母、外祖父母。

7. 保障措施

(1)纳税人向收款单位索取发票、财政票据、支出凭证,收款单位不能拒绝提供。

(2)纳税人首次享受专项附加扣除,应当将专项附加扣除相关信息提交扣缴义务人或者税务机关,扣缴义务人应当及时将相关信息报送税务机关,纳税人对所提交信息的真实性、准确性、完整性负责。专项附加扣除信息发生变化的,纳税人应当及时向扣缴义务人或者税务机关提供相关信息。

专项附加扣除相关信息,包括纳税人本人、配偶、子女、被赡养人等个人身份信息,以及国务院税务主管部门规定的其他与专项附加扣除相关的信息。

规定纳税人需要留存备查的相关资料应当留存 5 年。

(3)有关部门和单位有责任和义务向税务部门提供或者协助核实以下与专项附加

扣除有关的信息：

①公安部门有关户籍人口基本信息户、成员关系信息、出入境证件信息、相关出国人员信息、户籍人口死亡标识等信息；

②卫生健康部门有关出生医学证明信息、独生子女信息；

③民政部门、外交部门、法院有关婚姻状况信息；

④教育部门有关学生学籍信息（包括学历继续教育学生学籍、考籍信息）、在相关部门备案的境外教育机构资质信息；

⑤人力资源社会保障等部门有关技工院校学生学籍信息、技能人员职业资格继续教育信息、专业技术人员职业资格继续教育信息；

⑥住房城乡建设部门有关房屋（含公租房）租赁信息、住房公积金管理机构有关住房公积金贷款还款支出信息；

⑦自然资源部门有关不动产登记信息；

⑧人民银行、金融监督管理部门有关住房商业贷款还款支出信息；

⑨医疗保障部门有关在医疗保障信息系统记录的个人负担的医药费用信息；

⑩国家税务主管部门确定需要提供的其他涉税信息。

上述数据信息的格式、标准、共享方式，由国务院税务主管部门及各省、自治区、直辖市和计划单列市税务局及有关部门确定。

有关部门和单位拥有专项附加扣除涉税信息，但未按规定要求向税务部门提供的，拥有涉税信息的部门或者单位的主要负责人及相关人员承担相应责任。

（4）扣缴义务人发现纳税人提供的信息与实际情况不符的，可以要求纳税人修改，纳税人拒绝修改的，扣缴义务人应当报告税务机关，税务机关应当及时处理。个人所得税专项附加扣除额在一个纳税年度扣除不完的，不能结转以后年度扣除。

（二）专项附加扣除操作方法

专项附加扣除是指个人所得税法规定的子女教育、继续教育、大病医疗、住房贷款利息或者住房租金、赡养老人6项专项附加扣除。依照以下规定办理。

1. 享受扣除及办理时间

纳税人享受符合规定的专项附加扣除的计算时间分别为：

（1）子女教育。学前教育阶段，为子女年满3周岁当月至小学入学前一月。学历教育为子女接受全日制学历教育入学的当月至全日制学历教育结束的当月；

（2）继续教育。学历（学位）继续教育，为在中国境内接受学历（学位）继续教育入学的当月至学历（学位）继续教育结束的当月，同一学历（学位）继续教育的扣除期限最长不得超过 48 个月。技能人员职业资格继续教育、专业技术人员职业资格继续教育，为取得相关证书的当年；

（3）大病医疗。为医疗保障信息系统记录的医药费用实际支出的当年；

（4）住房贷款利息。为贷款合同约定开始还款的当月至贷款全部归还或贷款合同终止的当月，扣除期限最长不得超过 240 个月；

（5）住房租金。为租赁合同（协议）约定的房屋租赁期开始的当月至租赁期结束的当月。提前终止合同（协议）的，以实际租赁期限为准；

（6）赡养老人。为被赡养人年满 60 周岁的当月至赡养义务终止的年末。

上述第（1）项第（2）项规定的学历教育和学历（学位）继续教育的期间，包含因病或其他非主观原因休学但学籍继续保留的休学期间，以及施教机构按规定组织实施的寒暑假等假期。

2. 提供专项附加扣除信息

（1）享受子女教育、继续教育、住房贷款利息或者住房租金、赡养老人专项附加扣除的纳税人，自符合条件开始，可以向支付工资薪金所得的扣缴义务人提供上述专项附加扣除有关信息，由扣缴义务人在预扣预缴税款时，按其在本单位本年可享受的累计扣除额办理扣除；也可以在次年 3 月 1 日至 6 月 30 日内，自行向汇缴地主管税务机关办理汇算清缴申报时扣除。

纳税人同时从两处以上取得工资、薪金所得，并由扣缴义务人办理上述专项附加扣除的，对同一专项附加扣除项目，在一个纳税年度内纳税人只能选择从其中一处扣除。

享受大病医疗专项附加扣除的纳税人，由其在次年 3 月 1 日至 6 月 30 日内，自行向汇缴地主管税务机关办理汇算清缴申报时扣除。

（2）扣缴义务人办理工资、薪金所得预扣预缴税款时，应当根据纳税人报送的《个人所得税专项附加扣除信息表》为纳税人办理专项附加扣除。

纳税人年度中间更换工作单位的，在原单位任职、受雇期间已享受的专项附加扣除金额，不得在新任职、受雇单位扣除。原扣缴义务人应当自纳税人离职不再发放工资薪金所得的当月起，停止为其办理专项附加扣除。

（3）纳税人未取得工资、薪金所得，仅取得劳务报酬所得、稿酬所得，特许权使用费所得需要享受专项附加扣除的，应当在次年 3 月 1 日至 6 月 30 日内，自行向汇缴地主管税务机关报送《个人所得税专项附加扣除信息表》，并在办理汇算清缴申报时扣除。

（4）一个纳税年度内，纳税人在扣缴义务人预扣预缴税款环节未享受或未足额享受专项附加扣除的，可以在当年内向支付工资薪金的扣缴义务人申请在剩余月份发放工资薪金时补充扣除,也可以在次年3月1日至6月30日内,向汇缴地主管税务机关办理汇算清缴时申报扣除。

3. 报送信息及留存备查资料

(1)纳税人选择在扣缴义务人发放工资、薪金所得时享受专项附加扣除的,首次享受时应当填写并向扣缴义务人报送《个人所得税专项附加扣除信息表》;纳税年度中间相关信息发生变化的,纳税人应当更新《个人所得税专项附加扣除信息表》相应栏次,并及时报送给扣缴义务人。

更换工作单位的纳税人需要由新任职、受雇扣缴义务人办理专项附加扣除的,应当在入职的当月,填写并向扣缴义务人报送《个人所得税专项附加扣除信息表》。

(2)纳税人次年需要由扣缴义务人继续办理专项附加扣除的,应当于每年12月对次年享受专项附加扣除的内容进行确认,并报送至扣缴义务人。纳税人未及时确认的,扣缴义务人于次年1月起暂停扣除,待纳税人确认后再行办理专项附加扣除。

扣缴义务人应当将纳税人报送的专项附加扣除信息,在次月办理扣缴申报时一并报送至主管税务机关。

(3)纳税人选择在汇算清缴申报时享受专项附加扣除的,应当填写并向汇缴地主管税务机关报送《个人所得税专项附加扣除信息表》。

(4)纳税人将需要享受的专项附加扣除项目信息填报至《个人所得税专项附加扣除信息表》相应栏次。填报要素完整的,扣缴义务人或者主管税务机关应当受理;填报要素不完整的,扣缴义务人或者主管税务机关应当及时告知纳税人补正或重新填报。纳税人未补正或重新填报的暂不办理相关专项附加扣除,待纳税人补正或重新填报后再行办理。

(5)纳税人享受子女教育专项附加扣除,应当填报配偶及子女的姓名、身份证件类型及号码、子女当前受教育阶段及起止时间、子女就读学校以及本人与配偶之间扣除分配比例等信息。

纳税人需要留存备查的资料包括:子女在境外接受教育的,应当留存境外学校录取通知书、留学签证等境外教育佐证资料。

(6)纳税人享受继续教育专项附加扣除,接受学历(学位)继续教育的,应当填报教育起止时间、教育阶段等信息;接受技能人员或者专业技术人员职业资格继续教育的,应当填报证书名称、证书编号、发证机关、发证(批准)时间等信息。

纳税人需要留存备查的资料包括:纳税人接受技能人员职业资格继续教育、专业技术人员职业资格继续教育的,应当留存职业资格相关证书等资料。

(7)纳税人享受住房贷款利息专项附加扣除,应当填报住房权属信息、住房坐落地址、贷款方式、贷款银行、贷款合同编号、贷款期限、首次还款日期等信息;纳税人有配偶的,应填写配偶姓名、身份证件类型及号码。纳税人需要留存备查的资料包括:住房贷款合同、贷款还款支出凭证等资料。

(8)纳税人享受住房租金专项附加扣除,应当填报主要工作城市、租赁住房坐落地址、出租人姓名及身份证件类型和号码或者出租方单位名称及纳税人识别号(社会统一信用代码)、租赁起止时间等信息;纳税人有配偶的,应填写配偶姓名、身份证件类型及号码。纳税人需要留存备查的资料包括住房租赁合同或协议等资料。

(9)纳税人享受赡养老人专项附加扣除,应当填报纳税人是否为独生子女、月扣除金额、被赡养人姓名及身份证件类型和号码、与纳税人关系;有共同赡养人的,需填报分摊方式、共同赡养人姓名及身份证件类型和号码等信息。

纳税人需要留存备查的资料包括:约定或指定分摊的书面分摊协议等资料。

(10)纳税人享受大病医疗专项附加扣除,应当填报患者姓名、身份证件类型及号码、与纳税人关系、与基本医保相关的医药费用总金额、医保目录范围内个人负担的自付金额等信息。

纳税人需要留存备查的资料包括:大病患者医药服务收费及医保报销相关票据原件或复印件,或者医疗保障部门出具的纳税年度医药费用清单等资料。

(11)纳税人应当对报送的专项附加扣除信息的真实性、准确性、完整性负责。

4. 信息报送方式

(1)纳税人可以通过远程办税端、电子或者纸质报表等方式,向扣缴义务人或者主管税务机关报送个人专项附加扣除信息。

(2)纳税人选择纳税年度内由扣缴义务人办理专项附加扣除的,按下列规定办理:

①纳税人通过远程办税端选择扣缴义务人并报送专项附加扣除信息的,扣缴义务人根据接收的扣除信息办理扣除。

②纳税人通过填写电子或者纸质《个人所得税专项附加扣除信息表》直接报送扣缴义务人的,扣缴义务人应将相关信息导入或者录入扣缴端软件,并在次月办理扣缴申报时提交给主管税务机关。《个人所得税专项附加扣除信息表》应当一式两份,纳税人和扣缴义务人签字(章)后分别留存备查。

(3)纳税人选择年度终了后办理汇算清缴申报时享受专项附加扣除的,既可以通过远程办税端报送专项附加扣除信息,也可以将电子或者纸质《个人所得税专项附加扣除信息表》(一式两份)报送给汇缴地主管税务机关。

报送电子《个人所得税专项附加扣除信息表》的,主管税务机关受理打印,交由纳税人签字后,一份由纳税人留存备查,一份由税务机关留存;报送纸质《个人所得税专项附加扣除信息表》的,纳税人签字确认、主管税务机关受理签章后,一份退还纳税人留存备查,一份由税务机关留存。

(4)扣缴义务人和税务机关应当告知纳税人办理专项附加扣除的方式和渠道,鼓励并引导纳税人采用远程办税端报送信息。

5. 后续管理

(1)纳税人应当将《个人所得税专项附加扣除信息表》及相关留存备查资料,自法定汇算清缴期结束后保存5年。

纳税人报送给扣缴义务人的《个人所得税专项附加扣除信息表》,扣缴义务人应当自预扣预缴年度的次年起留存5年。

(2)纳税人向扣缴义务人提供专项附加扣除信息的,扣缴义务人应当按照规定予以扣除,不得拒绝。扣缴义务人应当为纳税人报送的专项附加扣除信息保密。

(3)扣缴义务人应当及时按照纳税人提供的信息计算办理扣缴申报,不得擅自更改纳税人提供的相关信息。

扣缴义务人发现纳税人提供的信息与实际情况不符,可以要求纳税人修改。纳税人拒绝修改的,扣缴义务人应当向主管税务机关报告,税务机关应当及时处理。

除纳税人另有要求外,扣缴义务人应当于年度终了后两个月内,向纳税人提供已办理的专项附加扣除项目及金额等信息。

(4)税务机关定期对纳税人提供的专项附加扣除信息开展抽查。

(5)税务机关核查时,纳税人无法提供留存备查资料,或者留存备查资料不能支持相关情况的,税务机关可以要求纳税人提供其他佐证;不能提供其他佐证材料,或者佐证材料仍不足以支持的,不得享受相关专项附加扣除。

(6)税务机关核查专项附加扣除情况时,可以提请有关单位和个人协助核查,相关单位和个人应当协助。

(7)纳税人有下列情形之一的,主管税务机关应当责令其改正;情形严重的,应当纳入有关信用信息系统,并按照国家有关规定实施联合惩戒;涉及违反《税收征收管理法》等法律法规的,税务机关依法进行处理:

①报送虚假专项附加扣除信息;

②重复享受专项附加扣除;

③超范围或标准享受专项附加扣除;

④拒不提供留存备查资料;

⑤税务总局规定的其他情形。

纳税人在任职受雇单位报送虚假扣除信息的,税务机关责令改正的同时,通知扣缴义务人。

（三）居民个人预扣预缴的计算

扣缴义务人向居民个人支付工资、薪金所得，劳务报酬所得，稿酬所得，特许权使用费所得时，按以下方法预扣预缴个人所得税，并向主管税务机关报送《个人所得税扣缴申报表》。年度预扣预缴税额与年度应纳税额不一致的，由居民个人于次年3月1日至6月30日向主管税务机关办理综合所得年度汇算清缴，税款多退少补。

1. 扣缴义务人向居民个人支付工资、薪金所得时，应当按照累计预扣法计算预扣税款，并按月办理全员全额扣缴申报。具体计算公式如下：

本期应预扣预缴税额＝（累计预扣预缴应纳税所得额×预扣率−速算扣除数）−累计减免税额−累计已预扣预缴税额；

累计预扣预缴应纳税所得额＝累计收入−累计免税收入−累计减除费用−累计专项扣除−累计专项附加扣除−累计依法确定的其他扣除。

其中：累计减除费用，按照5 000元/月乘以纳税人当年截至本月在本单位的任职受雇月份数计算。

例6-1

职工赵某2020年1—3月每月工资收入为10 000元，每月减除费用5 000元，"三险一金"专项扣除为1 500元，从1月起享受子女教育支出专项附加扣除1 000元，没有减免收入及减免税额等情况。请依照现行税法规定计算赵某1—3月每月应预扣预缴税额。

解析如下：

1月预扣预缴税额＝（10 000−5 000−1 500−1 000）×3%＝75（元）；

2月预扣预缴税额＝（10 000×2−5 000×2−1 500×2−1 000×2）×3%−75＝75（元）；

3月预扣预缴税额＝（10 000×3−5 000×3−1 500×3−1 000×3）×3%−75−75＝75（元）。

其中，赵某全年累计预扣预缴应纳税所得额为30 000元，全部适用3%的税率，因此各月应预扣预缴的税款相同。

例6-2

职工钱某2020年1—3月每月工资收入为30 000元，每月减除费用5 000元，"三险一金"等专项扣除为4 500元，享受子女教育、赡养老人两项专项附加扣除共计2 000元，没有减免收入及减免税额等情况。请依照现行税法规定计算钱某1—3月每月应预扣预缴税额。

解析如下：

1 月预扣预缴税额 = (30 000 - 5 000 - 4 500 - 2 000) × 3% = 555 (元) ；

2 月预扣预缴税额 = (30 000 × 2 - 5 000 × 2 - 4 500 × 2 - 2 000 × 2) × 10% - 2 520 - 555 = 625 (元) ；

3 月预扣预缴税额 = (30 000 × 3 - 5 000 × 3 - 4 500 × 3 - 2 000 × 3) × 10% - 2 520 - 555 - 625 = 1 850 (元) 。

其中，由于钱某 2 月累计预扣预缴的应纳税所得额为 37 000 元，已适用 10% 的税率，因此 2 月和 3 月应预扣预缴的税金有所增加。

2. 扣缴义务人向居民个人支付劳务报酬所得、稿酬所得、特许权使用费所得，按次或者按月预扣预缴个人所得税。具体预扣预缴方法如下：

（1）劳务报酬所得、稿酬所得、特许权使用费所得以收入减除费用后的余额为收入额。其中，稿酬所得的收入额减按 70% 计算。

（2）减除费用：劳务报酬所得、稿酬所得、特许权使用费所得每次收入不超过 4 000 元的，减除费用按 800 元计算；每次收入 4 000 元以上的，减除费用按 20% 计算。

（3）应纳税所得额：劳务报酬所得、稿酬所得、特许权使用费所得，以每次收入额为预扣预缴应纳税所得额。劳务报酬所得适用 20%—40% 的超额累进预扣率，稿酬所得、特许权使用费所得适用 20% 的比例预扣率。

劳务报酬所得应预扣预缴税额 = 预扣预缴应纳税所得额 × 预扣率 - 速算扣除数

稿酬所得、特许权使用费所得应预扣预缴税额 = 预扣预缴应纳税所得额 × 20%

例 6-3

居民孙某个人取得劳务报酬所得 2 000 元。请依照现行税法规定计算孙某该所得应预扣预缴税额。

解析如下：

应纳税所得额（收入额）= 2 000 - 800 = 1 200 (元) ；

应预扣预缴税额 = 1 200 × 20% = 240 (元) 。

例 6-4

张某取得稿酬所得 40 000 元，请依照现行税法规定计算张某该所得应预扣预缴税额。

应纳税所得额（收入额）= 40 000 × (1 - 20%) × 70% = 22 400 (元) ；

应预扣预缴税额 = 22 400 × 20% = 4 480 (元) 。

3. 汇算清缴纳税申报（例 6-5）

例 6-5　假定居民个人李某 2020 年每月应取得工资收入为 30 000 元，每月减除费用 5 000 元、"三险一金"等专项扣除为 4 500 元、享受子女教育和赡养老人两项专项附加扣除 2 000 元。2020 年度李某只在本单位一处拿工资,没有其他收入,没有大病医疗和减免收入及减免税额等情况。请依照现行税法规定计算李某每月应预扣预缴税额和年终综合计算应纳税额。

解析如下:

1 月预扣预缴税额＝（30 000－5 000－4 500－2 000）×3%＝555（元）;

2 月预扣预缴税额＝（30 000×2－5 000×2－4 500×2－2 000×2）×10%－2 520－555＝625（元）;

3 月预扣预缴税额＝（30 000×3－5 000×3－4 500×3－2 000×3）×10%－2 520－1 180＝1 850（元）;

4 月预扣预缴税额＝（30 000×4－5 000×4－4 500×4－2 000×4）×10%－2 520－3 030＝1 850（元）;

5 月预扣预缴税额＝（30 000×5－5 000×5－4 500×5－2 000×5）×10%－2 520－4 880＝1 850（元）;

6 月预扣预缴税额＝（30 000×6－5 000×6－4 500×6－2 000×6）×10%－2 520－6 730＝1 850（元）;

7 月预扣预缴税额＝（30 000×7－5 000×7－4 500×7－2 000×7）×10%－2 520－8 580＝1 850（元）;

8 月预扣预缴税额＝（30 000×8－5 000×8－4 500×8－2 000×8）×20%－16 920－10 430＝2 250（元）;

9 月预扣预缴税额＝（30 000×9－5 000×9－4 500×9－2 000×9）×20%－16 920－12 680＝3 700（元）;

10 月预扣预缴税额＝（30 000×10－5 000×10－4 500×10－2 000×10）×20%－16 920－16 380＝3 700（元）;

11 月预扣预缴税额＝（30 000×11－5 000×11－4 500×11－2 000×11）×20%－16 920－20 080＝3 700（元）;

12 月预扣预缴税额＝（30 000×12－5 000×12－4 500×12－2 000×12）×20%－16 900－23 780＝3 700（元）。

1—12 月单位共计为李某预扣预缴税额为 27 480 元。

2020 年度综合计算应缴纳个人所得税＝（360 000－60 000－54 000－24 000）×20%－16 920＝27 480（元）。

由于李某只在一处取得工资薪金,单位已全额预扣预缴税款,故无须进行汇算清缴。

二、居民个人全年一次性奖金应纳税的计算

居民个人取得全年一次性奖金,符合《国家税务总局关于调整个人取得全年一次性奖金等计算征收个人所得税方法问题的通知》规定的,在 2021 年 12 月 31 日前,不并入当年综合所得,以全年一次性奖金收入除以 12 个月得到的数额,按照按月换算后的综合所得税率表(月度税率表),确定适用税率和速算扣除数,单独计算纳税。计算公式为:

应纳税额=全年一次性奖金收入×适用税率-速算扣除数。

居民个人取得全年一次性奖金,也可以选择并入当年综合所得计算纳税。自 2022 年 1 月 1 日起,居民个人取得全年一次性奖金,应并入当年综合所得计算缴纳个人所得税。

例 6-6　假定居民个人张某 2020 年 12 月取得全年一次性奖金 288 000 元,请依照现行税法规定计算张某 2020 年度全年一次性奖金应缴纳的个人所得税。

解析如下:

(1)每月奖金 = 28 800÷12 = 24 000(元);

(2)全年一次性奖金应缴纳个人所得税 = 288 000×20%-1 410 = 5 6190(元)。

三、解除劳动关系、提前退休的一次性补偿收入的计算

1. 个人与用人单位解除劳动关系取得一次性补偿收入(包括用人单位发放的经济补偿金、生活补助费和其他补助费),在当地上年职工平均工资 3 倍数额以内的部分,免征个人所得税;超过 3 倍数额的部分,不并入当年综合所得,单独适用综合所得税率表,计算纳税。

例 6-7　中国公民李某 2020 年 2 月与中国境内的甲公司解除了劳动关系,从甲公司取得了一次性补偿收入 200 000 元。当地上年职工平均工资为 5 000 元/月,计算李某应就其取得的补偿收入应缴纳的个人所得税。

解析如下:

个人因与用人单位解除劳动关系而取得的一次性补偿收入,其收入在当地上年职工平均工资 3 倍数额以内的部分,免征个人所得税,超过 3 倍数额的部分,不并入当年综合所得,单独适用综合所得税率表,计算纳税。所以李某取得的补偿收入中 180 000 元(5 000×12×3)免征个人所得税,确定税率:200 000-180 000 = 20 000(元),适用税率 3%,应缴纳的个人所得税 = 20 000×3% = 600(元)。

2. 个人办理提前退休手续而取得的一次性补贴收入,应按照办理提前退休手续至法定离退休年龄之间实际年度数平均分摊,确定适用税率和速算扣除数,单独适用综合所得税率表,计算纳税。计算公式为:

应纳税额=｛〔(一次性补贴收入÷办理提前退休手续至法定退休年龄的实际年度数)-费用扣除标准〕×适用税率-速算扣除数｝×办理提前退休手续至法定退休年龄的实际年度数。

例6-8 中国公民李某为某事业单位的职员,2020年2月办理了提前退休手续,取得一次性补贴收入360 000元,李某办理提前退休手续至法定退休年龄之间共计2年。计算李某就该笔收入应缴纳的个人所得税额。

解析如下:

应纳税额=｛〔(一次性补贴收入÷办理提前退休手续至法定退休年龄的实际年度数)-费用扣除标准〕×适用税率-速算扣除数｝×办理提前退休手续至法定退休年龄的实际年度数=〔(360 000÷2-60 000)×10%-2 520〕×2=18 960(元)。

四、非居民个人综合所得的计算

非居民个人取得工资、薪金所得,劳务报酬所得,稿酬所得和特许权使用费所得,有扣缴义务人的,由扣缴义务人代扣代缴税款,不办理汇算清缴。

扣缴义务人向非居民个人支付工资、薪金所得,劳务报酬所得,稿酬所得和特许权使用费所得时,应当按以下方法按月或者按次代扣代缴个人所得税:

非居民个人的工资、薪金所得,以每月收入额减除费用5 000元后的余额为应纳税所得额;劳务报酬所得、稿酬所得、特许权使用费所得,以每次收入额为应纳税所得额,适用月度税率表计算应纳税额。其中,劳务报酬所得、稿酬所得、特许权使用费所得以收入减除20%的费用后的余额为收入额。稿酬所得的收入额减按70%计算。

非居民个人工资、薪金所得,劳务报酬所得,稿酬所得,特许权使用费所得应纳税额=应纳税所得额×税率-速算扣除数。

例6-9 2020年3月,外商投资企业员工(非居民个人)取得薪金收入30 000元、劳务报酬收入15 000元、稿酬收入12 000元。请依照现行税法规定计算其3月应纳的个人所得税。

解析如下:

(1)应纳税所得额=30 000+15 000×(1-20%)+12 000×(1-20%)×70%-5 000=43 720(元);

(2)3月应缴纳个人所得税=43 720×30%-4 410=8 706(元)。

第三节 个人所得税汇算清缴①

为切实维护纳税人合法权益,进一步落实好专项附加扣除政策,合理有序建立个人所得税综合所得汇算清缴制度,根据个人所得税法及其实施条例(以下简称"税法")和税收征收管理法及其实施细则有关规定,现就办理 2019 年度个人所得税综合所得汇算清缴(以下简称"年度汇算")有关事项公告如下:

一、2019 年度汇算的范围

依据税法规定,2019 年度终了后,居民个人(以下称"纳税人")需要汇总 2019 年 1 月 1 日至 12 月 31 日取得的工资薪金、劳务报酬、稿酬、特许权使用费等四项所得(以下称"综合所得")的收入额,减除费用 60 000 元以及专项扣除、专项附加扣除、依法确定的其他扣除和符合条件的公益慈善事业捐赠(以下简称"捐赠")后,适用综合所得个人所得税税率并减去速算扣除数(税率表见附件),计算本年度最终应纳税额,再减去 2019 年度已预缴税额,得出本年度应退或应补税额,向税务机关申报并办理退税或补税。具体计算公式如下:

2019 年度汇算应退或应补税额=〔(综合所得收入额-60 000 元-"三险一金"等专项扣除-子女教育等专项附加扣除-依法确定的其他扣除-捐赠)×适用税率-速算扣除数〕-2019 年已预缴税额。

依据税法规定,2019 年度汇算仅计算并结清本年度综合所得的应退或应补税款,不涉及以前或往后年度,也不涉及财产租赁等分类所得,以及纳税人按规定选择不并入综合所得计算纳税的全年一次性奖金等所得。

(一)无需办理年度汇算的纳税人

经国务院批准,依据《财政部 税务总局关于个人所得税综合所得汇算清缴涉及有关政策问题的公告》(2019 年第 94 号)有关规定,纳税人在 2019 年度已依法预缴个人所得税且符合下列情形之一的,无须办理年度汇算:

1. 纳税人年度汇算需补税但年度综合所得收入不超过 120 000 元的;

2. 纳税人年度汇算需补税金额不超过 400 元的;

---

① 国家税务总局:《办理 2019 年度个人所得税综合所得汇算清缴事项的公告》(国税〔2019〕44 号)(2019-12-31),http://www.chinatax.gov.cn/chinatax/n810341/n810755/c5142065/content.html。

3. 纳税人已预缴税额与年度应纳税额一致或者不申请年度汇算退税的。

(二)需要办理年度汇算的纳税人

依据税法规定,符合下列情形之一的,纳税人需要办理年度汇算:

1. 2019 年度已预缴税额大于年度应纳税额且申请退税的。包括 2019 年度综合所得收入额不超过 60 000 元但已预缴个人所得税;年度中间劳务报酬、稿酬、特许权使用费适用的预扣率高于综合所得年适用税率;预缴税款时,未申报扣除或未足额扣除减除费用、专项扣除、专项附加扣除、依法确定的其他扣除或捐赠,以及未申报享受或未足额享受综合所得税收优惠等情形;

2. 2019 年度综合所得收入超过 120 000 元且需要补税金额超过 400 元的。包括取得两处及以上综合所得,合并后适用税率提高导致已预缴税额小于年度应纳税额等情形。

(三)可享受的税前扣除的条件

下列未申报扣除或未足额扣除的税前扣除项目,纳税人可在年度汇算期间办理扣除或补充扣除:

1. 纳税人及其配偶、未成年子女在 2019 年度发生的,符合条件的大病医疗支出;

2. 纳税人在 2019 年度未申报享受或未足额享受的子女教育、继续教育、住房贷款利息或住房租金、赡养老人专项附加扣除,以及减除费用、专项扣除、依法确定的其他扣除;

3. 纳税人在 2019 年度发生的符合条件的捐赠支出。

二、汇算清缴的办理

(一)办理时间

纳税人办理 2019 年度汇算的时间为 2020 年 3 月 1 日至 6 月 30 日。在中国境内无住所的纳税人在 2020 年 3 月 1 日前离境的,可以在离境前办理年度汇算。

(二)办理方式

纳税人可自主选择下列办理方式:

1. 自行办理年度汇算。

2. 通过取得工资薪金或连续性取得劳务报酬所得的扣缴义务人代为办理。纳税人向扣缴义务人提出代办要求的,扣缴义务人应当代为办理,或者培训、辅导纳税人通过网上税务局(包括手机个人所得税 APP)完成年度汇算申报和退(补)税。由扣缴义务人代为办理的,纳税人应在 2020 年 4 月 30 日前与扣缴义务人进行书面确认,补充提供其 2019 年度在本单位以外取得的综合所得收入、相关扣除、享受税收优惠等信息资料,并对所提交信息的真实性、准确性、完整性负责。

3. 委托涉税专业服务机构或其他单位及个人(以下称"受托人")办理,受托人需与纳税人签订授权书。

扣缴义务人或受托人为纳税人办理年度汇算后,应当及时将办理情况告知纳税人。纳税人发现申报信息存在错误的,可以要求扣缴义务人或受托人办理更正申报,也可自行办理更正申报。

(三)办理渠道

为便利纳税人,税务机关为纳税人提供高效、快捷的网络办税渠道。纳税人可优先通过网上税务局(包括手机个人所得税 APP)办理年度汇算,税务机关将按规定为纳税人提供申报表预填服务;不方便通过上述方式办理的,也可以通过邮寄方式或到办税服务厅办理。

选择邮寄申报的,纳税人需将申报表寄送至任职受雇单位(没有任职受雇单位的,为户籍或者经常居住地)所在省、自治区、直辖市、计划单列市税务局公告指定的税务机关。

(四)办理的税务机关

按照方便就近原则,纳税人自行办理或受托人为纳税人代为办理 2019 年度汇算的,向纳税人任职受雇单位所在地的主管税务机关申报;有两处及以上任职受雇单位的,可自主选择向其中一处单位所在地的主管税务机关申报。纳税人没有任职受雇单位的,向其户籍所在地或者经常居住地的主管税务机关申报。

扣缴义务人在年度汇算期内为纳税人办理年度汇算的,向扣缴义务人的主管税务机关申报。

(五)留存申报资料

纳税人办理年度汇算时,除向税务机关报送年度汇算申报表外,如需修改本人相关基础信息,新增享受扣除或者税收优惠的,还应按规定一并填报相关信息。填报的信息,纳税人需仔细核对,确保真实、准确、完整。

纳税人以及代办年度汇算的扣缴义务人,需将年度汇算申报表以及与纳税人综合所得收入、扣除、已缴税额或税收优惠等相关资料,自年度汇算期结束之日起留存 5 年。

（六）退税、补税

纳税人申请年度汇算退税,应当提供其在中国境内开设的符合条件的银行账户。税务机关按规定审核后,按照国库管理有关规定,在本公告第九条确定的接受年度汇算申报的税务机关所在地（即汇算清缴地）就地办理税款退库。纳税人未提供本人有效银行账户,或者提供的信息资料有误的,税务机关将通知纳税人更正,纳税人按要求更正后依法办理退税。

为方便纳税人获取退税,纳税人 2019 年度综合所得收入额不超过 60 000 元且已预缴个人所得税的,税务机关在网上税务局（包括手机个人所得税 APP）提供便捷退税功能,纳税人可以在 2020 年 3 月 1 日至 5 月 31 日期间,通过简易申报表办理年度汇算退税。

纳税人办理年度汇算补税的,可以通过网上银行、办税服务厅 POS 机刷卡、银行柜台、非银行支付机构等方式缴纳。

附件①

表 6-5　　　　　　　**个人所得税年度自行纳税申报表（A 表）**

（仅取得境内综合所得年度汇算适用）

税款所属期:　　年　　月　　日至　　年　　月　　日

纳税人姓名:

纳税人识别号:□□□□□□□□□□□□□□□□□-□□　　　　金额单位:人民币元(列至角分)

基本情况				
手机号码		电子邮箱	邮政编码	□□□□□□
联系地址	_____省(区、市)_____市_____区(县)_____街道(乡、镇)_____			
纳税地点(单选)				
1. 有任职受雇单位的,需选本项并填写"任职受雇单位信息":			□任职受雇单位所在地	
任职受雇单位信息	名称			
	纳税人识别号	□□□□□□□□□□□□□□□□□□		

① 国家税务总局:《修订部分个人所得税申报表的公告》(国税〔2019〕46 号)(2019-12-31),http://www.chinatax.gov.cn/chinatax/n810214/n810641/n2985871/n2985888/n2986028/c5142094/content.html。

（续表）

2. 没有任职受雇单位的,可以从本栏次选择一地:	□户籍所在地	□经常居住地
户籍所在地/经常居住地	___省（区、市）___市_____区（县）_____街道（乡、镇）_____	

申报类型（单选）

□首次申报	□更正申报

综合所得个人所得税计算

项　目	行次	金额
一、收入合计（第 1 行＝第 2 行＋第 3 行＋第 4 行＋第 5 行）	1	
（一）工资、薪金	2	
（二）劳务报酬	3	
（三）稿酬	4	
（四）特许权使用费	5	
二、费用合计［第 6 行＝（第 3 行＋第 4 行＋第 5 行）×20%］	6	
三、免税收入合计（第 7 行＝第 8 行＋第 9 行）	7	
（一）稿酬所得免税部分［第 8 行＝第 4 行×（1－20%）×30%］	8	
（二）其他免税收入（附报《个人所得税减免税事项报告表》）	9	
四、减除费用	10	
五、专项扣除合计（第 11 行＝第 12 行＋第 13 行＋第 14 行＋第 15 行）	11	
（一）基本养老保险费	12	
（二）基本医疗保险费	13	
（三）失业保险费	14	
（四）住房公积金	15	
六、专项附加扣除合计（附报《个人所得税专项附加扣除信息表》）（第 16 行＝第 17 行＋第 18 行＋第 19 行＋第 20 行＋第 21 行＋第 22 行）	16	
（一）子女教育	17	
（二）继续教育	18	
（三）大病医疗	19	
（四）住房贷款利息	20	
（五）住房租金	21	
（六）赡养老人	22	
七、其他扣除合计（第 23 行＝第 24 行＋第 25 行＋第 26 行＋第 27 行＋第 28 行）	23	
（一）年金	24	

（续表）

（二）商业健康保险（附报《商业健康保险税前扣除情况明细表》）	25	
（三）税延养老保险（附报《个人税收递延型商业养老保险税前扣除情况明细表》）	26	
（四）允许扣除的税费	27	
（五）其他	28	
八、准予扣除的捐赠额（附报《个人所得税公益慈善事业捐赠扣除明细表》）	29	
九、应纳税所得额 （第30行＝第1行-第6行-第7行-第10行-第11行-第16行-第23行-第29行）	30	
十、税率（%）	31	
十一、速算扣除数	32	
十二、应纳税额（第33行＝第30行×第31行-第32行）	33	
全年一次性奖金个人所得税计算 （无住所居民个人预判为非居民个人取得的数月奖金，选择按全年一次性奖金计税的填写本部分）		
一、全年一次性奖金收入	34	
二、准予扣除的捐赠额（附报《个人所得税公益慈善事业捐赠扣除明细表》）	35	
三、税率（%）	36	
四、速算扣除数	37	
五、应纳税额［第38行＝（第34行-第35行）×第36行-第37行］	38	
税额调整		
一、综合所得收入调整额（需在"备注"栏说明调整具体原因、计算方式等）	39	
二、应纳税额调整额	40	
应补/退个人所得税计算		
一、应纳税额合计（第41行＝第33行+第38行+第40行）	41	
二、减免税额（附报《个人所得税减免税事项报告表》）	42	
三、已缴税额	43	
四、应补/退税额（第44行＝第41行-第42行-第43行）	44	

无住所个人附报信息			
纳税年度内在中国境内居住天数		已在中国境内居住年数	
退税申请 （应补/退税额小于0的填写本部分）			
□申请退税（需填写"开户银行名称""开户银行省份""银行账号"）			□放弃退税
开户银行名称		开户银行省份	
银行账号			

（续表）

备　注
谨声明:本表是根据国家税收法律法规及相关规定填报的,本人对填报内容(附带资料)的真实性、可靠性、完整性负责。 　　　　　　　　　　　　　　　　纳税人签字:　　　　　年　月　日

经办人签字: 经办人身份证件类型: 经办人身份证件号码: 代理机构签章: 代理机构统一社会信用代码:	受理人: 受理税务机关(章): 受理日期:　　　年　月　日

国家税务总局监制

《个人所得税年度自行纳税申报表》(A 表)填表说明

（仅取得境内综合所得年度汇算适用）

一、适用范围

本表适用于居民个人纳税年度内仅从中国境内取得工资薪金所得、劳务报酬所得、稿酬所得、特许权使用费所得(以下称"综合所得"),按照税法规定进行个人所得税综合所得汇算清缴。居民个人纳税年度内取得境外所得的,不适用本表。

二、报送期限

居民个人取得综合所得需要办理汇算清缴的,应当在取得所得的次年 3 月 1 日至 6 月 30 日内,向主管税务机关办理个人所得税综合所得汇算清缴申报,并报送本表。

三、本表各栏填写

（一）表头项目

1. 税款所属期:填写居民个人取得综合所得当年的第 1 日至最后 1 日。如:2019

年 1 月 1 日至 2019 年 12 月 31 日。

2. 纳税人姓名:填写居民个人姓名。

3. 纳税人识别号:有中国公民身份号码的,填写中华人民共和国居民身份证上载明的"公民身份号码";没有中国公民身份号码的,填写税务机关赋予的纳税人识别号。

(二)基本情况

1. 手机号码:填写居民个人中国境内的有效手机号码。

2. 电子邮箱:填写居民个人有效电子邮箱地址。

3. 联系地址:填写居民个人能够接收信件的有效地址。

4. 邮政编码:填写居民个人"联系地址"对应的邮政编码。

(三)纳税地点

居民个人根据任职受雇情况,在选项 1 和选项 2 之间选择其一,并填写相应信息。若居民个人逾期办理汇算清缴申报被指定主管税务机关的,无需填写本部分。

1. 任职受雇单位信息:勾选"任职受雇单位所在地"并填写相关信息。

(1)名称:填写任职受雇单位的法定名称全称。

(2)纳税人识别号:填写任职受雇单位的纳税人识别号或者统一社会信用代码。

2. 户籍所在地/经常居住地:勾选"户籍所在地"的,填写居民户口簿中登记的住址。勾选"经常居住地"的,填写居民个人申领居住证上登载的居住地址;没有申领居住证的,填写居民个人实际居住地;实际居住地不在中国境内的,填写支付或者实际负担综合所得的境内单位或个人所在地。

(四)申报类型

未曾办理过年度汇算申报,勾选"首次申报";已办理过年度汇算申报,但有误需要更正的,勾选"更正申报"。

(五)综合所得个人所得税计算

1. 第 1 行"收入合计":填写居民个人取得的综合所得收入合计金额。

第 1 行=第 2 行+第 3 行+第 4 行+第 5 行。

2. 第 2—5 行"工资、薪金""劳务报酬""稿酬""特许权使用费":填写居民个人取得的需要并入综合所得计税的"工资、薪金""劳务报酬""稿酬""特许权使用费"所得收入金额。

3. 第 6 行"费用合计"：根据相关行次计算填报。

第 6 行 =（第 3 行 + 第 4 行 + 第 5 行）×20%。

4. 第 7 行"免税收入合计"：填写居民个人取得的符合税法规定的免税收入合计金额。

第 7 行 = 第 8 行 + 第 9 行。

5. 第 8 行"稿酬所得免税部分"：根据相关行次计算填报。

第 8 行 = 第 4 行 ×（1-20%）×30%。

6. 第 9 行"其他免税收入"：填写居民个人取得的除第 8 行以外的符合税法规定的免税收入合计，并按规定附报《个人所得税减免税事项报告表》。

7. 第 10 行"减除费用"：填写税法规定的减除费用。

8. 第 11 行"专项扣除合计"：根据相关行次计算填报。

第 11 行 = 第 12 行 + 第 13 行 + 第 14 行 + 第 15 行。

9. 第 12—15 行"基本养老保险费""基本医疗保险费""失业保险费""住房公积金"：填写居民个人按规定可以在税前扣除的基本养老保险费、基本医疗保险费、失业保险费、住房公积金金额。

10. 第 16 行"专项附加扣除合计"：根据相关行次计算填报，并按规定附报《个人所得税专项附加扣除信息表》。

第 16 行 = 第 17 行 + 第 18 行 + 第 19 行 + 第 20 行 + 第 21 行 + 第 22 行。

11. 第 17—22 行"子女教育""继续教育""大病医疗""住房贷款利息""住房租金""赡养老人"：填写居民个人按规定可以在税前扣除的子女教育、继续教育、大病医疗、住房贷款利息、住房租金、赡养老人等专项附加扣除的金额。

12. 第 23 行"其他扣除合计"：根据相关行次计算填报。

第 23 行 = 第 24 行 + 第 25 行 + 第 26 行 + 第 27 行 + 第 28 行。

13. 第 24—28 行"年金""商业健康保险""税延养老保险""允许扣除的税费""其他"：填写居民个人按规定可在税前扣除的年金、商业健康保险、税延养老保险、允许扣除的税费和其他扣除项目的金额。其中，填写商业健康保险的，应当按规定附报《商业健康保险税前扣除情况明细表》；填写税延养老保险的，应当按规定附报《个人税收递延型商业养老保险税前扣除情况明细表》。

14. 第 29 行"准予扣除的捐赠额"：填写居民个人按规定准予在税前扣除的公益慈善事业捐赠金额，并按规定附报《个人所得税公益慈善事业捐赠扣除明细表》。

15. 第 30 行"应纳税所得额"：根据相关行次计算填报。

第 30 行 = 第 1 行 - 第 6 行 - 第 7 行 - 第 10 行 - 第 11 行 - 第 16 行 - 第 23 行 - 第 29 行。

16. 第 31、32 行"税率""速算扣除数":填写按规定适用的税率和速算扣除数。

17. 第 33 行"应纳税额":按照相关行次计算填报。

第 33 行 = 第 30 行×第 31 行－第 32 行。

(六)全年一次性奖金个人所得税计算

无住所居民个人预缴时因预判为非居民个人而按取得数月奖金计算缴税的,汇缴时可以根据自身情况,将一笔数月奖金按照全年一次性奖金单独计算。

1. 第 34 行"全年一次性奖金收入":填写无住所的居民个人纳税年度内预判为非居民个人时取得的一笔数月奖金收入金额。

2. 第 35 行"准予扣除的捐赠额":填写无住所的居民个人按规定准予在税前扣除的公益慈善事业捐赠金额,并按规定附报《个人所得税公益慈善事业捐赠扣除明细表》。

3. 第 36、37 行"税率""速算扣除数":填写按照全年一次性奖金政策规定适用的税率和速算扣除数。

4. 第 38 行"应纳税额":按照相关行次计算填报。

第 38 行 = (第 34 行－第 35 行)×第 36 行－第 37 行。

(七)税额调整

1. 第 39 行"综合所得收入调整额":填写居民个人按照税法规定可以办理的除第 39 行之前所填报内容之外的其他可以进行调整的综合所得收入的调整金额,并在"备注"栏说明调整的具体原因、计算方式等信息。

2. 第 40 行"应纳税额调整额":填写居民个人按照税法规定调整综合所得收入后所应调整的应纳税额。

(八)应补/退个人所得税计算

1. 第 41 行"应纳税额合计":根据相关行次计算填报。

第 41 行 = 第 33 行+第 38 行+第 40 行。

2. 第 42 行"减免税额":填写符合税法规定的可以减免的税额,并按规定附报《个人所得税减免税事项报告表》。

3. 第 43 行"已缴税额":填写居民个人取得在本表中已填报的收入对应的已经缴纳或者被扣缴的个人所得税。

4. 第 44 行"应补/退税额":根据相关行次计算填报。

第 44 行 = 第 41 行 - 第 42 行 - 第 43 行。

（九）无住所个人附报信息

本部分由无住所居民个人填写。不是,则不填。

1. 纳税年度内在中国境内居住天数:填写纳税年度内,无住所居民个人在中国境内居住的天数。

2. 已在中国境内居住年数:填写无住所居民个人已在中国境内连续居住的年份数。其中,年份数自 2019 年(含)开始计算且不包含本纳税年度。

（十）退税申请

本部分由应补/退税额小于 0 且勾选"申请退税"的居民个人填写。

1. "开户银行名称":填写居民个人在中国境内开立银行账户的银行名称。

2. "开户银行省份":填写居民个人在中国境内开立的银行账户的开户银行所在省、自治区、直辖市或者计划单列市。

3. "银行账号":填写居民个人在中国境内开立的银行账户的银行账号。

（十一）备注

填写居民个人认为需要特别说明的或者按照有关规定需要说明的事项。

四、其他事项说明

以纸质方式报送本表的,建议通过计算机填写打印,一式两份,纳税人、税务机关各留存一份。

表 6-6　　　　　　　个人所得税年度自行纳税申报表(简易版)
(纳税年度:20____)

一、填表须知

> 填写本表前,请仔细阅读以下内容:
> 1. 如果您年综合所得收入额不超过 6 万元且在纳税年度内未取得境外所得的,可以填写本表;
> 2. 您可以在纳税年度的次年 3 月 1 日至 5 月 31 日使用本表办理汇算清缴申报,并在该期限内申请退税;
> 3. 建议您下载并登录个人所得税 APP,或者直接登录税务机关官方网站在线办理汇算清缴申报,体验更加便捷的申报方式;
> 4. 如果您对于申报填写的内容有疑问,您可以参考相关办税指引,咨询您的扣缴单位、专业人士,或者拨打 12366 纳税服务热线。
> 5. 以纸质方式报送本表的,建议通过计算机填写打印,一式两份,纳税人、税务机关各留存一份。

二、个人基本情况

1. 姓名	
2. 公民身份号码/纳税人识别号	□□□□□□□□□□□□□□□□□-□□（无校验码不填后两位）
说明：有中国公民身份号码的，填写中华人民共和国居民身份证上载明的"公民身份号码"；没有中国公民身份号码的，填写税务机关赋予的纳税人识别号。	
3. 手机号码	□□□□□□□□□□□
提示：中国境内有效手机号码，请准确填写，以方便与您联系。	
4. 电子邮箱	
5. 联系地址	_____省（区、市）_____市_____区（县）_____街道（乡、镇）_____
提示：能够接收信件的有效通讯地址。	
6. 邮政编码	□□□□□□

三、纳税地点（单选）

1. 有任职受雇单位的，需选本项并填写"任职受雇单位信息"：	□任职受雇单位所在地	
任职受雇单位信息	名称	
	纳税人识别号	□□□□□□□□□□□□□□□□□
2. 没有任职受雇单位的，可以从本栏次选择一地：	□户籍所在地　　□经常居住地	
户籍所在地/经常居住地	_____省（区、市）_____市_____区（县）_____街道（乡、镇）_____	

四、申报类型

请您选择本次申报类型，未曾办理过年度汇算申报，勾选"首次申报"；已办理过年度汇算申报，但有误需要更正的，勾选"更正申报"：

□首次申报　　　　　　　　　　□更正申报

五、纳税情况

已缴税额	□□,□□□.□□（元）
纳税年度内取得综合所得时，扣缴义务人预扣预缴以及个人自行申报缴纳的个人所得税。	

六、退税申请

1. 是否申请退税?	□申请退税【选择此项的,填写个人账户信息】　　　　　□放弃退税
2. 个人账户信息	开户银行名称:＿＿＿＿＿＿＿＿＿＿开户银行省份:＿＿＿＿＿＿＿＿＿ 银行账号:＿＿＿＿＿＿＿＿＿＿
说明:开户银行名称填写居民个人在中国境内开立银行账户的银行名称。	

七、备注

如果您有需要特别说明或者税务机关要求说明的事项,请在本栏填写:

八、承诺及申报受理

谨声明:
1. 本人纳税年度内取得的综合所得收入额合计不超过 6 万元。
2. 本表是根据国家税收法律法规及相关规定填报的,本人对填报内容(附带资料)的真实性、可靠性、完整性负责。

　　　　　　　　　　　　　　　　　　　　　　纳税人签名:　　年 月 日

经办人签字: 经办人身份证件类型: 经办人身份证件号码: 代理机构签章: 代理机构统一社会信用代码:	受理人: 受理税务机关(章): 受理日期:　　年　　月　　日

国家税务总局监制

表 6-7　　　　　　　　　个人所得税年度自行纳税申报表（问答版）

（纳税年度：20 ＿＿）

一、填表须知

填写本表前,请仔细阅读以下内容:
1. 如果您需要办理个人所得税综合所得汇算清缴,并且未在纳税年度内取得境外所得的,可以填写本表;
2. 您需要在纳税年度的次年 3 月 1 日至 6 月 30 日办理汇算清缴申报,并在该期限内补缴税款或者申请退税;
3. 建议您下载并登录个人所得税 APP,或者直接登录税务机关官方网站在线办理汇算清缴申报,体验更加便捷的申报方式;
4. 如果您对于申报填写的内容有疑问,您可以参考相关办税指引,咨询您的扣缴单位、专业人士,或者拨打 12366 纳税服务热线。
5. 以纸质方式报送本表的,建议通过计算机填写打印,一式两份,纳税人、税务机关各留存一份。

二、基本情况

1. 姓名	
2. 公民身份号码/纳税人识别号	□□□□□□□□□□□□□□□□□-□□（无校验码不填后两位）
说明:有中国公民身份号码的,填写中华人民共和国居民身份证上载明的"公民身份号码";没有中国公民身份号码的,填写税务机关赋予的纳税人识别号。	
3. 手机号码	□□□□□□□□□□□
提示:中国境内有效手机号码,请准确填写,以方便与您联系。	
4. 电子邮箱	
5. 联系地址	＿＿＿＿省（区、市）＿＿＿＿市＿＿＿区（县）＿＿＿街道（乡、镇）＿＿＿＿＿＿＿
提示:能够接收信件的有效通讯地址。	
6. 邮政编码	□□□□□□

三、纳税地点

7. 您是否有任职受雇单位,并取得工资薪金?（单选） □有任职受雇单位(需要回答问题 8)　　　□没有任职受雇单位(需要回答问题 9)
8. 如果您有任职受雇单位,您可以选择一处任职受雇单位所在地办理汇算清缴,请提供该任职受雇单位的具体情况: 任职受雇单位名称(全称):＿＿＿＿＿＿＿＿＿＿＿＿＿＿＿＿＿＿ 任职受雇单位纳税人识别号:□□□□□□□□□□□□□□□□□□

(续表)

9. 如果您没有任职受雇单位,您可以选择在以下地点办理汇算清缴:(单选)

☐ 户籍所在地　　　　　　　　　　　☐ 经常居住地

具体地址:＿＿＿＿＿＿省(区、市)＿＿＿＿＿市＿＿＿＿＿区(县)＿＿＿＿＿街道

(乡、镇)＿＿＿＿＿＿＿＿＿＿＿

说明:1. 户籍所在地是指居民户口簿中登记的地址。

2. 经常居住地是指居民个人申领居住证上登载的居住地址,若没有申领居住证,指居民个人当前实际居住的地址;若居民个人不在中国境内的,指支付或者实际负担综合所得的境内单位或个人所在地。

四、申报类型

10. 未曾办理过年度汇算申报,勾选"首次申报";已办理过年度汇算申报,但有误需要更正的,勾选"更正申报":

☐ 首次申报　　　　　　　　　　　☐ 更正申报

五、收入-A(工资薪金)

11. 您在纳税年度内取得的工资薪金收入有多少?

(A1)工资薪金收入(包括并入综合所得计算的全年一次性奖金):☐☐,☐☐☐,☐☐☐,☐☐☐.☐☐(元)　☐ 无此类收入

说明:

(1)工资薪金是指,个人因任职或者受雇,取得的工资薪金收入。包括工资、薪金、奖金、年终加薪、劳动分红、津贴、补贴以及与任职或者受雇有关的其他收入。全年一次性奖金是指,行政机关、企事业单位等扣缴义务人根据其全年经济效益和对雇员全年工作业绩的综合考核情况,向雇员发放的一次性奖金。包括年终加薪、实行年薪制和绩效工资办法的单位根据考核情况兑现的年薪和绩效工资。

(2)全年一次性奖金可以单独计税,也可以并入综合所得计税。具体方法请查阅财税〔2018〕164号文件规定。选择何种方式计税对您更为有利,可以咨询专业人士。

(3)工资薪金收入不包括单独计税的全年一次性奖金。

六、收入-A(劳务报酬)

12. 您在纳税年度内取得的劳务报酬收入有多少?

(A2)劳务报酬收入:☐☐,☐☐☐,☐☐☐,☐☐☐.☐☐(元)　　　　　　☐ 无此类收入

说明:劳务报酬收入是指,个人从事设计、装潢、安装、制图、化验、测试、医疗、法律、会计、咨询、讲学、翻译、审稿、书画、雕刻、影视、录音、录像、演出、表演、广告、展览、技术服务、介绍服务、经纪服务、代办服务以及其他劳务取得的收入。

七、收入-A(稿酬)

13. 您在纳税年度内取得的稿酬收入有多少?

(A3)稿酬收入:☐☐,☐☐☐,☐☐☐,☐☐☐.☐☐(元)　　　　　　☐ 无此类收入

说明:稿酬收入是指,个人作品以图书、报刊等形式出版、发表而取得的收入。

八、收入-A(特许权使用费)

14. 您在纳税年度内取得的特许权使用费收入有多少？
(A4)特许权使用费收入:□□,□□□,□□□,□□□.□□(元)　　　□无此类收入
　　说明:特许权使用费收入是指,个人提供专利权、商标权、著作权、非专利技术以及其他特许权的使用权取得的收入。

九、免税收入-B

15. 您在纳税年度内取得的综合所得收入中,免税收入有多少？(需附报《个人所得税减免税事项报告表》)
(B1)免税收入:□□,□□□,□□□,□□□.□□(元)　　　□无此类收入
　　提示:免税收入是指按照税法规定免征个人所得税的收入。其中,税法规定"稿酬所得的收入额减按70%计算",对稿酬所得的收入额减计30%的部分无需填入本项,将在后续计算中扣减该部分。

十、专项扣除-C

16. 您在纳税年度内个人负担的,按规定可以在税前扣除的基本养老保险费、基本医疗保险费、失业保险费、住房公积金是多少？
(C1)基本养老保险费:□□□,□□□.□□(元)　　　□无此类扣除
(C2)基本医疗保险费:□□□,□□□.□□(元)　　　□无此类扣除
(C3)失业保险费:　　□□□,□□□.□□(元)　　　□无此类扣除
(C4)住房公积金:　　□□□,□□□.□□(元)　　　□无此类扣除
　　说明:个人实际负担的三险一金可以扣除。

十一、专项附加扣除-D

17. 您在纳税年度内可以扣除的子女教育支出是多少？(需附报《个人所得税专项附加扣除信息表》)
(D1)子女教育:□□□,□□□.□□(元)　　　□无此类扣除
说明:
　　子女教育支出可扣除金额(D1)=每一子女可扣除金额合计;
　　每一子女可扣除金额=纳税年度内符合条件的扣除月份数×1 000元×扣除比例。
　　纳税年度内符合条件的扣除月份数包括子女年满3周岁当月起至受教育前一月、实际受教育月份以及寒暑假休假月份等。
　　扣除比例:由夫妻双方协商确定,每一子女可以在本人或配偶处按照100%扣除,也可由双方分别按照50%扣除。

18. 您在纳税年度内可以扣除的继续教育支出是多少？(需附报《个人所得税专项附加扣除信息表》)
(D2)继续教育:□□□,□□□.□□(元)　　　□无此类扣除
说明:
　　继续教育支出可扣除金额(D2)=学历(学位)继续教育可扣除金额+职业资格继续教育可扣除金额;
　　学历(学位)继续教育可扣除金额=纳税年度内符合条件的扣除月份数×400元;
　　纳税年度内符合条件的扣除月份数包括受教育月份、寒暑假休假月份等,但同一学历(学位)教育扣除期限不能超过48个月。
　　纳税年度内,个人取得符合条件的技能人员、专业技术人员相关职业资格证书的,职业资格继续教育可扣除金额=3 600元。

（续表）

19. 您在纳税年度内可以扣除的大病医疗支出是多少？（需附报《个人所得税专项附加扣除信息表》） （D3）大病医疗：□,□□□,□□□.□□（元）　　　　　　　　　　□无此类扣除 说明： 　　　大病医疗支出可扣除金额（D3）= 选择由您扣除的每一家庭成员的大病医疗可扣除金额合计； 　　　某一家庭成员的大病医疗可扣除金额（不超过 80 000 元）= 纳税年度内医保目录范围内的自付部分- 15 000 元； 　　　家庭成员包括个人本人、配偶、未成年子女。
20. 您在纳税年度内可以扣除的住房贷款利息支出是多少？（需附报《个人所得税专项附加扣除信息表》） （D4）住房贷款利息：□□,□□□.□□（元）　　　　　　　　　　□无此类扣除 说明： 　　　住房贷款利息支出可扣除金额（D4）= 符合条件的扣除月份数×扣除定额。 　　　符合条件的扣除月份数为纳税年度内实际贷款月份数。 　　　扣除定额：正常情况下，由夫妻双方协商确定，由其中 1 人扣除 1 000 元/月；婚前各自购房，均符合扣除条件的，婚后可选择其中 1 人扣除 1 000 元/月，也可以选择各自扣除 500 元/月。
21. 您在纳税年度内可以扣除的住房租金支出是多少？（需附报《个人所得税专项附加扣除信息表》） （D5）住房租金：□□,□□□.□□（元）　　　　　　　　　　□无此类扣除 说明： 　　　住房租金支出可扣除金额（D5）= 纳税年度内租房月份的月扣除定额之和 　　　月扣除定额：直辖市、省会（首府）城市、计划单列市以及国务院确定的其他城市，扣除标准为 1 500 元/月；市辖区户籍人口超过 100 万的城市，扣除标准为 1 100 元/月；市辖区户籍人口不超过 100 万的城市，扣除标准为 800 元/月。
22. 您在纳税年度内可以扣除的赡养老人支出是多少？（需附报《个人所得税专项附加扣除信息表》） （D6）赡养老人：□□,□□□.□□（元）　　　　　　　　　　□无此类扣除 说明： 　　　赡养老人支出可扣除金额（D6）= 纳税年度内符合条件的月份数×月扣除定额 　　　符合条件的月份数：纳税年度内满 60 岁的老人，自满 60 岁当月起至 12 月份计算；纳税年度前满 60 岁的老人，按照 12 个月计算。 　　　月扣除定额：独生子女，月扣除定额 2 000 元/月；非独生子女，月扣除定额由被赡养人指定分摊，也可由赡养人均摊或约定分摊，但每月不超过 1 000 元/月。

十二、其他扣除–E

23. 您在纳税年度内可以扣除的企业年金、职业年金是多少？ （E1）年金：□□□,□□□.□□（元）　　　　　　　　　　　　□无此类扣除
24. 您在纳税年度内可以扣除的商业健康保险是多少？（需附报《商业健康保险税前扣除情况明细表》） （E2）商业健康保险：□,□□□.□□（元）　　　　　　　　　　□无此类扣除
25. 您在纳税年度内可以扣除的税收递延型商业养老保险是多少？（需附报《个人税收递延型商业养老保险税前扣除情况明细表》） （E3）税延养老保险：□□,□□□.□□（元）　　　　　　　　　□无此类扣除
26. 您在纳税年度内可以扣除的税费是多少？ （E4）允许扣除的税费：□□,□□□,□□□,□□□.□□（元）　　　　□无此类扣除 　　说明：允许扣除的税费是指，个人取得劳务报酬、稿酬、特许权使用费收入时，发生的合理税费支出。

（续表）

---

27. 您在纳税年度内发生的除上述扣除以外的其他扣除是多少？
（E5）其他扣除：□□,□□□,□□□,□□□.□□（元）　　　　　□无此类扣除
　提示：其他扣除（其他）包括保险营销员、证券经纪人佣金收入的展业成本。

十三、捐赠-F

28. 您在纳税年度内可以扣除的捐赠支出是多少？（需附报《个人所得税公益慈善事业捐赠扣除明细表》）
（F1）准予扣除的捐赠额：□□,□□□,□□□,□□□.□□（元）　　　□无此类扣除

十四、全年一次性奖金-G

29. 您在纳税年度内取得的一笔要转换为全年一次性奖金的数月奖金是多少？
（G1）全年一次性奖金：□□,□□□,□□□,□□□.□□（元）　　　□无此类情况
（G2）全年一次性奖金应纳个人所得税 = G1×适用税率-速算扣除数 = □□,□□□,□□□,
　　　□□□.□□（元）
　说明：仅适用于无住所居民个人预缴时因预判为非居民个人而按取得数月奖金计算缴税，汇缴时可以根据自身情况，将一笔数月奖金按照全年一次性奖金单独计算。

十五、税额计算-H（使用纸质申报的居民个人需要自行计算填写本项）

30. 综合所得应纳个人所得税计算
（H1）综合所得应纳个人所得税 = [（A1+A2×80%+A3×80%×70%+A4×80%）-B1-（C1+C2+C3+
　　　C4）-（D1+D2+D3+D4+D5+D6）
　　　-（E1+E2+E3+E4+E5）-F1]×适用税率-速算扣除数 = □□,□□□,□□□,□□□.
　□□（元）
　说明：适用税率和速算扣除数如下

级数	全年应纳税所得额	税率（%）	速算除数
1	不超过36 000元的	3	0
2	超过36 000元至144 000元的	10	2 520
3	超过144 000元至300 000元的	20	16 920
4	超过300 000元至420 000元的	25	31 920
5	超过420 000元至660 000元的	30	52 920
6	超过660 000元至960 000元的	35	85 920
7	超过960 000元的	45	181 920

十六、减免税额-J

31. 您可以享受的减免税类型有哪些？
□残疾　□孤老　□烈属　□其他（需附报《个人所得税减免税事项报告表》）　　　□无此类情况

(续表)

---

32. 您可以享受的减免税金额是多少?

(J1)减免税额:□□,□□□,□□□,□□□.□□(元)　　　　□无此类情况

十七、已缴税额-K

33. 您在纳税年度内取得本表填报的各项收入时,已经缴纳的个人所得税是多少?

(K1)已纳税额:□□,□□□,□□□,□□□.□□(元)　　　　□无此类情况

十八、应补/退税额-L(使用纸质申报的居民个人需要自行计算填写本项)

34. 您本次汇算清缴应补/退的个人所得税税额是:

(L1)应补/退税额=G2+H1-J1-K1=□□,□□□,□□□,□□□.□□(元)

十九、无住所个人附报信息(有住所个人无需填写本项)

35. 您在纳税年度内,在中国境内的居住天数是多少?

纳税年度内在中国境内居住天数:_____天。

---

36. 您在中国境内的居住年数是多少?

中国境内居住年数:_____年。

　　说明:境内居住年数自 2019 年(含)以后年度开始计算。境内居住天数和年数的具体计算方法参见财政部、税务总局公告 2019 年第 34 号。

二十、退税申请(应补/退税额小于 0 的填写本项)

37. 您是否申请退税?

□申请退税　　□放弃退税

---

38. 如果您申请退税,请提供您的有效银行账户。

开户银行名称:_____　　　开户银行省份:_____

银行账号:_____

　　说明:开户银行名称填写居民个人在中国境内开立银行账户的银行名称。

二十一、备注

如果您有需要特别说明或者税务机关要求说明的事项,请在本栏填写:

二十二、申报受理

谨声明:本表是根据国家税收法律法规及相关规定填报的,本人对填报内容(附带资料)的真实性、可靠性、完整性负责。 个人签名:_____　　　　　　　　____年___月___日	
经办人签字: 经办人身份证件类型: 经办人身份证件号码: 代理机构签章: 代理机构统一社会信用代码:	受理人: 受理税务机关(章): 受理日期:　　　年　　月　　日

第七章　个人所得税申报

【本章学习目标】

通过本章节的学习,可帮助读者熟练掌握作为一家企业的个人所得税(以下称"个税")申报人员应该如何下载、安装和设置自然人税收管理系统,如何采集人员基础信息及专项附加扣除信息,如何填写每月的预扣预缴申报表并缴纳税款。

第一节　系统安装与设置

一、个人所得税系统安装

(一)系统下载

各地税务机关在自然人税收管理系统上线时,会通过多种方式通知用户下载安装包。用户可在各地税务机关网站上获取安装包,具体下载地址请留意税务机关通知,或者拨打当地的 12366 税务咨询电话。用户请从当地的税务局网站上下载,勿跨省市网站上下载,否则无法使用。以下以北京市为例。

用户在网上搜索"国家税务总局北京市税务局",即可在首页的"纳税服务"左边找到"网上办税",下载右边的"自然人税收管理系统扣缴客户端"(见图7-1)。

双击安装包程序(见图7-2),点击【立即安装】,即可安装扣缴客户端到本地电脑,也可选择自定义安装目录进行安装(见图7-3)。

注意:若已在电脑中安装过扣缴客户端,双击安装包将提示"修复"或"卸载"(见图7-4)。

(二)系统初始化

系统安装完成后,需要进行系统初始化注册。初始化注册的过程,即通过纳税人识别号从税务机关系统获取最新的企业信息,保存到本地扣缴客户端的过程。

图 7-1　北京自然人税收管理系统扣缴客户端下载页面

图 7-2　北京自然人税收管理系统扣缴客户端

自定义安装目录 ⌄

图7-3　安装自然人税收管理系统扣缴客户端

图7-4　双击安装包提示"修复"或"卸载"

　　点击安装完成界面上的【立即体验】(见图7-5)或点击桌面"自然人税收管理系统扣缴客户端"快捷方式,进入版本选择界面(见图7-6),其中【2018年原税制申报】是老的申报表模式,适用于所属期为2018年12月及以前月份申报;【2019年新税制申报】

图7-5 系统安装完成

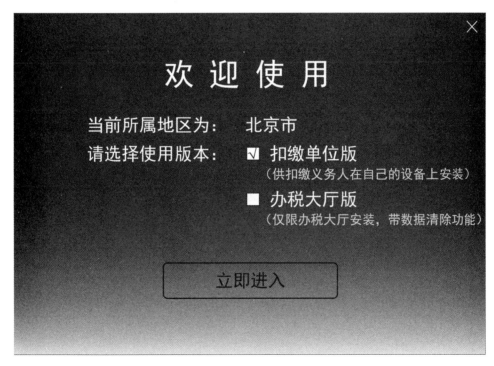

图7-6 版本选择界面

是新的申报表模式,适用于所属期为2019年1月及以后的申报(见图7-7)。选择对应版本模式后进入系统注册环节。

图 7-7　旧申报表模式和新申报表模式

1. 注册第一步：录入单位信息

在【纳税人识别号】/【确认纳税人识别号】的位置输入扣缴单位的纳税人识别号，已进行过"三证合一"的单位则输入统一社会信用代码，点击【下一步】，即可完成注册的第一步（见图 7-8）。

图 7-8　注册第一步

注意：

（1）【纳税人识别号】和【确认纳税人识别号】必须一致；

（2）注册时必须确保电脑处于联网状态。

2. 注册第二步：获取办税信息

系统自动从税务机关端口获取最新的当地年平均工资、月平均工资以及月公积金减除上限等办税基础信息（见图7-9）。

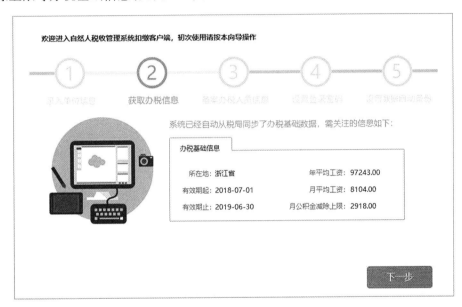

图7-9　注册第二步

3. 注册第三步：备案办税人员信息

办税人员如实填写姓名、手机号、岗位等信息（见图7-10）。

4. 注册第四步：设置登录密码

为了保障本系统的使用安全，建议"启用登录密码"，并牢记登录密码（见图7-11）。

注意：

（1）登录密码的长度必须是8—20位；

（2）登录密码至少是数字、英文字母、符号三种中的两种组合；

（3）若忘记密码，在登录界面可通过点击【忘记密码】重置登录密码；

（4）进入系统后，点击【系统设置】→【系统管理】→【登录密码设置】可修改登录密码。

5. 注册第五步：设置数据自动备份

扣缴客户端的数据是保存在本地电脑的，为防止重装操作系统或因操作系统损坏

欢迎进入自然人税收管理系统扣缴客户端，初次使用请按本向导操作

① 录入单位信息　② 获取办税信息　**③ 备案办税人员信息**　④ 设置登录密码　⑤ 设置数据自动备份

根据《国家税务总局关于推行实名办税的意见》（税总发〔2016〕111号）和《国家税务总局关于发布的公告)》（2014年第40号），为优化纳税服务，促进税法遵从，加快社会诚信体系建设，请您如实填写以下基本信息：

* 姓名：
* 手机：
固定电话：
* 岗位：人事
联系地址：

下一步

图 7-10　注册第三步

欢迎进入自然人税收管理系统扣缴客户端，初次使用请按本向导操作

① 录入单位信息　② 获取办税信息　③ 备案办税人员信息　**④ 设置登录密码**　⑤ 设置数据自动备份

为了保障本系统的使用安全，建议您启用[登录密码]！

☑ 启用登录密码

* 登录密码：密码8-20位，由字母、数字和符号中的至少两种组成。

* 确认登录密码：密码8-20位，由字母、数字和符号中的至少两种组成。

初始完成后，您可通过[系统设置-登录密码设置]功能进行重新设置

下一步

图 7-11　注册第四步

而造成数据丢失，建议启用自动备份功能（见图7-12）。

注意：

（1）勾选"启动自动备份"，每次退出系统时，都会自动备份数据；

（2）勾选"自动备份前提醒"，每次退出系统时，都会弹出备份提示；

欢迎进入自然人税收管理系统扣缴客户端，初次使用请按本向导操作

① 录入单位信息　② 获取办税信息　③ 查实办税人员信息　④ 设置基本设置　⑤ 设置数据自动备份

为了您的数据安全，建议您先进行数据自动备份设置，初始化完成后，您可在[系统设置-系统管理-备份恢复]中修改：

☑ 启动自动备份
☑ 自动备份前提醒

备份到选择路径
D:\Zrrssglxt\dataBackup　　[选择]

☑ 自动备份只保留最后 [10] 份数据

提示：自动备份时，备份的是全部系统的数据库。当自动备份路径与手工备份路径一样时，自动备份功能也会自动清理手工备份出来的全系统备份文件。

[立即体验]

图 7-12　注册第五步

（3）可以自行设置备份路径，建议不要放在电脑系统盘（一般是 C 盘）；

（4）可以根据电脑硬盘大小，选择保留备份数据的份数。当系统中自动备份的数据份数达到设定份数时，会自动删除早期的备份数据。建议把需要永久保存的数据，转移到电脑其他位置；

（5）进入系统后，可点击【系统设置】→【系统管理】→【备份恢复】→【自动备份】修改数据自动备份的相关设置。

（三）系统首页简介

1. 税款所属月份（见图 7-13）

默认为系统当前时间的上月。例如：当前时间为 2019 年 2 月 1 日，则[税款所属月份]为 2019 年 1 月。可点击下拉键，切换[税款所属月份]。

2. 左边菜单树（见图 7-14）

通过点击功能菜单打开对应功能模块。

3. 常用功能区（见图 7-15）

系统常用功能统一放在该处，点击快捷按钮进入功能页面。

4. 待处理事项区（见图 7-16）

显示消息类型为冒用行为检举且状态是未处理的消息。

图 7-13 税款所属月份

图 7-14 菜单树

(四)系统流程简介

扣缴客户端用于扣缴义务人为在本单位取得所得的人员(含雇员和非雇员)办理全员全额扣缴申报及代理经营所得纳税申报。

扣缴申报主体流程如图 7-17 所示:

代理经营所得申报主体流程如图 7-18 所示:

1. 人员信息采集

根据《个人所得税基础信息表(A 表)》的要求采集相关信息,系统采用先报送人员信息再填写报表的方式。

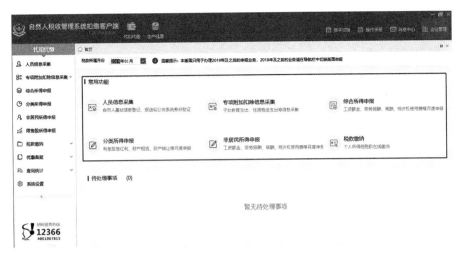

图 7-15　常用功能区

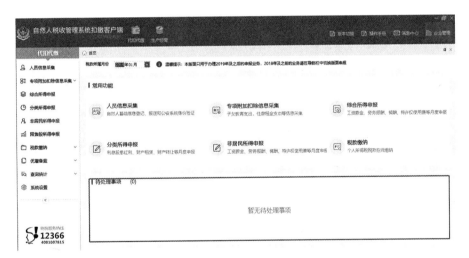

图 7-16　待处理事项区

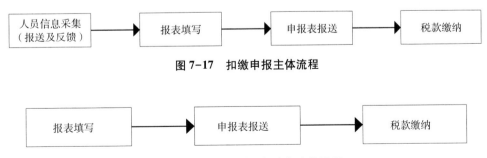

图 7-17　扣缴申报主体流程

图 7-18　代理经营所得申报主体流程

2. 报送及获取反馈

将人员信息报送后,税务局系统对人员身份信息进行验证并反馈验证结果。

3. 报表填写

扣缴申报包括《综合所得预扣预缴申报》《分类所得代扣代缴申报》《非居民代扣代缴申报》《限售股转让所得扣缴申报》四类申报表;代理经营所得申报包括《预缴纳税申报》(个人所得税经营所得纳税申报表(A 表))《年度汇算清缴》(个人所得税经营所得纳税申报表(B 表))。

4. 申报表报送

通过网络方式将填写完整的申报表发送至税务机关并获取申报反馈结果。

5. 税款缴纳

申报成功后通过网上缴款或其他方式缴纳税款。

(五)本地登录

初始化注册完成后,点击【立即体验】,即可打开客户端登录界面(见图7-19)。

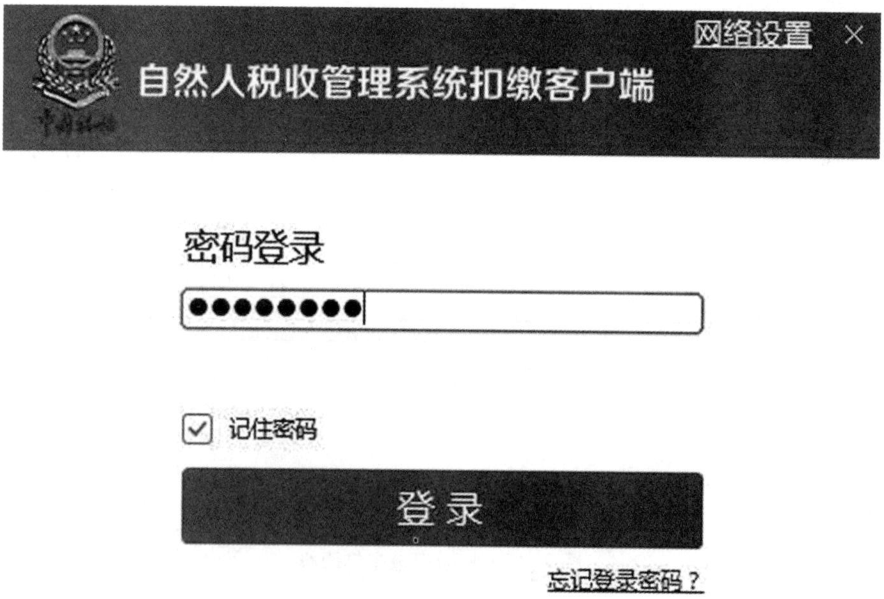

图 7-19　客户端登录界面

使用注册第四步自行设置的登录密码进行本地密码登录。

注意：

（1）扣缴义务人使用本系统前，若未在自然人税收管理平台注册过，可使用【立即注册】进行注册；若密码忘记了，可通过【忘记密码】重置；

（2）若在注册第四步未设置登录密码，则运行程序时不会弹出登录界面，直接进入系统；

（3）若本地登录密码忘记了，可点击登录界面下方的【忘记登录密码？】进入重置登录密码界面，根据步骤输入信息，验证通过后即可重置登录密码（见图7-20）。

图7-20　重置登录密码

二、个人所得税系统设置

（一）系统管理

通过本功能菜单可对网络管理设置、备份恢复、登录密码设置进行管理（见图7-21）。

（二）单位管理

通过本功能菜单查看及修改办税人员信息、单位信息。其中单位信息界面只能修改"电子邮箱""是否上市企业"和"公司股本总额"，其他信息是从税务局自动获取的，如需修改请到办税服务厅办理（见图7-22）。

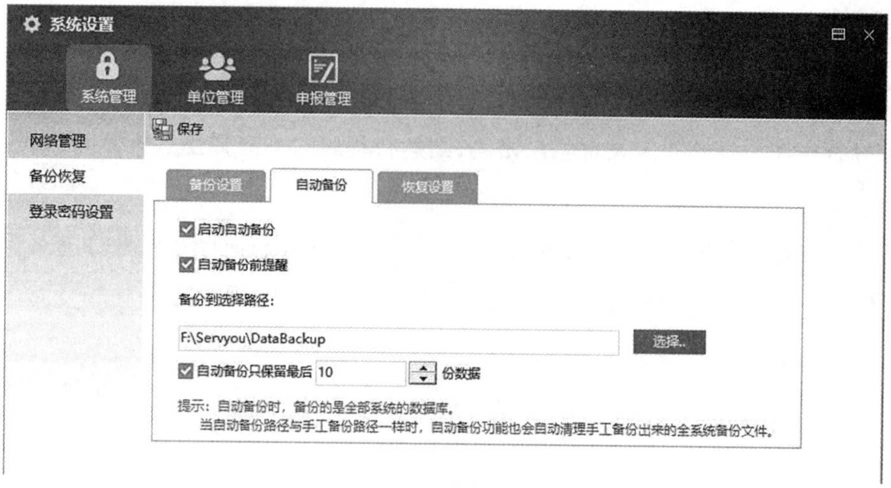

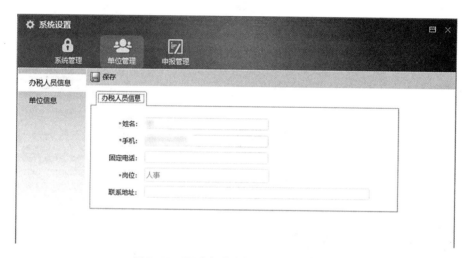

图 7-21　系统管理

图 7-22　通过本功能菜单进行单位管理

（三）申报管理

本菜单包括企业办税信息更新、申报安全设置、综合所得税款计算上期累计所得数据来源设置三项功能（见图 7-23）。

（四）企业管理

通过本功能进行添加、删除企业以及切换企业，该界面下可查看系统中所有企业当月综合所得报表的申报状态（见图 7-24）。

企业管理界面当其中有企业已进行过分部门申报备案时，才会显示"分部门申报"

图 7-23　单位管理

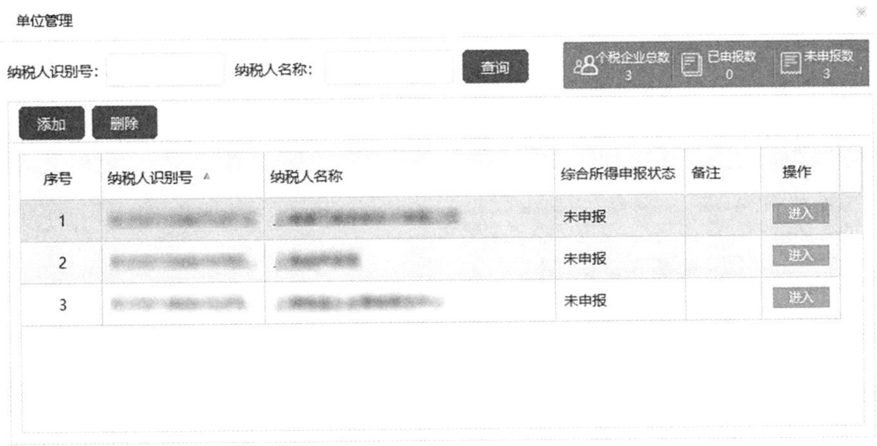

图 7-24　系统中所有企业当月综合所得报表的申报状态

列,可查看到软件中是否已启用分部门申报和设置的部门编号信息。

第二节　信息采集

信息采集包括人员信息采集和专项附加扣除信息的采集(见图 7-25)。

图 7-25 企业管理界面中的"分部门申报"

一、人员信息采集

根据《中华人民共和国个人所得税法》第九条的规定：纳税人有中国公民身份号码的，以中国公民身份号码为纳税人识别号；纳税人没有中国公民身份号码的，由税务机关赋予其纳税人识别号。

扣缴义务人可通过扣缴客户端采集报送自然人基础信息。

人员信息采集主要包括【添加】【导入】【报送】【获取反馈】【同步人员】【导出】【展开查询条件】和【更多操作】功能（见图 7-26）。

图 7-26 人员信息采集的功能

（一）人员信息登记

将人员信息采集到客户端中有三种方式：单个添加、批量导入、同步人员。人员信

息采集分为境内人员和境外人员,下面以境内人员信息采集操作为例:

1. 单个添加(见图7-27)

点击【添加】,进入"境内人员信息"界面,录入人员基本信息,点击【保存】即可添加成功。

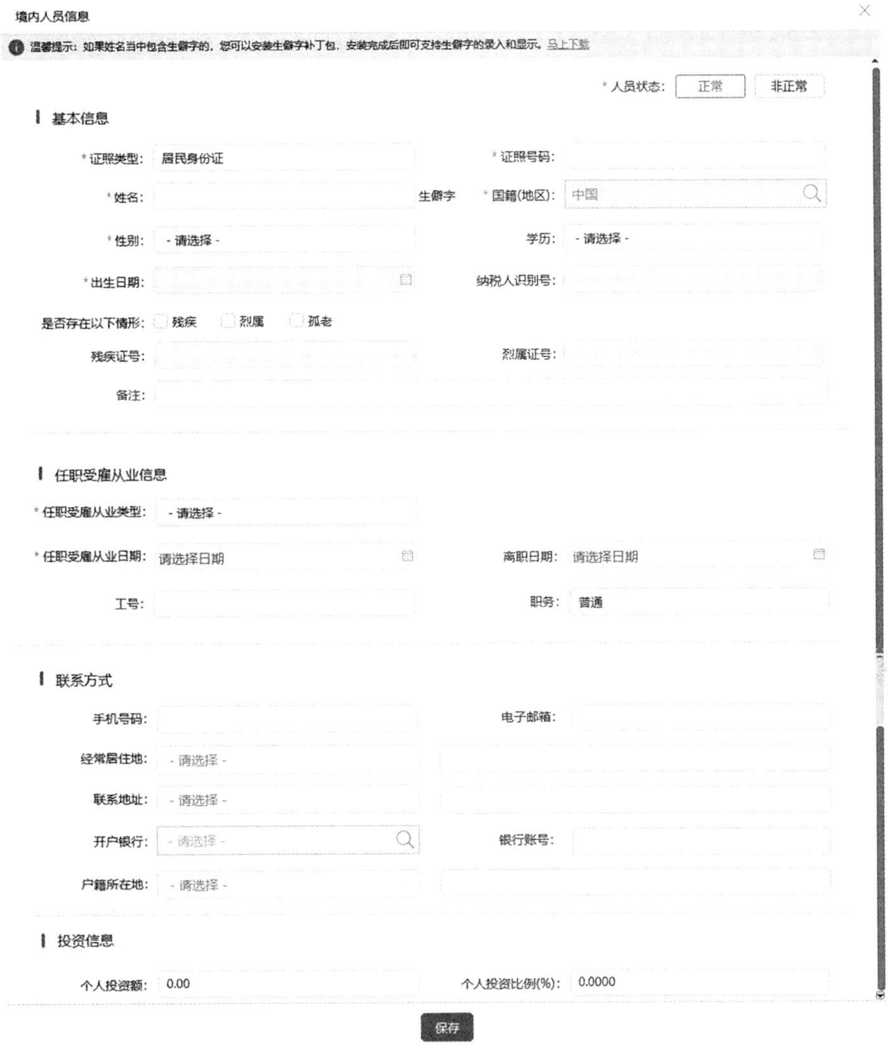

图7-27 单个添加境内人员信息

【人员状态】:选择"正常"或"非正常"。正常状态的人员才能填写申报表,对离职、离退等不再从本单位取得所得的人员,设置为"非正常"。

【证照类型】:境内人员支持的证照类型包括居民身份证、中国护照;境外人员支持的证照类型包括外国护照、港澳居民来往内地通行证、台湾居民来往大陆通行证等。

【证照号码】:根据所选证照类型填写正确的证照号码。使用居民身份证登记,证照号码必须是正确的 18 位身份证号码。

【姓名】:严格按照所选证照上的真实姓名填写。

【国籍(地区)】:境内人员,国籍自动带出"中国"且无法修改;境外人员,填写所选证照上的国籍地区即可。

【性别】和【出生日期】:选择居民身份证采集的,此两项信息会根据身份证号码信息自动带出,无须填写;使用其他证件,则需手动据实填写。

【学历】:下拉选择纳税人取得的最高学历。

【纳税人识别号】:人员信息采集报送成功后,系统自动生成纳税人唯一的纳税人识别号,本数据项自动带出,无须填写。

【是否存在以下情形】:有本项所列情况的进行勾选,包括残疾、烈属、孤老。勾选"残疾",则残疾证号必填。

【任职受雇从业类型】:包括雇员、保险营销员、证券经纪人、其他。

【任职受雇从业日期】:纳税人入职受雇单位的日期。选择雇员、保险营销员和证券经纪人的需填写任职受雇从业日期。

【离职日期】:纳税人从单位离职的日期。选择雇员、保险营销员和证券经纪人的,当人员状态修改为"非正常"时,该项必填。

【工号】:填写该纳税人在单位的工号或编号。

【职务】:可据实下拉选择"高层"或"普通"。

【户籍所在地】【经常居住地】【联系地址】:填写纳税人的地址信息,下拉选择省、市、区、街道后,必须填写详细地址。

【手机号码】:填写纳税人真实的手机号码。

【电子邮箱】:填写纳税人的电子邮箱。

【开户银行】:选择纳税人银行账号对应的开户银行。

【银行账号】:填写纳税人本人名下的银行账号。

注意:人员信息采集表中,带"＊"号项为必填项,其他非必填项,可根据实际情况选填。

若采集人员时姓名中包含生僻字,不能通过输入法正常录入的,可先安装生僻字补丁包后再进行人员姓名录入。操作步骤如下:

步骤一:"境内人员信息"/"境外人员信息"新增界面上方的温馨提示中点击【马上下载】,下载生僻字补丁包,下载后双击该应用程序即可自动安装,安装成功后弹出"生僻字补丁安装成功"提示框(见图 7-28),无须进行其他操作。

名称
修改日期
类型
大小
提示
生僻字补丁安装成功。
确定
生僻字补丁包
23 KB
20,787 KB
443 KB
20,730 KB
299 KB
1 KB
20,798 KB

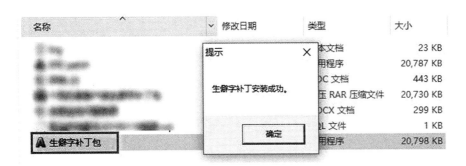

图 7-28 安装生僻字补丁

步骤二:安装成功后在“境内人员信息”/“境外人员信息”新增界面会出现【生僻字】(见图 7-29),点击后跳转至录入界面。

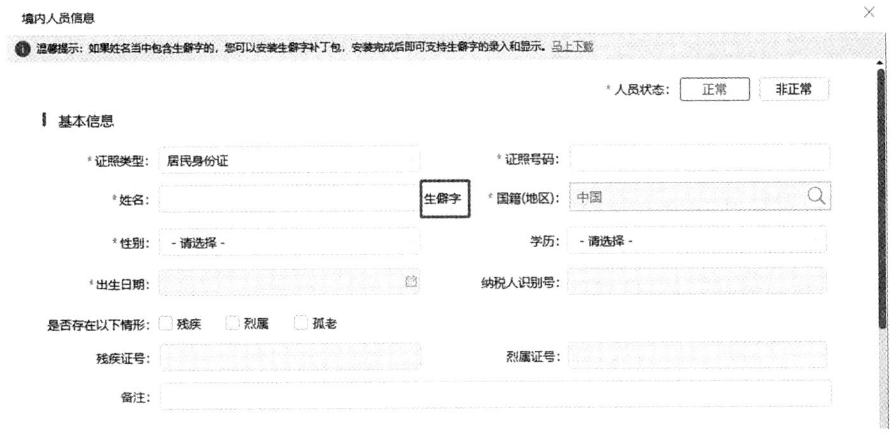

境内人员信息
温馨提示：如果姓名当中包含生僻字的，您可以安装生僻字补丁包，安装完成后即可支持生僻字的录入和显示。马上下载
* 人员状态: 正常 非正常
基本信息
* 证照类型: 居民身份证
* 证照号码:
* 姓名:
生僻字
* 国籍(地区): 中国
* 性别: - 请选择 -
学历: - 请选择 -
* 出生日期:
纳税人识别号:
是否存在以下情形: 残疾 烈属 孤老
残疾证号:
烈属证号:
备注:

图 7-29 新增界面出现【生僻字】

步骤三:点击【输入生僻字】,在界面下方通过笔画顺序拼写查找需录入的生僻字,选择后点击【确定】,选择的生僻字出现在最上方空格内,点击【点我复制】及【关闭】(见图 7-30),返回到“境内人员信息”添加界面,在基本信息的姓名空格内粘贴即可显示该生僻字保存即可。

境外人员信息添加与境内人员基本一致,不同之处在于比境内人员多了三项必录项:【涉税事由】下拉进行勾选在境内涉税的具体事由;【首次入境时间】和【预计离境时间】分别填写纳税人首次到达中国境内的日期和预计离境的日期。

单个添加人员的业务场景,适用于单位人员较少及姓名中包含生僻字的情况。单位人员较多时,建议使用 Excel 模板批量导入功能。

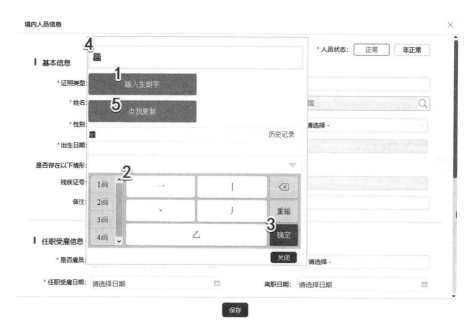

图 7-30　生僻字的录入

2. 批量导入

点击【导入】→【模板下载】，下载客户端中提供的标准 Excel 模板。将人员各项信息填写到模板对应列，然后点击【导入】→【导入文件】，选择 Excel 文件，导入客户端中（见图 7-31）。

图 7-31　批量导入人员信息

注意：当填写信息不符合规范时，在【添加】或【导入】时会有相应的提示。如：身份证号码不满足校验规则、姓名中不能有特殊字符等。需按照提示要求，更正相应信息后,重新保存。

3. 同步人员

为了方便企业办税,系统特在税制交替环节提供了同步功能,在【2019 新税制】环境中,点击【人员信息采集】→【同步人员】,系统可从本地电脑【原税制】环境中同步当前单位在【2019 新税制】环境中不存在的正常状态人员(见图 7-32)。

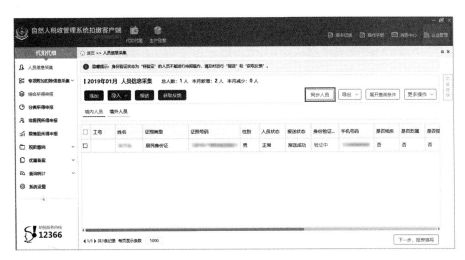

图 7-32　系统提供了【同步人员】功能

注意:同步成功的人员,需及时完善信息并进行【报送】和【获取反馈】。

(二)人员信息编辑

人员信息编辑,指对已添加人员的修改和删除操作。人员信息采集到系统后,人员信息存在错误或发生变化时,需修改或删除人员信息后重新采集人员。

人员已报送成功,则人员信息不允许删除,只能修改;未报送的人员,既可删除重新采集,也可直接修改错误信息。

1. 人员信息修改

(1)报送成功情况下,关键信息(包括姓名、国籍、证照类型、证照号码)修改:

证照类型、证照号码、国籍:此三项信息不允许修改。若录入错误,需将人员状态改为【非正常】,重新采集正确的人员信息。

姓名:若身份验证状态为"验证通过",则不可修改,其他状态允许修改,需谨慎操作。

(2)报送成功情况下,非关键信息修改:

人员非关键信息修改,可在人员信息采集页双击该条人员信息记录的任何位置,打开"境内人员信息"/"境外人员信息"界面修改信息后保存即可。

多个人员非关键信息需修改为同一信息时,勾选多人后,点击【更多操作】→【批量修改】,选择需要修改的项目,录入正确的内容保存即可。

2. 人员信息删除

只有未报送的人员可以删除,勾选人员后,点击【更多操作】→【删除】进行信息删除。

(三)人员信息报送验证

人员信息采集完毕后,需先将人员信息报送至税务机关端进行验证,再获取报送结果和身份验证结果,报送成功的人员才能填写、报送申报表。

1. 报送

点击【报送】,客户端会将报送状态为"待报送"的人员信息报送至税务机关进行验证。

2. 获取反馈

报送成功后,税务机关系统将对居民身份证信息进行验证(其他类型证件的验证会陆续增加),点击【获取反馈】获取报送的人员信息身份验证结果。

(1)身份验证状态为"验证通过"的,表示该自然人身份信息与公安机关的居民身份登记信息一致;

(2)身份验证状态为"验证不通过"的,表示该自然人身份信息与公安机关的居民身份登记信息不一致,扣缴单位应对其进行核实,经核实确存在问题的,应予以修正;如果经核实自然人身份信息准确无误的,则该自然人需前往办税服务厅进行登记;

(3)身份验证状态为"验证中"的,表示尚未获取到公安机关的居民身份登记信息。扣缴单位可以忽略该结果,正常进行后续操作;

(4)身份验证状态为"暂不验证"的,表示税务系统暂未与第三方系统联通交互,目前尚无法进行验证。扣缴单位可以忽略该结果,正常进行后续操作。

(四)人员信息查询

1. 展开查询条件

客户端的查询功能,是指人员众多的情况下,需要查找某个人员的具体信息时,点击【展开查询条件】来展开具体的查询条件,而后按钮名称变成【收折查询条件】(见图7-33)。

可通过工号、姓名、证照号码等信息,模糊查找相应的人员信息;也可根据身份验证状态、报送状态、是否残孤烈、任职受雇从业类型、更新时间进行筛选。

图 7-33　展开查询条件

2. 导出

点击【导出】,可选择【选中人员】或【全部人员】将人员信息导出到 Excel 表格中进行查看(见图 7-34)。

图 7-34　导出人员信息

3. 更多操作

更多操作包括删除、批量修改、自定义显示列、隐藏非正常人员、特殊情形处理功能(见图 7-35)。

(1)删除。

当选中单个人员信息,点击【删除】,可删除单个人员信息;当选中多个人员信息,

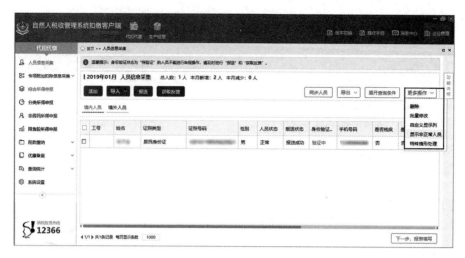

图 7-35　更多操作

点击【删除】,可批量删除人员信息。

（2）批量修改。

当多个人员存在相同信息时,可以通过批量修改功能,一键来完成。主要包括:工号、人员状态、任职受雇从业日期、离职日期、学历、开户银行（见图 7-36）。

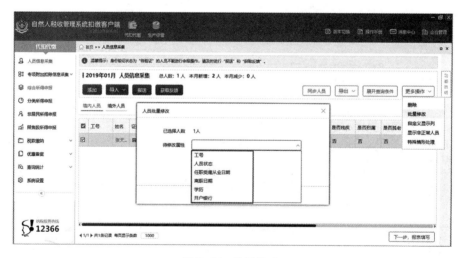

图 7-36　批量修改

（3）自定义显示列。

人员信息采集列表中,可以自定义列表中展示的信息。如:无须显示人员状态,可以取消勾选（见图 7-37）。

（4）隐藏非正常人员。

采集界面上会显示人员状态为非正常的人员,在系统中不再对该人员进行业务操

图7-37　自定义显示列

作时,可通过本功能隐藏非正常(已离职)人员。隐藏后,该按钮会变成【显示非正常人员】,点击后会重新显示非正常人员。

(5)特殊情形处理。

包括人员添加和姓名更新两项功能。人员添加功能(见图7-38)主要是添加居民身份证不符合公安系统一般赋码规则的人员,或是提供其他无法通过客户端正常采集的证件的人员,添加前,请确保该人员已在税务机关做过自然人信息特殊采集;姓名更新功能(见图7-39)主要是更新在税务机关已变更过人员姓名,但在扣缴客户端中无法手工修改的人员姓名。

二、专项附加扣除信息采集

个人所得税专项附加扣除,是指个人所得税法规定的子女教育、继续教育、大病医

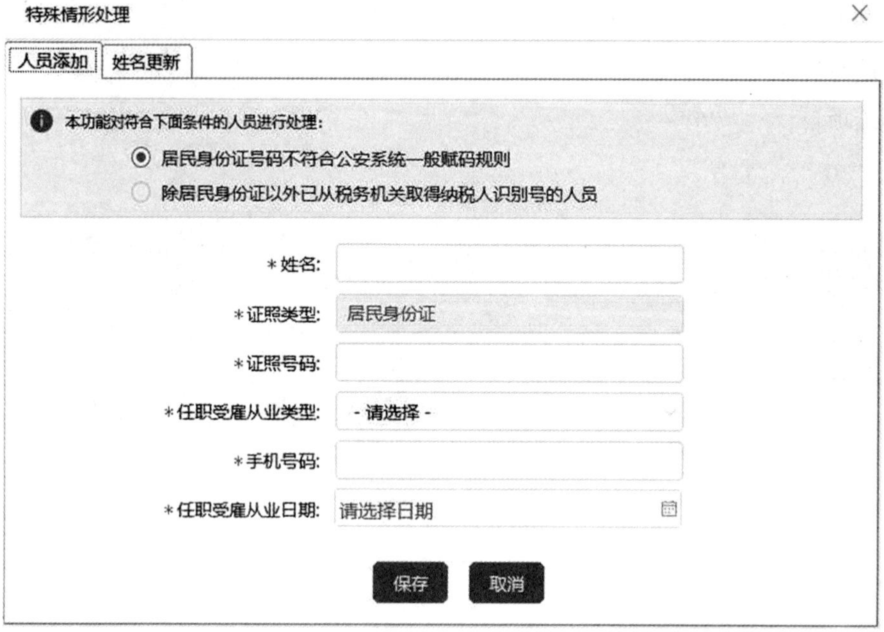

图 7-38　人员添加功能

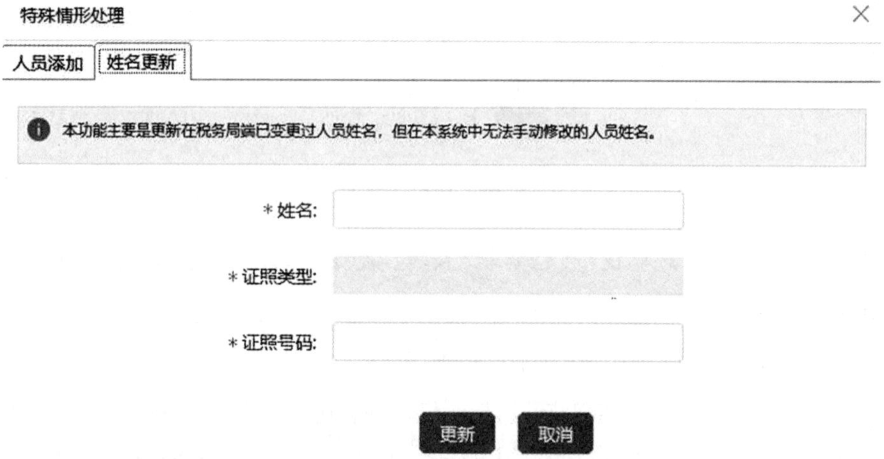

图 7-39　姓名更新功能

疗(暂未开放)、住房贷款利息或者住房租金、赡养老人6项专项附加扣除。

　　符合子女教育、继续教育、住房贷款利息或住房租赁、赡养老人专项附加扣除范围和条件的纳税人,自其符合条件开始,可以向取得工资、薪金所得的扣缴义务人提供上述专项附加扣除有关信息,由扣缴义务人在次月预扣预缴税款时办理扣除;也可以在次年 3 月 1 日至 6 月 30 日内,向税务机关办理汇算清缴申报时扣除。

填写说明:首页功能菜单下点击【专项附加扣除信息采集】,显示可采集的专项附加扣除项目,分别为"子女教育支出""继续教育支出""住房贷款利息支出""住房租金支出""赡养老人支出"(见图 7-40)。

图 7-40　可采集的专项附加扣除项目

所有专项附加扣除信息的采集操作基本类似,只是各项专项附加扣除采集的数据项有所不同。下文主要描述介绍各类专项附加扣除需要采集的各类具体数据项。

(一)子女教育支出

本功能用于采集单位员工的子女教育专项附加扣除信息(见图 7-41)。

填写说明:

【新增】:单个采集纳税人专项附加扣除信息。

【导入】:下拉包括【导入文件】和【模板下载】。点击【模板下载】,下载专项附加扣除标准 Excel 模板,纳税人填写信息后,点击【导入文件】选择 Excel 模板所在的文件夹,即可将模版中的所有专项附加扣除信息导入客户端中。

【删除】:对于采集的专项附加扣除信息,可勾选进行删除。

【报送】:将报送状态为待报送的信息发送至税务机关。

【获取反馈】:点击后获取税务机关反馈的专项附加信息报送结果。

【下载更新】:下载各渠道(税务局端、扣缴客户端、Web、APP 端)填报并指定给该扣缴义务人预扣预缴时扣除的专项附加扣除信息。可自行选择下载全部人员或下载指

图7-41　子女教育专项附加扣除信息填写

定人员的专项附加扣除信息。如果本地有【待反馈】的专项附加扣除信息,先通过【获取反馈】获取报送结果,确保各专项附加扣除项目下均无【待反馈】记录后,再进行下载。点击【下载更新】时,若存在【待反馈】的专项附加扣除信息,则弹出提示后结束操作。

【导出】:可选择【选中人员】或【全部人员】进行专项附加扣除信息的导出,客户端会将导出的Excel表单放置在文件夹内[文件夹命名为:专项附加扣除信息(导出)__日期],按照每个人员一张Excel表的形式进行展示。

注意:

(1)【下载更新】仅能对【人员信息采集】报送成功的人员进行下载更新,若存在未报送成功的人员,该人员的专项附加扣除信息将无法下载。

(2)对未通过【专项附加扣除信息采集】成功下载过专项附加扣除信息(无论是否有数据)的单位,系统会自动下载一次专项附加扣除信息。进入【综合所得申报】菜单时,系统若校验到本单位有报送成功的人员,且未成功下载过专项附加扣除信息,则自动弹出下载提示,点击【确定】后进行专项附加扣除信息下载。

【姓名】【证照类型】【证照号码】:从人员信息中自动带出,要求为人员信息采集中已采集且正常状态的人员。

【子女姓名】【证照类型】【证照号码】【国籍】:如实填写申请扣除的纳税人子女信息。

【出生日期】:证照类型为居民身份证时自动带出;为其他类型时,自行如实填写。

【当前受教育阶段】:下拉选择"学前教育阶段""义务教育""高中阶段教育""高等

图 7-42　子女教育支出信息填写界面

教育"。

【受教育日期起】：填写受教育的起始日期，当前受教育阶段选择学前教育阶段时，该项非必录。

【受教育日期止】：不能早于受教育日期起。

【教育终止日期】：采集时非必录，不再接受学历教育时填写。

【就读国家（地区）】【就读学校名称】：填写子女接受教育的国家（地区）和学校名称。当前受教育阶段选择学前教育阶段时，就读国家（地区）和就读学校名称非必录。

【本人扣除比例（%）】：可选择 50%、100%。

【扣除有效期起】：系统自动带出，（受教育日期起、政策生效日期起、扣除年度的 1 月、纳税人扣除年度在本单位任职起始月份）取时间最后值。

【扣除有效期止】：系统自动带出，（教育终止时间、扣除有效期起所在年份的 12 月）取时间最前值。

【采集来源】：分为扣缴义务人和纳税人。

【新增】：点击则新增一行空白数据，能新增的数据行不限制。

【删除】：可选择一条或多条数据进行删除（见图 7-42）。

（二）继续教育支出

本功能用于采集单位员工的继续教育专项附加扣除信息（见图 7-43）。

图 7-43　继续教育专项附加扣除信息填写

1. 学历（学位）继续教育情况

【入学时间起】：填写学历教育入学时间。

【（预计）毕业时间】：填写预计学历教育结束时间。

【教育阶段】：下拉据实选择"大学专科、大学本科、硕士研究生、博士研究生、其他"。

【扣除有效期起】：系统自动带出，（入学时间起、政策生效日期起所在月份、扣除年度的 1 月、纳税人扣除年度在本单位任职起始月份）取时间最后值。

【扣除有效期止】：系统自动带出，（扣除有效期起所在年份的 12 月、（预计）毕业时间）取时间最前值。

2. 职业资格继续教育情况

【继续教育类型】：下拉选择"技能人员职业资格、专业技术人员职业资格"。

【发证（批准）日期】：填写证书上注明发证日期，不得大于系统当前日期。

【证书名称】【证书编号】：填写取得证书名称和证书上注明的编号。

【发证机关】：填写证书上注明的发证机关。

【扣除有效期起】：默认为发证（批准）日期所在年度的 1 月。

【扣除有效期止】：默认为发证（批准）日期所在年度的 12 月。

（三）住房贷款利息支出

本功能用于采集单位员工的住房贷款利息专项附加扣除信息（见图7-44）。

图7-44　住房贷款利息专项附加扣除信息填写

【房屋坐落地址】：填写房屋具体的坐落地址。下拉选择省、市、区、乡镇街道，具体规则与人员登记中的居住地址一致。

【房屋楼牌号】：填写房屋详细地址。

【证书类型】：下拉选择"房屋所有权证、不动产权证、房屋买卖合同、房屋预售合同"。

【房屋证书号】：录入房屋证书上的编号。

【本人是否借款人】：如实选择"是"或"否"。

【是否婚前各自首套贷款，且婚后分别扣除50%】：根据实际情况选择。

公积金贷款和商业贷款信息必须填写下列其中一项：

【贷款合同编号】：填写与金融机构签订的住房贷款合同编号。

【首次还款日期】：选择住房贷款合同上注明的首次还款日期。

【贷款期限（月数）】：填写住房贷款合同上注明的贷款月数。

【扣除有效期起】：系统自动带出，（政策生效日期起所在月份、首次还款日期、扣除年度1月、纳税人扣除年度在本单位任职起始月份）取时间最后值，精确到年、月。

【扣除有效期止】：系统自动带出，（扣除有效期起所在年份的 12 月、首次还款日期+贷款期限）取时间最前值，精确到年、月。

（四）住房租金支出

本功能用于采集单位员工的住房租金专项附加扣除信息（见图 7-45）。

图 7-45　住房租金专项附加扣除信息填写

【工作城市】：填写纳税人工作市（一级城市）。

【出租方类型】：下拉选择"个人"或"组织"。

【出租方姓名（单位名称）】【证照号码（统一社会信用代码）】：填写出租方名称和证照号码（统一社会信用代码），非必录项。

【证照类型】：根据实际情况填写，非必录项。

【房屋坐落地址】【房屋坐落楼牌号】：填写房屋具体的坐落地址。下拉选择省、市、区、乡镇街道后录入详细地址。

【住房租赁合同编号】：填写签订的住房租赁合同编号。

【租赁日期起】【租赁日期止】：填写住房租赁合同注明的租赁起止时间。

【扣除有效期起】：系统自动带出，（政策生效日期起所在月份、租赁日期起、扣除年度 1 月、纳税人扣除年度在本单位任职起始月份）取时间最后值。

【扣除有效期止】：系统自动带出，（扣除有效期起所在年份的 12 月、租赁日期止）取时间最前值。

(五)赡养老人支出

本功能用于采集单位员工的赡养老人专项附加扣除信息(见图7-46)。

图 7-46 赡养老人专项附加扣除信息填写

【是否独生子女】:据实选择"是"或"否"。

【分摊方式】:下拉选择"赡养人平均分摊""被赡养人指定分摊"或者"赡养人约定分摊"。

被赡养人信息包括:

【姓名】【身份证件类型】【身份证件号码】:如实填写被赡养人身份信息。

【关系】:下拉选择"父母""其他"。

【出生日期】:证件类型为居民身份证时自动带出;其他类型时自行填写。

【扣除有效期起】:系统自动带出,[(出生日期+60年)的当月、政策生效日期起月份、扣除年度1月、纳税人扣除年度在本单位任职起始月份]取时间最后值。

【扣除有效期止】:默认为扣除年度的12月。

共同赡养人信息包括:

【姓名】【身份证件类型】【身份证件号码】:如实填写共同赡养人身份信息。

以上专项附加扣除信息采集报送后,可在综合所得预扣预缴【正常工资薪金所得】下进行税前申报扣除。

纳税人取得劳务报酬所得、稿酬所得、特许权使用费所得需要享受专项附加扣除的,应当在次年3月1日至6月30日内,自行向税务机关办理综合所得年度汇算清缴时自行申报扣除。

第三节 个人所得税申报

个人所得税申报包含综合所得个人所得税预扣预缴的申报,以及申报的更正与作废。

一、预扣预缴的申报

综合所得个人所得税预扣预缴申报,是指扣缴义务人在向居民个人支付综合所得时,根据已采集的个人身份信息,结合当期收入、扣除等情况,在支付所得的月度终了之日起15日内,向主管税务机关报送《综合所得个人所得税预扣预缴报告表》和主管税务机关要求报送的其他有关材料,进行综合所得个人所得税预扣预缴申报。

实行个人所得税预扣预缴申报的综合所得包括:工资、薪金所得,劳务报酬所得,稿酬所得,特许权使用费所得。

预扣预缴申报的填写流程是:首页功能菜单下点击【综合所得申报】,进入"综合所得预扣预缴表"页面,页面上方为申报主流程导航栏,根据【1 收入及减除填写】【2 税款计算】【3 附表填写】和【4 申报表报送】四步流程完成综合所得预扣预缴申报。

(一)收入及减除填写

用于录入综合所得各项目的收入及减除项数据,所得项目包括"正常工资薪金所得""全年一次性奖金收入""年金领取""解除劳动合同一次性补偿金""劳务报酬所得(保险营销员、证券经纪人)""劳务报酬所得(一般劳务、其他劳务)""稿酬所得""特许权使用费所得""提前退休一次性补贴"和"个人股权激励收入"。点击界面(见图7-47)下方综合所得申报表名称或【填写】进入表单,即可进行数据的录入,各项表单的填写方式,与"人员信息采集"操作类似,都可选择使用单个添加,或下载模板批量导入。

点击【正常工资薪金所得】,进入"正常工资薪金所得"界面。包括【返回】【添加】【导入】【预填专项附加扣除】【导出】【展开查询条件】和【更多操作】功能。进入"正常工资薪金所得"界面时,校验系统当前是否为"未申报"状态,如果是则弹出"为避免员

图 7-47　收入及减除填写界面

工通过其他渠道采集的专项附加扣除信息发生未扣、漏扣的情况,建议通过【专项附加扣除信息采集】菜单进行【下载更新】后,再进行【税款计算】。如确实无须下载更新的,请忽略本提示"的提示框(见图 7-48)。

图 7-48　系统处于"未申报"状态时弹出的提示框

　　点击【导入】→【模板下载】下载标准模板,录入数据后,点击【导入数据】→【标准模板导入】选择模板文件批量导入数据(见图 7-49)。

　　点击【添加】弹出"正常工资薪金所得 新增"界面,进行单个数据录入(见图 7-50)。

　　【本期收入】:取得的全部收入,默认保留两位小数。

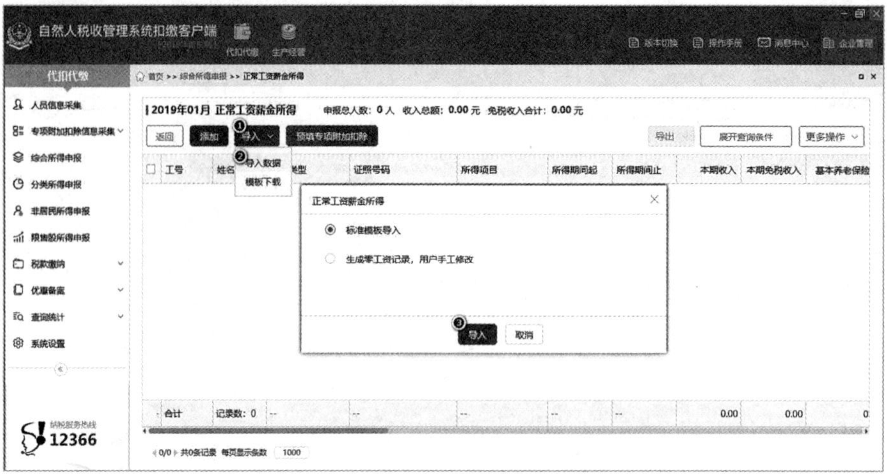

图 7-49　用标准模板批量导入数据

图 7-50　"正常工资薪金所得　新增"界面

【基本养老保险费】【基本医疗保险费】【失业保险费】【住房公积金】：按国家有关规定缴纳的三险一金，填写个人承担且不超过当地规定限额的部分。

【子女教育支出】【继续教育支出】【住房贷款利息支出】【住房租金支出】【赡养老

人支出】：点击"正常工资薪金所得"界面【预填专项附加扣除】自动获取填充报送成功人员的可扣除额度，也可手动录入。根据政策要求，住房租金支出、住房贷款利息支出不允许同时扣除。

【商业健康保险】：填写按税法规定允许税前扣除的商业健康保险支出金额，扣除限额 2 400 元/年(200 元/月)。

【税延养老保险】：填写按税法规定允许税前扣除的税延养老保险支出金额，扣除限额为当月工资收入的 6% 与 1 000 元之间的较小值。仅试点地区可录入。

【准予扣除的捐赠额】：按照税法规定，个人将其所得对教育、扶贫、济困等公益慈善事业进行捐赠，捐赠额未超过纳税人申报的应纳税所得额 30% 的部分，可以从其应纳税所得额中扣除；国务院规定对公益慈善事业捐赠实行全额税前扣除的，从其规定。

【减除费用】：5 000×[(税款所属期月份，离职月份)取小值-(入职年月、税款所属期年度的 1 月的月份)取大值+1]，如果离职月份小于当前税款所属期的年度，减除费用按 0 扣除。

图 7-51　确认需要进行自动预填的提示框

点击【预填专项附加扣除】，弹出提示框，勾选确认需要进行自动预填，选择预填人员范围后，点击【确认】，可自动将采集的专项附加扣除信息下载到对应纳税人名下，自动填充申报表(见图 7-51)。

综合所得项目填写界面默认显示【添加】，若企业已在税局开通汇总申报，则在【添加】按钮的下拉菜单，可选择【明细申报】或【汇总申报】(见图 7-52)。点击【明细申报】则打开前面介绍的按人员明细填写的界面，点击【汇总申报】则打开汇总申报填写界面(见图 7-53)。

图 7-52 选择"明细申报"或"汇总申报"界面

图 7-53 "汇总申报填写"界面

汇总填写界面,根据实际情况直接填写本企业该所得项目下汇总的收入等信息,该界面直接可显示应纳税额、应补(退)税额等信息。

其他综合所得项目"全年一次性奖金收入""年金领取""解除劳动合同一次性补偿金""劳务报酬所得(保险营销员、证券经纪人)""劳务报酬所得(一般劳务、其他劳务)""稿酬所得""特许权使用费所得""提前退休一次性补贴"和"个人股权激励收入"的数据采集方式基本一致,"全年一次性奖金收入"界面如图 7-54 所示:

【全年一次性奖金额】:填写当月发放的全年一次性奖金收入总额。

注意:同一个纳税人一个纳税年度只能申报一次全年一次性奖金收入,如果系统检

图 7-54　"全年一次性奖金收入"项目的填写界面

测到该纳税人已填写过,则切换所属月份再填写保存时会提示。

"年金领取"项目的填写界面如图 7-55 所示:

图 7-55　"年金领取"项目的填写界面

【年金领取收入额】:本次领取年金的金额。

【已完税缴费额】:指在财税[2013]103 号文件实施之前缴付的年金单位缴费和个人缴费且已经缴纳个人所得税的部分,通常指的是 2014 年前的年金已完税缴费额。

【全部缴费额】:账户中实际年金缴纳部分。

"解除劳动合同一次性补偿金"项目的填写界面如图 7-56 所示:

【免税收入】:一次性补偿收入在原任职受雇单位所在直辖市、计划单列市、副省级

图 7-56 "解除劳动合同一次性补偿金"项目的填写界面

城市、地级市(地区、州、盟)上一年度城镇职工社会平均工资 3 倍数额以内的部分,免征个人所得税,免税收入填写一次性补偿收入的数据;超过 3 倍数额时超过部分进行计税,免税收入填写上一年度城镇职工社会平均工资 3 倍数额。

"劳务报酬所得(保险营销员、证券经纪人)"项目的填写界面如图 7-57 所示:

图 7-57 "劳务报酬所得(保险营销员、证券经纪人)"项目的填写界面

【所得项目】:选择人员后,如果人员的"任职受雇从业类型"为"保险营销员",则所得项目默认为"保险营销员佣金收入";"任职受雇类型"为"证券经纪人",则所得项

目默认为"证券经纪人佣金收入",其他类型的人员不能选择。

【费用】:本期收入×20%,自动带出,不可修改。

【展业成本】:(本期收入-费用)×25%,自动带出,不可修改。

注意:一个人员一个月只允许填写一条,选择人员时,如果已填写,则自动带出已填写信息。

"劳务报酬所得(一般劳务、其他劳务)"项目的填写界面如图 7-58 所示:

图 7-58　"劳务报酬所得(一般劳务、其他劳务)"项目的填写界面

【姓名】:只有人员信息采集中"任职受雇从业类型"选择"其他"的可以选择。

【所得项目】:包含"一般劳务报酬所得""其他劳务报酬所得"。

【费用】:每次收入不超过 4 000 元的,费用按 800 元计算;每次收入 4 000 元以上的,费用按收入的 20%计算。

"稿酬所得"项目的填写界面如图 7-59 所示:

【本期免税收入】:稿酬所得的收入额减按 70%计算(30%做免税收入处理),即显示本期收入减除费用后的 30%部分,可修改。

"特许权使用费所得"项目的填写界面如图 7-60 所示:

【费用】:每次收入不超过 4 000 元的,费用按 800 元计算;每次收入 4 000 元以上的,费用按收入的 20%计算。

"提前退休一次性补贴"项目的填写界面如图 7-61 所示:

【分摊年度数】:办理提前退休手续至法定退休年龄的实际年度数,不满一年按一年计算。

图 7-59 "稿酬所得"项目的填写界面

图 7-60 "特许权使用费所得"项目的填写界面

"个人股权激励收入"项目的填写界面如图 7-62 所示:

【本年累计股权激励收入(不含本月)】:本年不含本月的所有股权激励收入之和。

注意:

(1)综合所得预扣预缴申报表除正常工资薪金所得外,其他所得项目均没有专项扣除和专项附加扣除填写项;

(2)综合所得里的"正常工资薪金""个人股权激励收入""提前退休一次性补贴""解除劳动合同一次性补偿金""全年一次性奖金收入"都只有雇员才能填写;

(3)综合所得/非居民所得的一般劳务报酬所得和其他劳务报酬所得只能任职受雇从业类型为"其他"的才可以填写。

图 7-61 "提前退休一次性补贴"项目的填写界面

图 7-62 "个人股权激励收入"项目的填写界面

(二)税款计算

点击【税款计算】,系统自动对"收入及减除填写"模块中填写的数据进行计税,其中工资薪金所得项目会下载本纳税年度上期累计数据,再与当期填写的数据合并累计计税(税款所属期为1月时只检查是否有待计算数据,有则进行算税)。如果本次只有汇总申报记录,则无须调用税局端往期申报数据。

"税款计算"界面分所得项目显示对应项目的明细数据和合计数据,右上角显示综合所得的合计数据,包括申报总人数、收入总额、应纳税额和应补退税额(见图7-63)。

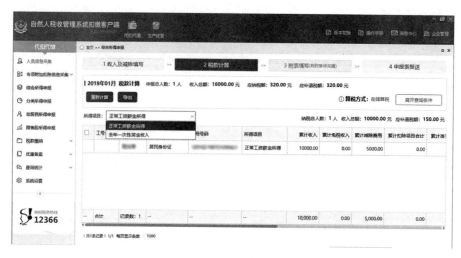

图 7-63 "税款计算"界面显示

工资薪金明细查看 ×

基础信息

| 姓名 | | 证照类型 | 居民身份证 | 证照号码 | |

收入及免税

所得项目名称	本期收入	上期累计收入	本期免税收入	上期累计免税收入
正常工资薪金所得	10000.00	0.00	0.00	0.00

专项扣除

所得项目名称	基本养老保险费	基本医疗保险费	失业保险费	住房公积金	本期合计
正常工资薪金所得	0.00	0.00	0.00	0.00	0.00
累计专项扣除: 0.00					

累计专项附加扣除

所得项目名称	子女教育	住房贷款利息	住房租金	赡养老人	继续教育
正常工资薪金所得	0.00	0.00	0.00	0.00	0.00

累计专项附加扣除合计: 0.00

其他扣除等信息

所得项目名称	年金	商业健康险	税延养老险	其他	准予扣除的捐赠额
正常工资薪金所得	0.00	0.00	0.00	0.00	0.00
累计其他扣除: 0.00	累计减除费用: 5000.00		累计准予扣除的捐赠额: 0.00		

税款计算

累计应纳税所得额: 5000.00	税率/预扣率: 3%	速算扣除数: 0.00	
累计应纳税额: 150.00	累计减免税额: 0.00	累计应扣缴税额: 150.00	
已扣缴税额: 0.00	应补(退)税额: 150.00		

图 7-64 工资薪金明细查看页面

双击其中一条数据,可以查看该行人员具体的计税项,包括当期各类明细数据和年内累计数据(见图 7-64)。明细查看页面,只允许查看数据,不允许修改。

注意:税款计算获取上期累计数据时,可在【系统设置】→【申报管理】→【综合所得算税】中根据实际情况切换选择从税务局端获取或本地文件获取。

(三)附表填写

在收入及减除中填写了减免税额、商业健康保险、税延养老保险的情况下,需要在相应附表里面完善减免信息,比如:减免事项、减免性质、减免税额等(见图7-65)。

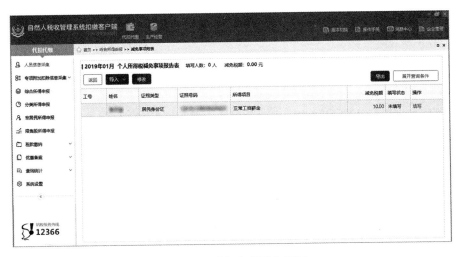

图 7-65 附表填写(有附表待完善)界面

1. 减免事项附表(见图 7-66)

用于补充减免税额对应的具体减免事项信息。

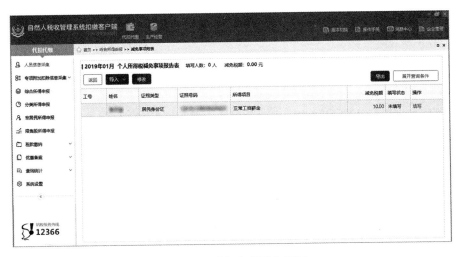

图 7-66 减免事项附表界面

综合所得中填写过减免税额的人员,系统会自动在减免事项附表界面生成一条该人员本次填写的减免税数据,双击该条记录补充完善对应的减免税事项名称等内容。

减免税额等于综合所得中减免税额之和,"减税事项"页签下补充完善减免税额信息(见图 7-67)。

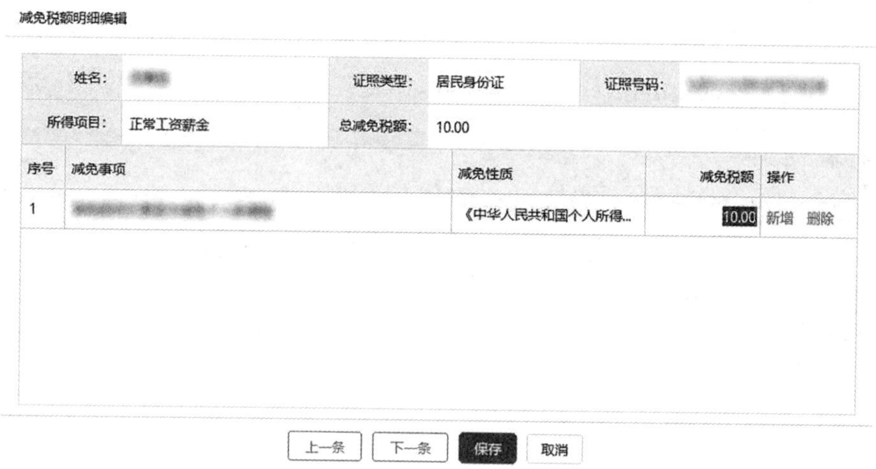

图 7-67 减免税额明细编辑界面

【所得项目】:根据综合所得中填写的所得项目自动带出。

【总减免税额】:根据综合所得项目中该人员填写的减免税额自动合计带出。

【减免事项】:下拉选择人员可享受的减免税对应事项。

【减免性质】:根据选择的减免税事项自动匹配对应的减免性质。

2. 商业健康保险附表

根据税法规定,对个人购买或单位统一购买符合规定的商业健康保险产品的支出,允许税前扣除,扣除限额为 2 400 元/年(200 元/月)。在综合所得预扣预缴申报表里录入了商业健康保险数据的人员,应报送《商业健康保险税前扣除情况明细表》(见图7-68、图 7-69)。

【税优识别码】:为确保税收优惠商业健康保险保单的唯一性、真实性和有效性,由商业健康保险信息平台按照"一人一单一码"的原则进行核发,填写个人保单凭证上打印的数字识别码。

【保单生效日期】:该商业健康保险保单生效的日期。

【年度保费】:商业健康保险保单年度内该保单的总保费。

【月度保费】:月缴费的保单填写每月所缴保费,按年一次性缴费的保单填写年度保费除以 12 后的金额。

【本期扣除金额】:根据国家有关政策对个人购买或单位统一购买符合规定的商业健康保险产品的支出,扣除限额为 2 400 元/年(200 元/月)。

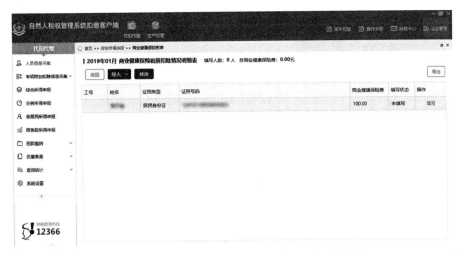

图 7-68　《商业健康保险税前扣除情况明细表》界面

图 7-69　商业健康保险明细

3. 税延养老保险附表

自 2018 年 5 月 1 日起,在上海市、福建省(含厦门市)和苏州工业园区实施个人税收递延型商业养老保险试点。对试点地区个人通过个人商业养老资金账户购买符合规定的商业养老保险产品的支出,允许在一定标准内税前扣除。在综合所得中填写税延养老保险支出税前扣除申报的人员,应报送《税延型商业养老保险税前扣除情况明细表》(见图 7-70、图 7-71)。

【税延养老账户编号】【报税校验码】:按照中国保险信息技术管理有限责任公司相关信息平台出具的《个人税收递延型商业养老保险扣除凭证》载明的对应项目填写。

图 7-70 《税延型商业养老保险税前扣除情况明细表》界面

图 7-71 税延养老保险明细

【月度保费】:取得工资薪金所得、连续性劳务报酬所得(特定行业除外)的个人,填写《个人税收递延型商业养老保险扣除凭证》载明的月度保费金额,一次性缴费的保单填写月平均保费金额。

【本期扣除金额】:取得工资薪金所得的个人,应按税延养老保险扣除凭证记载的当月金额和扣除限额中的较低值计算可扣除额。扣除限额按照申报扣除当月的工资薪金的6%和1 000元中的较低值来确定。

(四)申报表报送

申报表填写、税款计算完成后,点击【申报表报送】进入报表申报界面。该界面可完成综合所得预扣预缴的正常申报、更正申报以及作废申报操作。当月第一次申报发送时,进入"申报表报送"界面,默认申报类型为正常申报,申报状态为未申报,显示【发送申报】(见图7-72)。

【申报类型】:有"正常申报"和"更正申报"两种申报类型,默认为"正常申报"。

图 7-72 "申报表报送"界面

【申报状态】:共有"未申报""申报处理中""申报失败""申报成功""作废处理中""更正处理中"6 种状态。

【是否可申报】:系统自动校验综合所得申报表填写的数据都填写完整并符合相关逻辑校验后,显示为"是";反之则显示为"否",下方提示区显示具体提示信息。只有当所有申报表均为"是"时,【发送申报】才可点击。

【导出申报表】:当申报数据全都校验通过之后,点击按钮后可以生成综合所得申报表,否则系统会提示"有申报数据校验未通过,请先核对申报数据。"

【获取反馈】:点击【发送申报】后,局端服务器会提示正在处理申报数据,若系统未能自动获取到税务机关反馈信息,可稍后点击【获取反馈】查看申报结果(见图 7-73)。当前所得月份申报状态为"申报处理中""作废处理中"时,【获取反馈】可用,点击后即可下载获取税务机关系统反馈的该表申报操作结果。

获取反馈后,申报类型为"正常申报",申报状态为"申报成功,未缴款"(若申报税款为 0 时,显示无须缴款状态),显示【作废申报】和【更正申报】(见图 7-74)。

【作废申报】和【更正申报】:申报成功后,可点击【作废申报】或【更正申报】,对已申报的数据进行作废处理或修改已申报的数据(详细讲解可见预扣预缴申报作废和更正章节)。

注意:【申报表报送】需在法定申报期时才可点击进入报送界面。例如 2019 年 1 月税款所属期报表需在 2019 年 2 月时才可点击操作。申报表报送界面各项统计,除"纳税人数"和"申报总人数"外,均包含汇总申报信息(即允许出现"纳税人数"为 0,但金额列大于 0 的情况)。

图 7-73 "获取反馈"界面

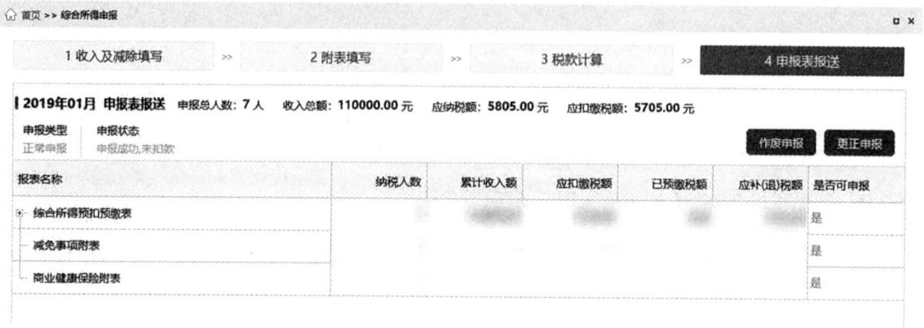

图 7-74 "作废申报"和"更正申报"显示界面

二、申报辅助功能

(一)综合所得申报更正

综合所得个人所得税预扣预缴申报成功之后,发现有错报、漏报的情况,可使用预扣预缴申报更正功能,修改已申报的数据重新申报。已缴款或未缴款的情况下均可使用此功能进行更正申报。

当申报表报送界面下申报类型为正常申报,申报状态为申报成功的情况下,可以点击【更正申报】(见图 7-75)。

点击【更正申报】,跳出"已启动更正申报,可在申报表填写中修改申报数据后重新申报"确认操作提示框,点击【确认】后申报类型变更为修正申报,申报状态变更为未申报,并在列表右上角显示【发送申报】和【撤销更正】(见图 7-76)。

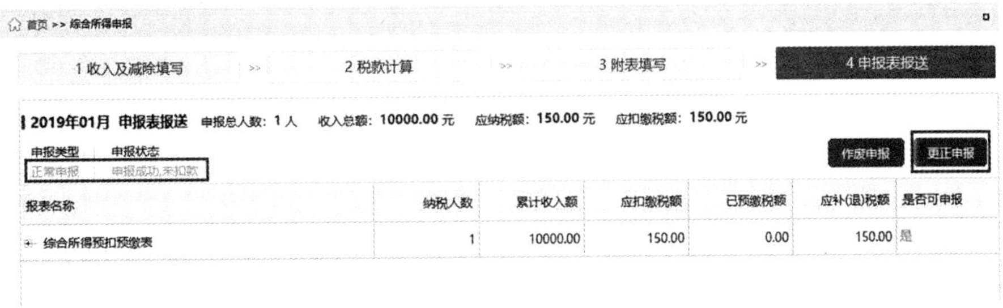

图 7-75　申报类型为正常申报,申报状态为申报成功的情况下,可以点击"更正申报"

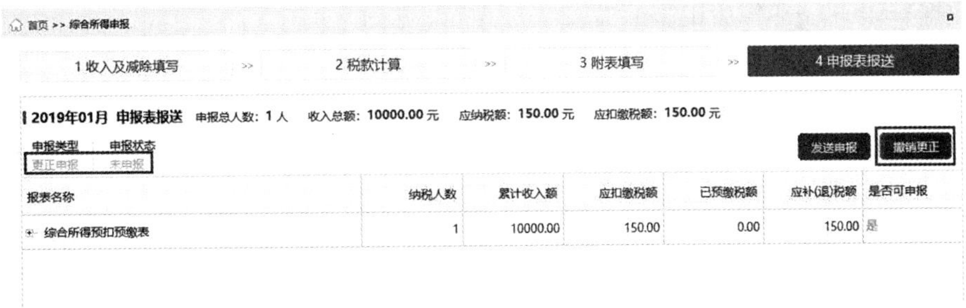

图 7-76　申报状态变更为未申报,并在列表右上角显示"发送申报"和"撤销更正"

点击【发送申报】,对已更正数据重新发送申报,申报流程同正常申报流程。点击【撤销更正】,弹出"撤销更正后,修改后的申报数据将无法还原,是否继续?"确认提示框,点击【确定】,则执行撤销更正操作,可将已修改未重新申报的数据还原为启动更正前的数据;反之,取消撤销操作。

注意:若之后月份属期已申报,则之前月份属期报表无法进行更正;如确需更正的,请前往办税服务厅进行处理。在办税服务厅更正后,扣缴客户端原有申报数据不会更新,请在【系统设置】—【申报管理】—【累计所得数据来源】中设定为"税务局端获取",以保障以后月份申报时的累计数据能按更正申报后的最新数据计算。

(二)综合所得申报作废

综合所得个人所得税预扣预缴申报成功之后,在当前所得月份未缴款的前提下,可以使用预扣预缴申报作废功能,对已申报的数据进行作废处理。

预扣预缴更正申报与作废申报的区别在于,申报成功后是否已缴税款。已缴款时只能更正申报,无法作废申报表。

填写说明:

当申报表报送界面下申报类型为正常申报,申报状态为申报成功未扣款时,发现已

图 7-77 申报类型为正常申报,申报状态为申报成功未扣款时,发现
已申报数据有误,点击【作废申报】,提交作废申请

申报数据有误,点击【作废申报】,提交作废申请(见图 7-77)。

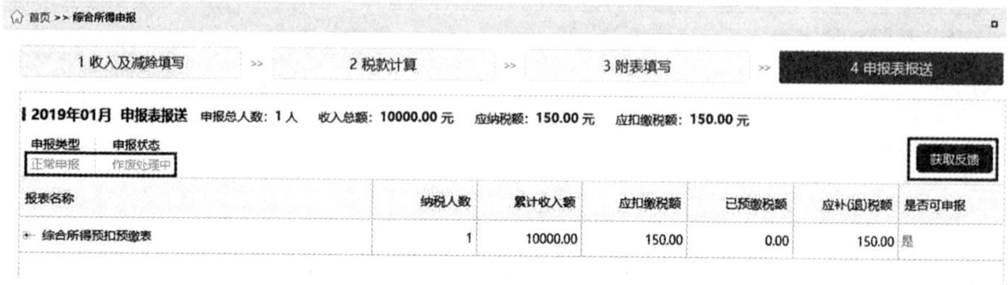

图 7-78 申报状态为作废处理中,稍后点击【获取反馈】查看作废结果

点击【作废申报】后申报类型为正常,申报状态为作废处理中,稍后点击【获取反馈】查看作废结果(见图 7-78)。

图 7-79 反馈信息为作废成功,同时申报状态变更为未申报

反馈信息为作废成功,则说明已经作废成功当月已申报数据。同时申报状态变更为未申报,按正常流程重新填写申报即可(见图 7-79);反馈信息为作废失败,则申报状

态变更为作废前的状态,即申报成功状态。

注意:若申报次月所属期个税已申报,则申报之前月份所属期申报表无法进行作废。

第四节　税款缴纳

一、综合、分类、非居民所得缴款

根据《中华人民共和国个人所得税法》第十四条,扣缴义务人每月或者每次预扣、代扣的税款,应当在次月15日内缴入国库,并向税务机关报送扣缴个人所得税申报表。

(一)三方协议缴税

单位需要和税务机关、银行签订《委托银行代缴税款协议书》才能使用"三方协议缴款"方式。已经签订过的,不需要重新签订。

申报表申报成功后,若采用三方协议缴款方式,则点击【税款缴纳】→【三方协议缴款】,界面下方显示应缴未缴税款相关内容,包括:所得月份、申报表、征收品目、税率、税款所属期起止、应补(退)税额以及缴款期限(见图7-80)。

图7-80　应缴未缴税款相关内容

点击【立即缴款】,系统自动获取企业三方协议,并核对信息是否存在及正确。确认三方协议的开户行、账户名称等基本信息无误后,点击【确认扣款】发起缴款,进度条刷新完毕后得到缴款结果,即完成缴款。

（二）银行端查询缴税

打印银行端查询缴税凭证后至商业银行缴款，部分地区有该功能。

注意：该功能需要当地银行系统支持，因此银行不支持的部分地区未开通，未开通的地区无此功能菜单。

申报表申报成功后，点击【税款缴纳】→【银行端查询缴税】，界面下方显示欠税相关内容，包括：申报种类、申报类别、纳税人数、收入总额、应扣缴税额、打印状态、首次打印时间、缴款凭证税额（含滞纳金）等（见图7-81）。

图7-81　欠税相关内容的显示界面

选择需要缴款的申报记录，点击【打印】，携带打印出来的银行端查询缴税凭证在凭证上注明的限缴期限前至商业银行柜台进行缴款，逾期将需要作废重新打印并可能产生滞纳金。若需要重新打印，点击【作废】，作废成功后，状态变更为未打印，重新点击【打印】，携带最新银行端查询缴税凭证至银行缴款。

注意：

（1）只针对本地申报成功且尚未缴纳的记录进行缴款，如果客户端重装，申报数据丢失，只能通过其他渠道缴款；

（2）打印状态为"已打印"，缴款状态为"已缴款"的，不允许作废。

二、查询统计

（一）单位申报记录查询

用于对已申报所得申报表数据、申报表明细数据和代扣代缴个人纳税情况的查询。

点击左侧功能菜单【查询统计】→【单位申报记录查询】,进入"单位申报记录查询"界面。税款所属期起止默认显示为最近一条申报记录的归属月份往前跨度 12 个月,点击【查询】则查询到所选属期申报成功的各类所得数据,查询出的数据若需要保存电子档点击【导出】即可(见图 7-82)。

图 7-82　"单位申报记录查询"界面

(二)个人扣缴明细查询

用于查询单个员工按所得项目汇总的明细数据。

点击左侧功能菜单【查询统计】→【个人扣缴明细查询】,进入"个人扣缴明细查询"界面。税款所属期起止默认显示为当年 1 月至系统当前时间的上月。

图 7-83　"个人扣缴明细查询"界面

申报表类型默认是汇总,报表可以选择"汇总""综合所得申报表""分类所得申报表""非居民所得申报表""限售所得申报表",选择"姓名""国籍/地区""证照号码"之后点击【查询】进行条件查询(见图7-83)。

注意:2019年新税制下查询统计数据时税款所属期起只能从2019年1月开始,税款所属期止不能小于税款所属期起,且跨度不能大于12个月,2019年之前的数据需要切换到旧版进行查询。

参考文献

[1]北京市高级人民法院:《北京法院参阅案例第 8 号:霍某诉北京寰龙世纪电子技术有限公司劳动争议案》[OL],(2014-3-19),[2020-2-1],http://www.bjcourt.gov.cn/article/newsDetail.htm? NId=25000871&channel=100015001。

[2]北京市高级人民法院:《确认劳动关系期间不应计算在工伤认定申请时限内》[OL],(2013-12-26)[2020-2-1].http://www.bjcourt.gov.cn/article/newsDetail.htm? NId=25000062&channel=100015001。

[3]北京市人民政府:《北京市工资支付规定》(北京市人民政府令第 142 号)[OL],(2007 年 11 月 23 日修正),http://arts.51job.com/arts/06/293315.html。

[4]财政部会计资格评价中心:《经济法基础》,经济科学出版社 2019 年版。

[5]陈浩:《绩效考核与薪酬激励精细化设计必备全书》,中国华侨出版社 2014 年版。

[6]陈毅玲:《新会计准则职工薪酬核算的思考》,《纳税》2019 年第 3 期。

[7]迟红梅:《新会计准则下职工薪酬核算注意事项探究》,《中国总会计师》2019 年第 3 期。

[8]第八届全国人大常委会第八次会议:《中华人民共和国劳动法》[OL],(2019-1-7)[2020-1-22],http://www.npc.gov.cn/npc/c30834/201901/ffad2d4ae4da4585a041abf66e74753c.shtml。

[9]第十届全国人大常委:《中华人民共和国劳动合同法》[OL],(2012-12-28)[2020-1-25],http://www.mohrss.gov.cn/SYrlzyhshbzb/zcfg/flfg/fl/201605/t20160509_239643.html。

[10]法释:《最高人民法院关于审理劳动争议案件适用法律若干问题的解释》(法释[2001]14 号)[OL].(2001-4-16)[2020-02-10],http://baike.so.com/doc/5414710-5652852.html。

[11]国家税务总局:《办理 2019 年度个人所得税综合所得汇算清缴事项的公告》(国税[2019]44 号)[EB/OL].(2019-12-31)[2020-02-10],http://www.chinatax.gov.

cn/chinatax/n810341/n810755/c5142065/content.html。

[12]国家税务总局:《修订部分个人所得税申报表的公告》(国税〔2019〕46 号)[EB/OL].(2019-12-31)〔2020-02-10〕,http://www.chinatax.gov.cn/chinatax/n810214/n810641/n2985871/n2985888/n2986028/c5142094/content.html。

[13]国家统计局:《国家统计局关于工资总额组成的规定》(国家统计局令第 1 号)〔OL〕.(1990-1-1)〔2020-02-10〕http://www.dajiabao.com/zixun/27245.html。

[14]国务院:《工伤保险条例》(国务院令第 586 号)〔OL〕.(2010-12-8)〔2020-02-10〕,https://baike.so.com/doc/1748678-1848787.html。

[15]国务院:《国务院关于职工工作时间的规定》(国务院令第 174 号)〔OL〕.(1995-3-25)〔2020-02-10〕,http://www.mohrss.gov.cn/SYrlzyhshbzb/zcfg/flfg/xzfg/201604/t20160412_237909.html。

[16]国务院:《国务院关于职工工作时间的规定》〔OL〕.(1994-2-3)〔2020-1-26〕,http://www.mohrss.gov.cn/SYrlzyhshbzb/zcfg/flfg/xzfg/201604/t20160412_237909.html。

[17]国务院:《国务院关于职工探亲待遇的规定》(国务院国发〔1981〕36 号)〔OL〕.(1981-3-14)〔2020-02-10〕,https://baike.so.com/doc/4808810-5025185.html。

[18]国务院:《女职工劳动保护特别规定》(国务院令第 619 号)〔OL〕.(2012-4-28)〔2020-02-10〕,https://baike.so.com/doc/3824209-4015911.html。

[19]国务院:《职工带薪年休假条例》(国务院令第 514 号)〔OL〕.(2007-12-14)〔2020-02-10〕,http://www.gov.cn/flfg/2007-12/16/content_835527.htm。

[20]国务院:《中华人民共和国劳动合同法实施条例》〔OL〕.(2008-9-18)〔2020-1-26〕,http://www.mohrss.gov.cn/SYrlzyhshbzb/zcfg/flfg/xzfg/201604/t20160412_237904.html。

[21]国务院:《住房公积金管理条例》〔OL〕.(2019-03-24)〔2020-02-10〕,https://www.chashebao.com/zhufanggongjijin/18928.html。

[22]国务院:《个人所得税法实施条例的公告》(国令〔2018〕707 号)〔EB/OL〕.(2018-12-18)〔2020-02-10〕,http://www.chinatax.gov.cn/chinatax/n810219/n810744/n3752930/n3752974/c3963364/content.html。

[23]国务院:《个人所得税专项附加扣除暂行办法》(国发〔2018〕41 号)〔EB/OL〕.(2018-12-13)〔2020-02-10〕,http://www.chinatax.gov.cn/chinatax/n810341/c101340/c101301/c101302/c5002020/content.html。

[24]军后财:《关于军队文职人员住房公积金管理有关问题的通知》(军后财

［2018］527 号）（2018－11－27）［2020－02－10］，http：//zwgk.qinzhou.gov.cn/auto2581/bmwj_3775/201812/t20181226_1957430.html。

［25］劳动部:《关于贯彻执行〈中华人民共和国劳动法〉若干问题的意见》［OL］.（1995－8－4）［2020－1－26］，https://baike.baidu.com/item/劳动部关于印发《关于贯彻执行〈中华人民共和国劳动法〉若干问题的意见》的通知/4578524。

［26］劳动和社会保障部:《最低工资规定》（劳动和社会保障部令第 21 号）［OL］.（2004－1－20）［2020－02－10］，https://baike.so.com/doc/5870307-6083167.html。

［27］牛晓峰:《巧设企业薪酬管理制度》，《人力资源》2019 年第 2 期。

［28］全国人大常委会法工委、国务院法制办、人力资源和社会保障部:《中华人民共和国社会保险法释义》［DB/OL］.（2012－02－17），http://www.mohrss.gov.cn/fgs/sy-shehuibaoxianfa/。

［29］全国税务师执业资格考试教材编写组:《2019 年全国税务师执业资格考试教材 税法（Ⅱ）》，中国税务出版社 2019 年版。

［30］闫轶卿:《薪酬管理从入门到精通》，清华大学出版社 2015 年版。

［31］任康磊:《人力资源管理实操从入门到精通》，人民邮电出版社 2018 年版。

［32］任康磊:《薪酬管理实操从入门到精通》，人民邮电出版社 2018 年版。

［33］赵国军:《薪酬设计与绩效考核全案》第 2 版，化学工业出版社 2016 年版。

［34］中国注册会计师协会组织编写:《2019 年注册会计师全国统一考试辅导教材 税法》，中国财政经济出版社 2019 年版。

［35］中华全国总工会:《中华人民共和国工会法》［OL］.（2009－8－27）［2020－02－10］，http://www.acftu.org/template/10041/file.jsp?aid=96764。

［36］中华人民共和国住房和城乡建设部:《关于改进住房公积金缴存机制进一步降低企业成本的通知》（建金［2018］45 号）［OL］.（2018－04－28）［2020－02－10］，http://www.mohurd.gov.cn/wjfb/201805/t20180511_236020.html。

［37］中华人民共和国住房和城乡建设部:《关于在内地［大陆］就业的港澳台同胞享有住房公积金待遇有关问题的意见》（建金［2017］237 号）（2017－11－28）［2020－02－10］，http://www.mohurd.gov.cn/wjfb/201712/t20171218_234396.html

［38］邹瑜、顾明主编:《法学大辞典》，中国政法大学出版社 1991 年版。

［39］左旭辉:《社会保险概要》，《办公室业务》2019 年第 10 期。